있는자리
흩트리기

있는 자리
흩트리기

나와 세상의 벽을 넘는 유쾌한 반란

김동연 지음

쌤앤파커스

살면서
가장 사랑했던 사람,

여기서는
더 이상 못 보지만
다른 세상에서는
꼭 볼 수 있다는 소망으로 나를 살게 하는 사람,
덕환에게 이 책을 바친다.

내 마음의 영웅.
내 희망. 내 자랑. 내 친구. 내 사랑.
내 아들.

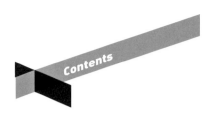

Contents

프롤로그_ 누군가의 아들, 누군가의 아버지 •11
돌아가신 아버지와의 대화 | 한 청년에게, 그리고 다시 우리 청년들에게

Intro

세 가지 질문, 세 가지 반란

세 가지 신화, 그리고 진실 • 27
힘들지 않은 청춘이 어디 있냐고? | 내 탓이라고? | 청년정신은 죽었다고?

우리를 옭아매는 삼중(三重) 감옥 • 36
창살 없는 감옥 | 내 손에 쥐어진 열쇠

세 가지 질문, 세 가지 반란 • 44
삼중 감옥을 깨는 질문들 | 있는 자리 흩트리기

있는 자리 흩트리기 1

환경

Part 1 남이 던진 질문
나를 옥죄는 '긴고아'는 무엇인가

이력서에 빠진 8년 • 57
낮엔 은행원, 밤엔 대학생, 새벽엔 고시생 | 젊은 나와의 우연한 만남

결핍의 힘 • 66

예의 있는 저항 • 74
나를 옥죄는 '긴고아' 빼내기

위장된 축복, 실패의 추억 • 81
벌컥벌컥 마시는 쓴 잔 | 나는 아직 실패가 두렵다

큰 연못, 작은 연못 • 91
작은 연못에 사는 큰 물고기 | 작은 연못, 큰 물고기

After You, 나보다 당신 먼저 • 100
더 크고 깊어지는 힘 | 두려움조차 좋았다

아직도 서툰 이름, 어머니 • 109
나를 지켜주는 손

있는 자리
흩트리기
2

나 자신

Part 2 나에게 던진 질문
인생은 마지막 순간을 비워놓고 우리를 기다린다

가장 지독했던 회의(懷疑) · 119
익숙한 것들과의 결별 | 나는 지금 누구의 인생을 살고 있는가

수학이 아름답다고? · 128
참 즐거움을 찾는 법

강한 나와 약한 나의 싸움 · 135
"나는 24시간 내 생각만 한다고" | 장 발장의 마지막 선택

자기만의 답 찾기, 파란학기 · 143

내가 낸 문제를 푸는 법 · 152
절실함은 스피드 건에 찍히지 않는다

마음의 근력(筋力) · 161

"시간은 돈이다"는 틀렸다 · 168

명사형 꿈에서 동사형 꿈으로 · 175
'To Be' 꿈 | 'To Do' 꿈 | 다시 'To Be' 꿈으로

있는 자리 흩트리기 3
세상

Part 3 세상이 던진 질문
스스로 잠든 자는 아무도 깨우지 않는다

분노해야 할 의무 · 187
화낼 줄 아는 용기 | 지금 내가 있는 곳에서, 나부터

어느 식료품 가게에서 얻은 교훈 · 196
깨어 있지 않으면 보지 못한다

덧셈의 합, 틀려가는 답 · 203
단발게임이냐 연속게임이냐

우리 사회의 '킹 핀(king pin)' · 209
사회보상체계와 거버넌스

누가 더 가져가는가 _사회보상체계 · 217
초과이윤 _철밥통 구조 | 자기들만의 리그 _승자독식 구조 | 끼리끼리 _순혈주의 구조

누가 결정하는가 _거버넌스 · 226
아래로부터의 반란

멀지만 가야 할 길 · 235
사회적 합의와 싱크 홀 메우기 | 나부터 페어해야 한다

Outro

새로운 미래를 여는 답, 유쾌한 반란

지금까지 없던 세상으로의 항해 · 251

정착민에서 유목민으로 | 성을 쌓는 자 망할 것이다

결국 돌파구는 '자기다움' · 259

진짜 엘리트를 기다리며 · 265

에필로그 _ 세상의 모든 '덕환'에게 · 273

때늦은 참회록 | 혜화역 3번 출구 | 새 버킷리스트

누군가의 아들,
누군가의 아버지

돌아가신 아버지와의 대화

항상 꿈을 꾸었다. 실현이 불가능한, 그래서 더욱 절실한 꿈이었다. '돌아가신 아버지와의 대화'…. 그것은 오래도록 내 버킷리스트 맨 윗줄에 자리해 있었다. 서른셋 젊은 나이에, 한 살 어린 아내와 네 자식을 두고 돌아가신 아버지. 나는 장남이었고 열한 살이었다.

사업가이던 아버지가 돌아가신 뒤, 우리는 살던 큰 집에서 쫓기듯 나와 청계천 무허가 판잣집으로 이사했다. 몇 년 뒤에는 그 판잣집조차 철거되어 경기도 광주군 허허벌판으로 강제 이주되었고 한동안 천막촌 신세를 져야만 했다. 학업은 물론 때로는 끼니도 걱정이었다. 망해도 그렇게 망할 수가 없었다. 나는 상업고교에 진학했고 졸업도 하기 전 은행에 취직해 직장생활을 시작했다. 외할머니와 어머니, 세 동생까지 부양해야 하는 열일곱 소년 가장이었다.

어렵게 공부하고 일찍 직장생활을 시작한 탓인지 남들보다 빨리 철이

들었다. 하지만 겉으로는 의연하고 다부진 청년의 가슴 밑바닥에는 돌아가신 아버지와 대화를 나누고 싶다는 간절한 바람이 늘 사무치게 있었다. 단 하루만이라도 아버지와 철든 남자 대 남자로서 이야기를 나눌 수 있다면 내 수명이 일 년쯤 줄어도 좋다고 생각했다. 의식적이든 무의식적이든 이 꿈이 이루어지게 해달라는 기도를 수십 년 했다.

단지 그리움 때문만은 아니었다. 어쩌면 내 내면에는 너무 일찍이 삶의 무게를 감당해야 했던 어린 소년이 오래도록 웅크리고 있었는지 모른다. 아버지를 만나 원망도 하고 투정도 부리고 싶었다. 뭐가 그리 급해서 젊디젊은 아내와 자식 넷을 두고 그렇게 빨리 가셨느냐고. 장남인 제가 얼마나 고생했는지 아시냐고. 제 작은 어깨에 짊어지기에는 이 짐들이 너무 무겁고 버겁다고.

시간이 어느 정도 흐른 뒤에는 아버지가 어떤 분이셨는지 궁금해졌다. 여쭤보고 싶었다. 당신은 대체 어떤 분이셨느냐고. 공부는 짧았지만 젊어서 사업을 크게 일으켰던 분. 내가 시험에서 일등이라도 놓치면 어김없이 회초리를 들 정도로 엄하셨던 분. 어려운 사람 도와주길 퍽이나 좋아했던 분. 수해가 나면 늘 어린 나를 앞세우고 신문사에 가서 수재의연금을 내시던 분. 혼자되신 할아버지를 어린 나이 때부터 극진히 모셨다는 더없는 효자. 몹시 추운 겨울날 등굣길에 내가 오들오들 떨자 "춥지? 춥지 않게 해줄게." 하며 불러주셨던 '꽃집의 아가씨는 예뻐요~. 그렇게 예쁠 수가 없어요~.'라는 박자 빠른 노래.

나는 묻고 싶었다. 도대체 아버지는 어떤 분이셨느냐고. 어떤 꿈을 가지고 계셨느냐고.

그렇게 아버지를 원망하고 때로는 궁금해하며 소년은 청년이 되고 어른이 되었다. 장강(長江) 같은 시간이 흘렀어도 아버지와 대화를 나누고 싶다는 꿈만은 여전했다. 이제 아버지를 만나 자랑하고 싶었다. 어린 나이에 직장생활을 시작해 가족들을 잘 돌보아 왔다고. 은행을 다니며 야간대학에도 진학했다고. 죽도록 공부해서 행정고시와 입법고시에 합격했다고. 경제기획원에서 공무원 생활을 시작해 어려운 과정을 거쳐 국비 장학금과 미국정부에서 주는 풀브라이트 장학금을 받아 박사학위까지 땄노라고. 자리나 승진보다는 '사회 변화에 대한 기여'를 신조로 직장생활도 하고 있다고. 아버지가 그렇게 바꾸고 싶어 하셨던, 본관(本貫)이 잘못 기재된 호적도 정정했다고. 동생 셋 모두 가정을 이루게 했다고. 아버지의 마음씨 착한 며느리도 얻어, 늙어가는 어머니 함께 잘 모시려 애쓰고 있다고.

그리고 반백의 나이를 넘어선 지금, 아버지를 만나면 이제는 조금 다른 이야기를 나누고 싶다. 인생에 대해, 신(神)에 대해, 그렇게 사는 이야기와 죽음에 대한 이야기를 나누고 싶다. 돌아가신 후 발견된 일기장에 적혀 있던 젊은 아버지의 고민들. 오래된 사진 속에서 희미하게 웃고 있는 나보다 20년 이상 젊은, 준수하게 생긴 그 청년…. 그분과 함께 인생을 관조하며 지난 이야기, 앞으로의 이야기를 담담하게 나누고 싶었다.

아버지가 돌아가신 뒤 25년이 되던 해, 고향에 있던 산소를 이장하게 되었다. 길이 확장되면서 할아버지와 할머니, 아버지 산소를 부득불 옮겨야 했기 때문이다. 주초부터 시작한 이장 작업은 금요일에야 마무리 단계에 이르렀고, 그날 이른 오후 산소 세 기(基)를 파묘하며 유골을 수습했다. 봉분을 어느 정도 허문 뒤, 일하는 사람들을 물리치고 나는 동생과 직접 손으로 땅을 파서 유골을 수습했다. 일꾼들이 연장으로 땅을 파다가 혹여 유골을 손상시킬지 모른다는 염려도 있었지만 무엇보다 내 손으로 직접 모시고 싶어서였다.

작업을 다 마치고 미리 준비한 깨끗한 상자 안에 유골을 모셨다. 그런데 세 분의 유골을 새로 준비한 산소 자리에 모두 옮겨 모시기에는 시간이 턱없이 부족했다. 결국 다음 날 오후 1시에 하관하기로 하고 세 분의 유골을 내 차에 모시고 근처 친척 형님 댁으로 가기로 했다. 할아버지 할머니 유골은 뒷자리에, 아버지 유골은 조수석에 모셨다. 차에 올라 막 출발하려는데 문득 아버지께 총각 때 사셨던 동네와 집을 보여드리고 싶다는 생각이 들었다.

방향을 바꿔 예전 아버지가 사시던 마을 쪽으로 차를 몰았다. 그리고 조수석에 모신 아버지를 돌아보며 나는 혼자 이야기를 시작했다.

"아버지! 옛날 아버지 사셨던 집 쪽으로 갑니다. 25년 만이시지요. 그동안 많이 바뀌었답니다."

불현듯 어떤 생각이 스치며 눈물이 왈칵 쏟아졌다. 오래전부터 마음속에 간절히 가지고 있던 꿈. 단 하루라도 아버지와 대화를 나누고 싶었던 꿈. 그 꿈이 이루어지고 있지 않은가. 너무도 간절히 원하면 이렇게라도 이루어지는구나 라는 생각이 들었다.

그렇게 아버지는 25년 만에 햇빛을 보셨고 나는 아버지와 만 하루를 지낼 수 있었다. 그 하루라는 시간 동안, 소리 죽여 눈물 흘리며 나는 그동안 하고 싶었던 이야기를 아버지께 얘기하고 또 얘기했다. 왠지 아버지도 내게 무슨 말씀을 하시는 것만 같았다. 불가능하리라 생각되었던 내 소망은 그렇게 이루어졌다.

오랫동안 가졌던 '아버지와의 대화'라는 꿈을 이룬 후 내 버킷리스트는 순위가 바뀌었다. 두 아들의 아버지로서 자식들과 철든 남자 대 남자로서 대화하고 싶다는 소망이 내 버킷리스트 맨 윗줄에 올랐다. 두 아들에게 나는 누구고 무슨 꿈을 가지고 있었는지 이야기하고 싶었다. 또 두 아들은 어떤 청년들이고 무슨 꿈들을 가지고 있는지 듣고 싶었다. 인생과 사랑을 이야기하고, 신에 대해 이야기하고 싶었다. 내가 아버지와 나누지 못했던 생각의 공백을 두 아들과 나누고 싶었다. 그리고 돌아가신 아버지와는 하지 못했던 뜨거운 포옹을 이야기의 끝자락마다 나누고 싶었다. 그러면 돌아가신 아버지도 어쩐지 그 대화의 장(場) 어디에선가 계실 것 같은 생각이 들기도 했다. 적어도 큰 아이가 영영 돌아오지 못할 곳으로 가기 전까지는 그랬다.

한 청년에게,
그리고 다시 우리 청년들에게

그렇게 간절하게 기도해보긴 처음이었다. 내 모든 힘과 마음을 쏟아 기도했다. 기도가 이루어진다면 모든 것을 내려놔도 좋다고 생각했다. 재산도, 지위도, 심지어는 내 목숨까지도. 어떤 서원(誓願)도 하겠다고 했다. 내 기도가 응답된다면 무슨 일이든 하겠다고 했다. 평소 하지 않던 새벽 기도도 마음먹고 100일간 빠뜨리지 않고 하기로 했다.

큰 아이는 워싱턴에 있는 미주개발은행(IDB)에서 근무하고 있었다. 국제관계론을 전공한 스물다섯 청년이 자기 전공에 맞는 직장을 잡아 이제 막 날개를 펴고 힘차게 날기 시작한 때였다. 장교 입대를 계획하고 있을 정도로 건장한 청년이었다. 정직하고 배려심이 깊어 많은 사람이 좋아했다. 맑은 청년이었다.

그런 큰 아이로부터 여름이 끝나가는 어느 날, 전화가 왔다. 퇴근해서 농구를 하다가 허리를 다친 것 같다는 전화였다. 워낙에 농구를 좋아하는 아이였다. 시간이 나면 늘 농구를 하곤 했고 크고 작은 부상이 자주 있는 일이어서 전화를 받고도 크게 놀라지 않았다. 허리를 삐끗한 정도로 생각하고 정 힘들면 근처 병원에서 치료받거나 인근 한인 타운에 있는 한의원에 가서 침을 맞으라고 했다.

그런데 며칠이 지나도 차도가 없고 더 고통스럽다고 했다. 나중에는 움직이기조차 힘들다고 했다. 안 되겠다 싶어서 한국에 들어와 정밀 검사를 받아보자고 했다. 비행기 타기 어려울 정도로 고통스럽다고 해서 인천공항에 구급차를 대기시켜 입국하자마자 바로 병원으로 가도록 했다. 그때까지도 심각성을 알지 못했다. 그런데 영화나 소설 속에서나 있을 법한 일이 나와 우리 가족에게 벌어졌다. 급성 림프구성 백혈병.

큰 아이의 힘든 투병 생활이 시작됐다. 입원과 퇴원을 반복했고 투병 기간 중 반은 병원에 있어야 했다. 큰 아이는 입원한 대부분의 기간 동안 일반인 면회가 되지 않는 무균실에 들어가 있었고, 우리는 마스크를 쓰고 손 소독을 한 뒤에야 두꺼운 투명비닐 커튼이 쳐진 병상에 들어갈 수 있었다. 큰 아이가 입원해 있던 기간 내내 집사람은 병실을 지켰다. 단 하루도 큰 아이 곁을 떠나 집에서 자본 적이 없었다.

큰 아이는 가족들 앞에서조차 힘든 모습을 보이지 않으려 애썼다. 왜 이런 병에 걸리느냐고 내가 주치의에게 물었을 때 "원인은 모르고 랜덤으로 걸린다고 생각하면 됩니다."라고 했다. '왜 하필 내가?'라고 원망할 법도 한데 큰 아이는 우리 앞에서는 그냥 빙그레 웃기만 했다. 오히려 우리 가족 중 누군가 아파야 한다면 그게 자기인 것이 다행이라고 했다. 큰 아이의 평소 성격 그대로였다.

큰 아이가 힘든 투병 생활을 하고 있을 때 나는 경제 관료로서 정점을 달리고 있었다. 처음 발병했을 때는 기획재정부 예산실장이었다. 두 해 예산을 편성한 뒤 기획재정부 차관으로 승진했고, 다시 1년 2개월 뒤에는 장관급인 국무조정실장으로 승진을 했다. 국정 전반을 조율하고 전 부처의 업무를 조정하는 자리였다. 공직생활 31년 만이었다. 인사가 발표되기 며칠 전 통보를 받았지만 가족 누구에게도 미리 이야기하지 않았다. 발표일은 토요일 오전이었는데 마침 큰 아이와 병실에 둘이 있으면서 TV 뉴스에 나오는 인사발표를 보게 됐다. 내가 공직에 있는 것을 자랑스럽게 여기던 큰 아이는 뛸 듯이 기뻐하며 축하해주었다. 고맙다고 대답은 했지만 그런 아이의 모습을 보니 마음속에서는 오히려 뜨거운 눈물이 솟구쳐 올랐다.

항암 치료는 힘든 과정이었다. 문제가 있는 백혈구뿐 아니라 건강한 백혈구까지 죽이는 여러 차례의 항암 치료에 들어갔다. 항암 치료만으로는 되지 않아 결국 골수이식을 받기로 했다. 자가 골수이식과 타인 골수이식에서 모두 실패했고 암은 곧 재발했다. 골수이식은 고통스러운 과정이었고 큰 아이는 많이 힘들어했다. 두 번의 골수이식에서 실패한 뒤 마지막으로 나의 골수를 이식하기로 했다. 어떻게 해서든 낫게 해주겠다고 약속을 했다. 왠지 내 골수를 이식하면 큰 아이가 병을 이겨낼 수 있을 것 같은 생각이 들었다. 큰 아이에게 아빠의 골수가 들어가면 병을 이길 수 있을 거라고 이야기했고 큰 아이도 내심 희망을 갖는 눈치였다.

큰 아이를 살려달라는 내 간절한 기도는 결국 이루어지지 않았다. 2년 1개월이라는 시간을 병상에서 투병하던 큰 아이는 끝내 일어나지 못했다. 생일이 5월 5일 어린이날인 큰 아이, 만 나이 스물일곱 다섯 달 이틀째 날이었다.

세상을 떠나기 전 큰 아이는 가장 힘든 시간을 보냈다. 몸보다 마음이 더욱 힘들었을 것이다. 한창 꿈 많던 청년이 그 꿈을 막 펼치려는 순간 날개가 꺾였으니 그 마음이 어떠했을까. 그러나 아이는 그런 내색을 하지 않았다. 그런 아이에게 조금이나마 힘을 주고 싶었다. 그래서 퇴원해서 집에 가게 되면 둘이서 함께 책을 쓰자고 했다. 그 아이가 글쓰기를 좋아했기 때문이었다. 병상에서 글쓰기가 어렵다면 구술(口述)로라도 진행을 시키면 투병 의지가 좀 더 강해지지 않을까 하는 생각이 들었다. 큰 아이는 답은 하지 않았지만 희미하게 웃었다. 나는 알고 있다. 그 아이의 희미한 웃음은 '좋다'는 뜻이라는 것을.

사실 꽤 오래전부터 여러 곳에서 책 쓰자는 권유를 받았지만 모두 사양했었다. 공직에 있는 사람으로 적절치 않다고 생각했기 때문이다. 큰 아이의 희미한 웃음을 본 뒤 전부터 잘 알던 출판사 책임자를 만났다. 내게 책 쓰는 것을 권했던 사람 중 한 분이기도 했지만 그보다는 나와 큰 아이에 대해서 잘 알고 있는 분이었기 때문이다. 큰 아이와 함께 책을 쓰겠다는 내 제안에 흔쾌히 동의했다. 큰 아이의 병이 깊어 매일 출근 전 이른 새벽 시간과 퇴근 후 밤늦은 시간 하루 두 번씩 병실에 들르던 때였다. 출판사 책임자와 나는 이야기를 알려주자 큰 아이는 병상에서 다시 희미한 미소로 내게 답했다. 그러고는 며칠 뒤 그 아이는 다시는 돌아오지 못할 곳으로 떠났다.

다시 일어나게 하겠다는 큰 아이와의 약속은 지키지 못했지만, 함께 책을 쓰자는 약속은 지켜야겠다는 생각이 들었다. 비록 곁에 있지 않지만 내 마음속에 살아 있는 큰 아이와 함께 쓴다는 생각으로 책을 쓰기로 결심했다. 그런 의미에서 이 책은 큰 아이와 공저(共著)인 셈이다. 가능하면 내가 다 이해하지 못했던 큰 아이의 생각과 마음까지도 큰 아이가 남긴 글들을 보면서 이해하려고 노력하면서 글을 쓰려 한다. 함께 책을 썼더라면 나는 큰 아이에게 하고 싶은 이야기들을 썼을 것이다. 큰 아이는 아마도 나나 또는 주위 친구들에게 하고 싶은 이야기들을 썼을 것이다. 그렇게 마저 하지 못한 이야기들을 하려 한다. 그렇게도 하고 싶었던 철든 성인으로서 큰 아이와 나누고 싶었던 이야기들을 하려 한다. 내 경험에서 우러나온 꿈과 열정에 대한 이야기도 더 하고 싶고, 내가 겪었던 시행착오와 젊은 시절 놓쳤던 것들에 대해서도 진솔하게 이야기하고 싶다.

공직의 정점에서 '지금이 그만 둘 때'라는 내면에서 나오는 소리를 들었다. 1년 가까이 표한 사의가 어렵게 받아들여졌다. 큰 아이가 세상을 뜨고 9개월이 지난 뒤였다. 그러고는 반년 뒤 대학 총장으로 취임했다. 대학에 와서 많은 젊은이들을 접할 때마다 문득문득 큰 아이의 모습과 마주쳤다. '아, 그 아이도 이런 고민을 했겠지. 나는 그때 무슨 이야기를 해주었을까.' 하는 생각이 자꾸만 고개를 들었다. 그렇기에 그 청

년과 다 하지 못한 이야기, 더 하고 싶은 이야기를 이 책에서 하려고 한
다. 큰 아이가 먼 곳으로 떠나기 전 내가 들려주고 싶었던 이야기들이
다. 동시에 우리 청년들에게 해주고 싶은 이야기들이기도 하다. 사무
치게 그립고 지금도 내 가슴에 살아 있는 그 청년에게 하듯이 이 책에서
이야기하려고 한다.

　큰 아이와의 약속을 지키기 위해 책을 쓰면서 새 버킷리스트가 생겼
다. 내 삶의 가장 큰 소망이다. 언젠가 다시 그 아이를 만나는 것이다.
큰 아이와 한 약속을 이렇게라도 지키면 언젠가는 만날, 내가 모르는 세
상에 있는 큰 아이도 빙긋 웃으리라 믿는다. 그 소망을 안고 기다리며
나는 이 책을 쓴다.

세 가지 질문,
세 가지 반란

세 가지 신화,
그리고 진실

큰 아이를 그렇게 보내고, 대학 총장으로 오면서 가장 하고 싶었던 일은 학생들과의 만남이었다. 할 수 있는 모든 방법으로 학생들을 많이 만나 대화하려고 애썼다. 그들과 대화를 나누고 싶었다. 그들의 생각과 생활에 대해 알고 싶었다. 그들을 통해 더 많은 시간을 함께하지 못한 큰 아이의 모습을 보고 싶었는지도 모른다.

그러나 무엇보다 대학 운영의 책임을 맡은 이로서, 대학의 주인인 학생들의 생각과 현실을 제대로 알아야 한다는 생각이 들었다. 수영을 하려면 물에 풍덩 뛰어들어야 한다. 물가 주위만 어슬렁거려서는 수영하는 이들의 마음을 제대로 알 수가 없다. 민태원 선생의 《청춘예찬》에서처럼 젊은 그들의 에너지를 그대로 느끼고 싶었다. 그들과 함께 호흡하고 싶었다. 눈높이를 그들과 맞추고 싶었다. 젊음의 바다에 푹 빠지고 싶었다.

보라, 청춘을! 그들의 몸이 얼마나 튼튼하며, 그들의 피부가 얼마나 생생하며, 그들의 눈에 무엇이 타오르고 있는가? 우리 눈이 그것을 보는 때에 우리의 귀는 생의 찬미를 듣는다. 그것은 웅대한 관현악이며, 미묘한 교향악이다.

그렇다. 내가 만나본 청춘들이 바로 그랬다. 그들은 순수하고 감동을 잘했다. 덧칠하지 않아도 생생하고 아름다웠다. 힘든 현실 속에서도 눈동자는 희망에 빛났다. 지금은 '어른'이 된 누군가의 젊은 날들처럼.

그러나 한편으론, 말간 그들의 얼굴에서 감출 수 없는 불안과 그늘이 설핏설핏 스쳐 지나가는 것이 느껴졌다. 청춘이란 이름의 딜레마였다. 삶의 의미에 대해 고민하면서도 취업 걱정에 짓눌려 있었다. 웅대히 도전하고 싶으면서도 자신을 옥죄는 현실과 실패를 두려워했다. 계층이동이 불가능한 사회 구조 속에서 이미 자신이 처한 울타리를 벗어날 수 없다는 강박이 그들의 마음속에 굳게 자리 잡고 있었다.

미래가 없는 청춘. 이 무슨 아이러니하고 슬픈 이야기인가. 한창 꿈을 펼쳐야 할 나이에, 무모하다 싶을 정도로 분기탱천할 나이에 공부나 취업, 현실에 찌들어 의기소침해지고 스스로의 한계를 정하다니.

힘들지 않은 청춘이 어디 있냐고?

기성세대는 말한다. 힘들지 않은 청춘이 언제 있었냐고. 우리도 젊었을 때 힘들었다고. 오히려 지금의 젊은이들보다 더 힘들었다고. 그때는 너나 할 것 없이 경제적으로 다 어려웠고 심지어는 끼니 걱정까지 했다고. 그래서 죽어라 일했다고. 머리털을 잘라 수출했고 열사(熱砂)의 나라 중동에 가서 힘든 노동일까지 했다고.

맞는 말이다. 게다가 청년기는 인생의 오르막 구간이다. 인생이란 수레를 끌고 오르막길을 가는 것이니 힘들 수밖에 없다. 아직 입지도 확실치 않고 안정되지 않았으니 당연히 불안할 수밖에 없다. 청년세대를 걱정하는 기성세대도 불안하고 방황하는 청년시절을 보냈다. 그것이 청년세대의 특징이다. 따지고 보면 어른을 걱정시키지 않은 젊음이 어디 한 번이라도 있었던가? 젊은 세대가 위기라고 이야기하지 않은 시절이 단 한 번이라도 있었던가? 질풍노도와 같은 청춘을 불안한 눈으로 보지 않았던 때가 한 번이라도 있었던가? 깊은 좌절에 눈물 흘리고 시행착오와 실패를 경험하지 않은 청년시절을 보내지 않은 사람이 있었던가?

그러니 청년기란 구간은 누구에게나 힘든 계곡이라고, 그러니까 너희들도 엄살 부리지 말고 버티라고, 지금의 청년들에게 말할 수 있을까? 지금 너희가 겪는 어려움은 앞 세대가 청년기에 겪었던 어려움과 고통의 조금 다른 버전일 뿐이라고 말할 수 있을까?

아니, 나는 그렇지 않다고 생각한다. 분명 오늘의 청년들은 지금의 어른들이 보낸 청춘의 시간보다 훨씬 더 힘든 시기를 보내고 있다. 그들의 어깨에 내려진 부담과 스트레스는 과거 어느 때의 청년들보다 무겁다. 무엇보다 큰 문제는 '희망의 부재'다. 열심히 노력하기만 하면, 그래서 이 오르막 구간을 통과하고 나면 분명 더 나은 미래가 펼쳐지리라는 희망 말이다.

기성세대는 시대가 변한 것에 둔감할 수밖에 없다. 그래서 많은 사람들이 과거의 잣대로 현재를 재단하려는 경향이 있다. 그들이 청년일 때 경제는 당연히 성장하는 것이고 일자리는 저절로 늘어나는 것이었다. 부의 분배 문제가 없었던 것은 아니지만 지금보다 훨씬 덜했고, 누구든 열심히 일하면 잘살 수 있다는 희망이 있었다. 나만 해도 그렇다. 상고를 졸업하고 대학도 나오지 않고서 은행에 취직을 했고, 야간이지만 일하면서 대학을 마쳤다. 열심히 공부하고 일하면 사회적 계층이동도 가능했다.

그러나 지금은 그럴 수 있는 기회조차 부여받기 어렵다. 무한경쟁. 인생이 다 걸린 것 같은 입시. 자기 답이 아닌 정답만을 찾게 하는 교육. 바늘구멍 같은 일자리. 결혼하려고 해도 집 장만에, 애 낳아 교육시키기 힘든 현실. 아무리 노력해도 넘기 어려운 벽. 부와 사회적 지위의 대물림. 단절된 계층이동의 사다리. 기성세대가 살았던 시대와 전혀 다른 틀 속에 젊은이들을 몰아넣지 않았는가? 그러면서 과거 생각의 틀로 청년들에게 훈계조 이야기를 더 보태고 있지는 않은가? 힘들지 않은 청춘이 있었냐고 묻는다면, 물론 없었다. 그러나 지금의 청년들은 분명 더 힘들다. 그래서 질문은 "이보다 더 힘든 청춘이 있었던가?"로 바꾸어야 한다. 그리고 그 힘든 상황은 유감스럽게도 점점 더해갈 것 같다.

내 탓이라고?

오늘의 청년들은 왜 더 힘든 걸까? 왜 앞으로도 더 나아질 것 같지 않을까? 일부 기성세대는 말한다. 더 열심히 해보라고. 그만큼 절실하지 않았거나 열심히 하지 않았기 때문이라고. 개인의 노력이나 능력 때문이라면 "내 탓이야."라고 할 수 있지만, 너 나 할 것 없이 대부분의 젊은이가 힘들다면 문제의 원인은 그 단계를 뛰어넘는다. 젊은이들이 겪는 어려움을 그들만의 탓이라고, 그들의 노력과 열정이 부족해서라고 말한다면 틀린 말이다.

우선 우리 사회부터가 이중적이고 위선적이다. 창의성이 전혀 발휘되기 어려운 교육을 시키면서 창의와 다양성을 요구한다. 학생들은 초등학교 때부터 몇 개의 문항 중에서 '정답'을 고르는 훈련을 받는다. 이런 훈련과 시험제도는 대학 입시에서 끝날 것 같지만, 천만의 말씀. 대학 재학 때는 물론 졸업 후 대부분의 젊은이들이 가고 싶어 하는 대기업 직무적성검사라는 취직시험에 이르기까지 거의 20년에 걸쳐 계속된다. 정답 외의 문항들은 모두 '틀린 답'이다. 수능시험에서 정답이 맞니 틀리니 하면서 전 언론과 국민이 관심 갖는 나라가 우리나라다. 이런 교육을 시키면서 창의력을 요구한다면 그야말로 연목구어(緣木求魚)가 아닐 수 없다.

또 우리는 젊은이들에게 도전하라고 하면서, 도전해 실패할 경우 재기가 불가능한 사회구조를 만들어놓았다. 창업이나 창직을 하라지만 실패하면 신용불량자로 낙인찍히고 주위 사람까지 피해를 주는 구조하에서 얼마나 많은 젊은이들이 그 업에 뛰어들 수 있을까? 다이아몬드나 금수저를 물고 태어난 극소수의 청년들? 아니 오히려 그들은 그런 리스크조차 감수하려고 들지 않을 것이다. 이런 이야기가 타당성이 있는지 점검해보는 가장 좋은 방법은 우리 사회에서 소위 잘나가는 사람들이 자기 자식에게 그렇게 권하고 있느냐일 것이다. 안전하고 보장된 길이 아니라 불투명하고 위험한 모험을 하라는 부모가 과연 몇이나 될까?

우리 젊은이들을 옥죄고 있는 장애의 틀을 만든 책임의 대부분은 우리 어른들에게 있다. 청년들 꿈의 훼방꾼, 도전의 방해자는 바로 부모, 교사, 기성세대, 우리 사회 시스템이다. 그들로 하여금 꿈을 갖기 어렵게 하고 도전을 회피하게 만든 당사자들이다.

어린 시절부터 일류 대학을 가는 데 최적화된 여유 없는 삶, 모든 문제를 정답과 오답으로 나누는 교육방식, 시험과 무한경쟁, 한 줄로 줄 세우기 같은 입시제도는 누가 만든 것인가? 한두 번의 시험관문으로 스무 살 무렵 인생이 결정된다는 어처구니없는 생각을 하게 한 것은 누구인가? 경쟁의 결과에 따라 우리 젊은이들에게 말할 수 없는 스트레스와 좌절, 열등감을 느끼게 하는 제도와 사회 분위기는 대체 누가 만든 것일까? 전체 젊은이 중 5% 미만만이 만족할 만한 일류 대학에 갈 기회를 잡고, 10% 미만만이 양질의 일자리를 잡을 수 있는 현실이라는 희극적 비극은 도대체 누가 만든 것일까?

자, 오늘의 젊은이들이 '호흡하고 살며 노는 판'인 사회구조를 이렇게 만든 사람들은 대체 누구인가?

청년정신은 죽었다고?

이런 판에서 기성세대는 말한다. 청년정신이 죽었다고. 요새 젊은이들은 꿈과 열정이 부족하고 도전적이지 않다고. 자기 주도적이지 못하고 쉽게 포기한다고. 파이팅이 부족하다고. 안타깝다고.

대학에 와서 젊은이들의 바다에 빠져보려고 했다. 수천 명을 만나봤다. 그러면서 그들 속에서 희망을 봤다. 씩씩한 청춘의 기상을 느꼈다. 드러나지 않아 잘 보이지 않을 뿐이지, 사실 가까이서 만나본 청년들은 기성세대가 바라보듯 그렇게 무기력하고 도전정신이 없는 젊은이들이 아니었다.

대학 총장으로 온 뒤 '파란학기제'라는 것을 만들었다. 학생들이 하고 싶은 공부나 활동을 학점으로 인정해주는 도전학기제다. 이제까지 학교나 교수가 제시했던 과목을 학생들이 수동적으로 듣는 것에서 벗어나 자기 주도적이고 창의적인 내용을 제시하면 학교에서 심사해 과목으로 인정해주는 제도다. 학점으로 인정하기 위한 심사기준으로 자기 주도성, 독창성, 교육적 가치 같은 것들을 제시했다. 파란학기를 운영한 세 학기 동안 이런 기준을 통과해 100개가 넘는 과목이 만들어졌다. 이제껏 한 번도 과목으로 만들어지지 않았던 내용들이었다. 학교나 교수들이 생각하지 못한 기발한 아이디어들이 참으로 많았다. 이 기발한 아이디어를 보며, 누가 이들에게 꿈과 열정이 부족하다고 말했는지 되묻고 싶어졌다.

지금의 어른들은 젊은 시절 어떤 꿈과 열정을 가지고 있었는가? 오래

돼서 잊었거나 아니면 자신에 대한 추억이어서 좋은 기억들만 남아 있는가? 많은 어른들이 자신이 성취했다고 믿는 것들로부터 역산(逆算)하여 자신을 합리화하거나 착각하고 있지는 않은가? 자신의 옛 잣대로 지금 시대와 젊은이들을 재단하고, 타임머신을 타고 과거 자신의 시대와 오늘의 젊은이들을 비교하고 있지는 않은가?

교정에서 대학생들과 많은 대화를 나누면서, 또 파란학기제 같은 제도를 시행하면서 청년들이 갖고 있는 꿈과 도전에 대해서도 많은 것을 알게 됐다. 얼마만큼 꿈과 열정을 펼칠 곳을 찾고 싶어 하는지. 아직 꿈을 찾지 못해 얼마나 스트레스를 받고 있는지. 도전하고 싶은데 그렇게 하지 못하게 하는 환경이나 사회 시스템 때문에 얼마만큼 힘들어하는지. 그럴 때면 건강한 청년정신을 느끼게 된다. 많은 기성세대들이 요즘 젊은이에게 부족해서 걱정이라는 바로 그 '청년정신'이다.

단언컨대 청년정신은 죽지 않았다. 없어진 것이 아니라 충분히 잠재되어 있는데 제대로 발현되지 못하고 있을 뿐이다. 그것을 끄집어내기가 쉽지 않아서 없는 것처럼 보일 뿐이다. 기성세대와 사회가 그런 장(場)을 만들어주지 못하고 있는 것이다. 오늘을 사는 젊은이들도 과거 어떤 시대의 젊은이들보다 충분히 씩씩하고 건전하다. 꿈을 찾기 위해, 그리고 나름대로 이 시대에 적응하려고 고민하고 있다.

새끼 새가 알에서 나오기 위해서는 안에서 쪼고 밖에서 어미가 함께 쪼아주어야 한다. 이른바 '줄탁동기(啐啄同機)'다. 안에서 쪼는 것은 청년 각자가 해야 할 노력을 의미한다. 밖에서 함께 쪼아주는 것은 청년들에 대한 이해와 격려, 그리고 우리 사회의 제도를 의미한다. 혹시 우리는 청년들이 안에서 알을 깨려는 노력을 북돋기는커녕 오히려 좌절시키고 있지는 않은지, 안에서는 열심히 쪼는데 밖에서는 함께 쪼아주고 있지 못한 것은 아닌지 진지하게 생각해볼 문제다.

우리를 옭아매는
삼중(三重) 감옥

그렇다면 이제 청년들에게 물어보자. 알을 깨고 나오기 위해 지금 안에서 스스로 열심히 쪼고 있는 중인가? 혹시 이 불완전한 세상을 만든 사회와 기성세대, 혹은 부모를 원망하며 자포자기로 살고 있지는 않은가? 밖에서 누군가 알을 깨주기만을 마냥 기다리고 있지는 않은가? 앞에서 '줄탁동기'라고 했다. 새끼 새가 알에서 나오기 위해서는 어미도 밖에서 쪼아야 하지만 분명 새끼 스스로도 안에서 열심히 쪼아야만 한다고.

힘들 것이다. 알은 예전보다 더욱 견고해졌고, 쪼아주는 어미와 사회는 병들고 힘이 없다. 그래서 아주 힘들 것이다. 하지만 알을 깨고 나와야 한다. 알을 깨고 나오지 못하면 죽는다. 스스로 나오지 못하고 이리저리 흔들리기만 하면 알도 곯고 나도 곯는다. 나오기 싫다고 몸부림치면 결국 누가 망가지는가? 누구의 인생인가?

사회의 만들어져 있는 세팅 때문에 청년들이 힘든 것은 사실이다. 그러나 그 탓으로만 돌려서는 안 된다. 주어진 틀과 환경에 순응하면서 무기력해하거나 좌절하는 구실이 돼서는 안 된다. 병을 얻었다고 아프기만 해서는 안 된다. 기운 빠져서는 안 된다. 불평만 하고 도피처만 찾아서는 안 된다.

새는 알에서 나오려고 투쟁한다. 알은 세계이다. 태어나려는 자는 하나의 세계를 깨뜨려야 한다.

헤르만 헤세가 《데미안》에서 한 말이다. 새로 태어나려고 하는 자는 누구나 하나의 세계를 파괴하지 않으면 안 된다. 여기서 '세계'는 우리가 현실에서 만나는 사회의 틀, 선입견, 장애물 등 모든 것을 포함한다. 이 세계를 깨뜨리면 벗어날 수 있지만 타협하고 순응하면 결코 나를 가둔 틀에서 벗어날 수 없다. 더 높고 더 넓은 세계로 한 발 내딛기 위해서는 자기 내면의 나약함과 두려움을 극복하고 안정적인 환경에서 벗어나려고 노력해야 한다. 주저앉을 게 아니라 분연히 떨치고 일어나야 한다. 그러기 위해서 우선 우리가 감옥에 갇혀 있다는 것을 인정하자. 여러 형태로 나를 옥죄는 이중, 삼중의 감옥이 우리를 가두고 있다. 이제부터 그 감옥에서의 탈출을 꿈꾸자.

창살 없는 감옥

우리는 누구나 살면서 세 개의 감옥과 마주한다. 그것은 창살 없는 삼
중(三重) 감옥이다. 이 감옥은 내게 주어진 모든 제약이자 어려움의 다른
이름이다. 때로는 어쩔 수 없는 상황에 꼼짝달싹 못하고 갇혀 있다는 생
각이 들 것이다. 이 감옥을 어떻게 바라보고 어떻게 깨고 나오느냐에 따
라 우리 인생의 결과가 달라진다.

첫 번째 감옥은 '나를 둘러싸고 있는 환경'이다. 나의 의지와는 상관
없이 태어나면서부터 마주치는 첫 번째 감옥이다. 부잣집이거나 가난한
집이거나, 존경할 만한 부모거나 아니거나, 여자로 태어났거나 남자로
태어났거나, 건강하거나 그렇지 않거나, 뛰어난 외모나 머리를 갖고 태
어났거나 그렇지 않거나, 장손이거나 막내거나. 이 모든 것이 좋든 싫
든 나에게 주어진 환경이다.

너무도 어렵고 힘든 환경이어서 공부는커녕 일찍부터 먹고사는 문제
를 걱정해야 하는 소년소녀 가장들도 많다. 이들이 보기에는 부잣집 친
구들이 너무나 부럽기만 할 것이다. 왜 세상은 이리도 불공평한지 한탄
스러울 것이다. 하지만 남 보기에 부러울 정도로 좋은 조건을 지니고 태
어난 사람들도 그 속을 들여다보면 천 가지 만 가지 근심이 있다. 성공
한 부모일수록 자식의 장래를 좌지우지하려는 경우가 많고, 사랑하는
사람과의 결혼조차 뜻대로 하지 못하는 청년들도 많다. 이 환경의 감옥
은 어쩔 수 없이 어느 정도 자립이 가능한 나이가 되기 전까지는 우리의

사고와 행보에 많은 영향을 미칠 수밖에 없다. 하지만 비슷한 환경도 자신이 그것을 어떻게 바라보고 어떻게 극복하느냐에 따라 좋은 자산이 되기고 하고 반대로 인생을 옥죄는 굴레가 되기도 한다.

남이 가진 떡은 커 보이고 내가 가진 떡은 맛없고 보잘것없는 것이라고 생각하는 사람들이 많다. 자신이 잘 안 되는 이유가 바로 이 환경 탓이라고 하는 사람들도 많다. 그러면서 스스로 자기 연민에 빠져 그 감옥 안에 스스로를 가두어버린다. 그러나 생각해보자. 언제까지 그러고 있을 것인가? 그 감옥에는 출소일이 따로 있는가? 아니다. 스스로 갇혀 있으면 영원히 나오지 못한다. 감옥에 갇혀 있다는 생각이 스스로 한계를 만든다. 환경을 탓하는 마음이 나를 규정지어 버린다. 점점 더 갇히게 된다. 여기서 빠져 나와야 한다.

두 번째 감옥은 '자기 자신의 틀'이다. 나도 모르게 형성된 나 자신의 틀이라는 한계다. 어쩌면 나를 둘러싸고 있는 환경이란 첫 번째 감옥보다 더 나가기 힘든 감옥이다. 내가 갖고 있는 사고방식, 습관, 가치관, 어떤 일을 당했을 때 무의식적으로 나오는 반응 같은 것들이다. 남이나 주위에서 바라는 일을 내가 하고 싶은 일로 착각하고 살지는 않는가? 남을 의식하고 남의 잣대를 내 행동의 기준으로 삼지는 않는가? 그래서 내 인생이 아니라 남의 인생을 살지는 않는가? 내 답이 아닌 정답 찾는 데만 골몰하지 않는가? 보다 넓은 세상을 보지 못하고 그저 내가 옳다고 생각하는 것에 고집을 부리는 확신범은 아닌가?

자기 자신의 틀이라는 감옥을 깨고 나오는 것은 결국 '자기중심'을 잡고 '자기다움'을 찾는 문제다. 내가 내 인생의 운전석에 앉는 것이다. 나 말고 다른 사람이 내 인생에 대해 이래라저래라 하지 못하게 만드는 것이다. 그렇게 해서 갖는 내 인생의 목표와 꿈은 내게 새로운 의미를 부여한다. 그런데 문제는 이 틀을 깨는 것이 보통 어려운 일이 아니라는 것이다. 나와 익숙한 것들과의 결별을 의미하기 때문이다. 그것은 이제껏 내가 걸어온 길을 버리고 새 길을 가야 한다는 위험 부담과 고통을 수반하는 것을 의미한다. 이 틀을 깨고 용감하게 빠져나와야 한다.

셋째로는 우리가 몸담고 있는 '사회를 움직이는 게임의 룰'이라는 감옥이다. 어떤 사회든 구성원을 움직이는 나름대로의 보상체계(incentive system)를 갖고 있다. 학생들이 자기 답이 아닌 정답을 찾는 것이나 명문대학 진학과 스펙 쌓기에 골몰하는 이유는 그런 트랙에서 사회적으로 보상을 받을 것이라고 믿기 때문이다. 컨베이어 벨트 위에서 만들어지고 포장되는 제품과 같은 교육제도와 그 틀에서 사람을 키우는 것도 마찬가지다. 사회를 움직이는 이런 틀과 게임의 룰이야말로 우리를 가두고 있는 거대한 감옥이다. 기득권 카르텔로 똘똘 뭉친 사회구조도 마찬가지다. 아무리 노력해도 넘지 못하는 벽이 있다면, 세상에서 가장 튼튼한 줄이 '탯줄'이라는 생각이 만연되어 있다면 이런 사회구조도 거대한 감옥이다.

이런 감옥을 깨는 것은 정말 어려운 일이다. 한두 사람의 힘으로 되지 않는 일이다. 더 큰 문제는 감옥을 깨는 의사결정을 할 수 있는 위치에 있는 사회 지도층들이 이러한 구조의 수혜자라는 점이다. 자신에게 유리한 게임의 룰을 바꾸자고 나서기란 쉽지 않다. 오히려 그 구조를 더 견고히 하려고 할 때가 많다. 우리 사회가 정말 변하려면 더 가진 사람, 더 배운 사람들이 솔선해서 자기를 희생하는 노블레스 오블리주가 필요하다. 이렇게 하는 것이 그들을 위한 길이라는 것을 알아야 한다. 그 길만이 우리 사회가 지속 가능하게 발전하는 길이기 때문이다.

우리를 둘러싸고 있는 '사회의 틀'이라는 거대한 감옥을 깨기 위해서는 우리 모두의 참여가 필요하다. 이것은 정치지도자나 정부의 고위관료들만의 일이 아니다. 모두가 각자가 있는 위치에서, 자기 주위의 작은 일부터 바꾸는 노력을 해야 한다. 특히 청년들이 사회문제에 눈을 떠야 한다. 더 많은 관심을 가져야 한다. 역사의 수많은 수레바퀴는 청년들이 돌려왔다. 우리 젊은이들부터 사회의 틀을 바꾸려는 시도를 자기 주변에서부터 해야 한다. 이 틀이 바뀌지 않는다면 현재 사회를 움직이는 '게임의 룰'이라는 감옥에 계속 갇혀 있어야 한다. '정해진 답'을 찾는 공허한 노력만을 요구하는 시스템이 계속된다면 우리의 후손들에게도 끊임없이 반복되는 암담한 미래가 전개될 것이다.

내 손에 쥐어진 열쇠

삼중 감옥에서 스스로 빠져나와야 한다. 아무도 구해줄 사람은 없다. 내가 갇힌 세 개 감옥의 열쇠는 바로 내 손에 쥐어져 있다. 문제는 그 열쇠가 어딘가 다른 곳에 있다고 생각하는 마음이다. 우선 나를 둘러싸고 있는 환경으로부터 달아나지 말고 부딪쳐야 한다. 우회로는 없다. 어렵고 힘든 환경이라면 더욱 그렇다. 첫째는 피하고 싶어도 피할 수 없기 때문이다. 둘째로 힘든 환경 자체가 큰 자산이기 때문이다. 나중에는 결국 알게 되겠지만 어떤 곤경도 나를 키우는 자산이 된다. 내 자신의 틀이라는 감옥의 열쇠도 마찬가지다. 아무도 그 감옥에서 나를 꺼내줄 사람은 없다. 옆에서 도움말을 줄 수는 있을지 몰라도 문을 따주는 사람은 아무도 없다. 내가 해야 한다. 그 열쇠 또한 내가 쥐고 있다.

사회를 움직이는 게임의 룰을 바꾸기 위해서는 다수 사회 구성원의 참여가 필요하다. 일부 사회 지도층이 아니라 우리 모두가 자기 주위의 작은 일에서부터 시작해야 한다. 이 틀을 바꾸는 열쇠 역시 우리가 갖고 있다. 특히 청년들이 사회의 틀에서 비롯되는 문제에 눈을 떠야 한다. 더 많은 관심을 갖고 목소리를 내야 한다.

어느 순간 감옥을 깰 수도 있을 것이다. 그러나 자기를 둘러싼 환경과 자기 자신, 사회의 틀이라는 삼중 감옥에서 완전히, 그리고 영원히 벗어날 수는 없다. 감옥에서 탈출해도 다시 새로운 환경과 틀이 주어지거나 형성된다. 또 다른 차원의 감옥이 생기는 것이다. 사회제도와 시스템도 마찬가지다. 혁명이 일어나도 곧 새로운 기득권이 생기기 마련이고 부패하거나 개혁의 대상이 되는 제도가 새롭게 형성된다. 결국 감옥은 늘 깨야 할 대상으로 존재한다. 세 개의 감옥은 또한 따로따로 순차적으로 주어지는 것도 아니다. 첫 번째 감옥을 깨면 두 번째 감옥이 있는 것이 아니다. 대체로 같이 있다. 그래서 삼중(三重)이다. 이 감옥들을 깨는 슬기와 문리(文理)가 갖춰지는 시기의 차이는 사람마다 다르겠지만 분명한 사실은 세 개가 같이 작동한다는 것이다. 그리고 그 열쇠는 다른 곳이 아닌 내 손에 쥐어져 있다는 것이다.

기존의 경로에서 벗어나는 것은 힘든 일이다. 더욱이 환경과 자기 자신 그리고 사회라는 삼중 감옥을 깨는 시도는 더 어려운 일이다. 그러나 거기서 나와야 한다. 삼중 감옥에서 한두 개만 깨서도 안 된다. 세 개를 모두 깨야 한다. 자기가 하고 싶어 하는 일로 만들어 즐겁게 해야 한다. 그래야 나를 찾을 수 있고, 신기루와 같은 정해진 답이 아니라 나만의 답을 구할 수 있다. 결과를 걱정하거나 겁먹을 것 없다. 삼중 감옥을 깨는 과정에서 느끼는 보람과 성취감이 큰 보상이 될 것이다. 크지 않고 작아도 좋다. 행복은 먼 뒷날 결과에 따라 주어지는 월계관이 아니다. 그때그때 앙금처럼 내 마음속에 침전되어 가라앉는 작은 알갱이들이다. 그렇게 내재화된(internalized) 동기와 과정에서 맛보는 보상들이 참 기쁨이다. 그리고 그렇게 할 때 나름의 결과도 과실(果實)처럼 따라오게 되어 있다.

세 가지 질문,
세 가지 반란

2010년 11월 서울에서 20개국 정상이 모이는 G-20 정상회의가 있었다. 건국 이래 우리나라에서 선진국 정상이 이렇게 많이 모인 적은 없었다. 우리 국격을 한층 높인 행사였다. 회의 마지막 날 오바마 대통령이 내외신 기자회견을 가졌다. 기자들의 질문 경쟁이 벌어졌다. 질문에 답변하던 오바마 대통령이 기자회견 말미에 예상하지 못한 발언을 하나 했다.

"이렇게 훌륭하게 행사를 주관한 한국에 고맙다는 뜻으로 마지막 질문권은 한국기자에게 주겠습니다."

어떤 일이 벌어졌을까? 놀랍게도 질문하겠다고 나서는 한국기자가 아무도 없었다. 다소 당황한 오바마 대통령은 언어 문제라고 생각했는지 통역이 준비되어 있다고 친절하게 부연 설명까지 해주었다. 그럼에도 아무도 나서서 질문하지 않는 어색한 상황이 전개됐다. 그때 한 중국

기자가 일어나 한국기자가 질문하지 않으니 아시아권을 대표해서 자기가 질문하겠다고 나섰다. 오바마는 거듭 한국기자에게 질문권을 주겠다며 "(한국기자) 누구 없나요?" 하고 여러 번 물어보았다. 나서는 한국기자는 한 명도 없었고 결국 질문권은 중국기자에게 넘어갔다.

이 장면은 EBS '왜 우리는 대학에 가는가'라는 특집 프로그램의 5부 '말문을 터라' 편에 그대로 방영되었기 때문에 아마 많은 분들이 보셨으리라 생각된다. 이 프로그램에서 오바마 기자회견 내용 뒤에는 국내 몇몇 대학 강의실 장면이 나왔다. 희한하게도 똑같은 일이 벌어졌다. 강의마다 교수가 "질문 있으면 하세요."라고 했지만 아무도 질문하지 않았다. 학생들은 눈을 내리깔고 교수와의 눈 맞춤을 피했다.

우리는 왜 질문을 하지 않는 것일까? 질문하는 것이 직업인 기자조차 왜 오바마에게 질문할 수 있는 절호의 기회에서 손을 들지 않았을까? "요즘 학생들은 질문을 하지 않는다." 대학에 와서 만난 교수들이 이구동성으로 하는 이야기다. 왜 우리 젊은이들은 질문하지 않는 것일까? 우리 사회가 정해진 트랙 위에 젊은이들을 올려놓기 때문일까? 공장의 컨베이어 벨트 같은 그 트랙 위에 일단 올라서면 질문을 던지는 대신 그저 정해진 길을 가야 하기 때문일까?

질문하지 않는다면 어떤 일이 생길까? 앞에서 우리가 깨트려야 할 세 개의 감옥에 대해서 이야기했다. 나를 둘러싸고 있는 환경이란 감옥, 나 자신의 틀이라는 감옥, 그리고 사회를 움직이는 게임의 룰이라는 감옥이었다. 만약 질문하지 않는다면, 그래서 아무런 문제도 제기하지 않는다면 우리는 이 감옥에서 영영 나올 수 없다. 《질문의 7가지 힘(The 7 Powers of Questions)》이란 책을 쓴 도로시 리즈(Dorothy Leeds)는 질문이 갖는 첫 번째 힘은 질문을 해야 답을 찾을 수 있기 때문이라고 지적한다. 질문은 생각을 자극하고 우리를 고민하게 한다. 질문을 위한 그 고민과 회의야말로 젊은 시절 꼭 거쳐야 할 소중한 과정이다.

톨스토이는 여러 작품을 통해 독자들이 스스로에게 던지는 질문에 대한 고민을 많이 하게 한 작가다. 《전쟁과 평화》나 《부활》, 《안나 카레니나》 같은 대작 말고도 주옥같은 단편소설들을 통해 인생의 깊이와 추구해야 할 가치에 대해 깊이 있는 질문을 던지고 있다. 흥미롭게도 작품 속에서 종종 세 개의 질문을 던지곤 한다.

1881년 작인 《사람은 무엇으로 사는가》에서는 벌을 받아 세상에 내려온 천사 미카엘을 통해 세 가지 질문에 대한 답을 찾는다.

사람에게 무엇이 있는가?
사람에게 무엇이 주어지지 않는가?
사람은 무엇으로 사는가?

재미있게도 첫 번째와 세 번째 질문에 대한 답은 같다. 사람에게는 '사랑'이 있고 사람은 '사랑'으로 산다. 두 번째 질문에 대한 답은? 사람에게는 '자신에게 정말 필요한 것을 아는 힘'이 주어지지 않는다. 저마다 자신에게 무엇이 필요한지 신은 보여주지 않는다. 그래서 작품 속에서 거만한 귀족은 조금 뒤 자기가 죽을지도 모르고 비싼 가죽을 가져와 잘못 만들면 잡아가겠다고 거드름을 피면서 구두를 만들라고 한다.

심지어 《세 가지 질문》이란 단편도 있다. 이 작품에서 톨스토이는 주인공인 왕을 통해 더 직접적인 질문을 제기한다. "인생에서 가장 중요한 순간은 언제인가? 인생에서 가장 중요한 사람은 누구인가? 인생을 살면서 가장 중요한 일은 무엇인가?"

수많은 신하와 학자들이 답을 제시하지만 왕은 만족하지 못하고 직접 세상에 나가 답을 얻는다. 답은 이렇다. 바로 '지금'이 가장 중요한 순간이다. 왜냐하면 '지금'이 우리가 유일하게 영향력을 행사할 수 있는 시간이기 때문이다. 가장 중요한 사람은 지금 '나와 함께 있는 사람'이다. 그리고 가장 중요한 일은 지금 나와 함께 있는 사람에게 '선과 사랑을 베푸는 것'인데, 이것이 사람이 세상에 내려온 이유이기 때문이다. 베르베르도 《개미》에서 개미여왕을 통해 비슷한 세 개의 질문을 던진다. 가장 중요한 순간, 가장 중요한 일, 행복의 비결에 대한 것이다. 연방의 모든 개미들과 토론하고도 답을 찾지 못한 여왕은 직접 답을 찾기 위해 도시를 떠난다.

톨스토이의 《세 가지 질문》이나 베르베르의 《개미》에서 나온 답보다 더욱 내 관심을 끈 것은 주인공들이 답을 찾는 과정이다. 주인공인 천사 미카엘과 왕 그리고 개미여왕은 자신이 갖고 있는 질문에 대한 답을 스스로 찾아 나선다. 누구도 그들이 갖고 있는 질문에 대한 답을 찾아주지 않는다. 《세 가지 질문》의 주인공인 왕은 왕궁에서 나가 고초를 겪고,

《개미》에서 개미여왕도 궁을 떠나 목숨을 건 사투를 벌인다. 자기가 있는 자리를 박차고 직접 몸으로 부딪치며 힘들게 고생한 끝에 답을 얻는다. '사서 고생'한 것이다. 스스로 상황을 만들어 고생 속에 자기를 던진 것이다. 그렇다. 질문을 던진 것도 나였듯이 질문에 대한 답을 찾는 것도 남이 아닌 내가 해야 한다.

여러분은 어떤가? 남으로부터 받은 많은 질문들에 어떻게 답하고 있는가? 또한 몸과 마음을 던져 답을 찾고 싶은 자신만의 진지한 질문을 가지고 있는가? 만약 있다면 어떤 질문인가? 그리고 그 질문에 대한 답은 어떻게 찾고 있는가? 진지한 질문이 있다는 것은 마음속에 호기심이 있거나 불만이 있다는 뜻이다. 때로는 화도 내고 싶다는 뜻이다. 이런 것들이 없다면 질문이 나올 수 없다.

삼중 감옥을 깨는 질문들

자 이제부터 삼중으로 갇혀 있는 감옥에서 나오기 위한 질문에 몸을 던져보자. 그 질문들이 우리에게 길을 안내해줄 것이다. 나침반이 되어주는 질문에는 세 가지가 있다.

첫 번째는 남이 나에게 던진 질문이다. 우리는 항상 남이 던진 질문에 답을 하며 살아간다. 평생 동안 남이 낸 문제를 열심히 풀며 산다. 내게 주어진 환경과 상황이 남이 낸 문제다. 주어진 환경에 적응하며 어려움을 극복하는 과정이 바로 남이 낸 문제를 푸는 시도다.

두 번째는 나 자신에게 던지는 질문이다. 남이 던지는 질문을 넘어 우리는 자기 스스로에게 던지는 질문이 있어야 한다. 그리고 그 질문에 대한 답을 찾기 위해 자신의 틀을 깨는 노력을 해야 한다. 많은 경우 다른 사람이 던지는 질문보다 내 스스로에게 던지는 질문이 더 풀기 어려울 때가 많다. 그리고 대부분의 경우 이 질문이 남이 내게 던진 질문보다 훨씬 중요하다.

세 번째는 세상이 던지는 질문이다. 우리들 공동의 문제에 대한 질문이다. 간단하고 단편적인 것들에서부터 복잡하고 구조적인 것들까지 있다. 정답을 강요하는 교육이나 기득권 카르텔로 똘똘 뭉친 사회구조, 공정하지 않게 사회를 움직이는 게임의 룰 같은 것들이다. 이런 질문들은 웬만큼 깨어 있지 않으면 의식하기 어려울 수도 있다. 그러나 사회발전에 기여하기 위한 의미 있는 시도를 하려는 사람들의 눈에는 어렵지 않게 보이는 문제들이다. 이런 문제를 풀어야 우리 사회가 지속 가능한 발전을 할 수 있다.

남이 던지는 질문
나에게 던지는 질문
세상이 던지는 질문

이 세 가지 질문들이 우리를 가둔 감옥에서 빠져나오는 데 길라잡이 역할을 할 것이다. 감옥을 깨부수고 우리를 탈옥시켜줄 것이다. 그것은 곧 '반란'이다. 반란은 무엇인가 마음에 들지 않는 것을 뒤집는 것이다.

나를 둘러싸고 있는 마음에 들지 않는 환경, 살면서 형성된 나 자신의 틀, 그리고 마음에 들지 않는 사회를 움직이는 게임의 룰을 바꿔보자는 시도다.

세 가지 질문은 '세 가지 반란'으로 이어진다. 남이 낸 문제를 푸는 것은 환경을 뒤집는 '환경에 대한 반란'이다. 내게 던지는 질문은 나 자신의 틀을 깨기 위한 '자신에 대한 반란'이다. 마지막으로 세상이 던지는 질문은 우리 사회를 건전하게 발전시키기 위해 사회를 변화시키는 '사회에 대한 반란'이다. 이 모든 것들을 한 귀로 꿰는 공통점은 바로 자신이 '있는 자리 흩트리기'이다.

젊은 시절 나는 세상이 너무 싫어 뒤집고 싶었다. 우선 내 의지와 상관없이 내게 주어진 길이 너무나 싫었다. 어려운 환경이 나를 질식시켰고 세상이 너무도 불공평하다는 생각이 들었다. 왜 남들보다 한참 뒤떨어진 출발선에서 스타트해야 하나 하는 생각이 들었다. 나를 둘러싼 그런 현실에 반란을 일으키고 싶었다.

주어진 환경을 뒤집기 위한 몸부림을 치면서 내 자신의 틀에 대한 생각이 들었다. 오랫동안 형성된 내 자신의 틀을 깨야 한다는 절박감이었다. 남이나 주위에서 했으면 하는 일을 내가 하고 싶은 일로 착각하고 살아온 나 자신에 대한 반란이었다. 진정으로 내가 하고 싶은 일을 찾고 싶었고, 이를 위해 그때까지 쌓아왔던 익숙한 것들과의 고통스러운 결별을 시도했다. 환경에 대한 반란을 일으키다 보면 반드시 부딪히는 단계가 '자기 자신의 틀'에 대한 회의다. 이 틀을 깨는 반란을 일으키고 싶었다.

그러면서 내가 몸담은 사회의 여러 문제에 대해서도 눈을 뜨게 됐다. 개인이 아무리 노력해도 부딪히는 한계, 넘지 못하는 벽 같은 구조적인 문제가 우리 사회 여기저기 존재하는 것을 알게 됐다. 우리 사회를 움직이는 게임의 룰이 때때로 온당하지 못하다는 것도 깨닫게 됐다. 사회에 대한 반란을 생각하게 됐다. 구성원 개개인이 아무리 노력해도 우리 사회의 여러 문제들을 개선하지 않으면 사회 전체적으로 지속 가능한 발전을 이루기 어렵다. 우선 내가 있는 위치에서 작지만 사회변화를 위해 할 일들에 대해 생각을 하게 된 것이다.

있는 자리 흩트리기

신(神)이 사람을 단련시키고 키우는 가장 전형적인 방법은 그 사람이 '있는 자리'를 흩트리는 것이라고 한다. '있는 자리'란 바로 내가 처한 환경, 나 자신 그리고 내가 사는 세상이다. 증거는 차고 넘친다. 생각나는 위인 누구라도 이름을 대보라. 자기 자리를 흩트리지 않고 그 반열에 오른 사람이 있는지. 편안하고 안전한 길만 걸은 사람이 있는지. 가끔은 안전지대 안에서 잘되는 사람이나 경우도 있다. 그러나 그 성취가 오랫동안 공고하게 가는 경우는 많지 않다. 한 걸음 더 나아가 신이나 운명에 의해서가 아니라, 스스로 자기 자리를 흩트리는 사람들도 있다. 편한 자리를 마다하고 안전지대를 거부하는 것이다.

있는 자리를 흩트려야 한다. 자신의 자리가 빈약할 때 그것은 결핍이 아니라 단련의 기회다. 있는 자리가 안전하고 여유로워졌을 때는 일부러라도 그 자리를 흩트려야 한다. '있는 자리 흩트리기'는 인생의 오르막길을 오를 때는 용기를, 자리가 공고해졌거나 정점에 올랐을 때는 스스로 경계하는 지혜를 줄 것이다. 나이가 적든 많든, 여자든 남자든, 가난하든 부자든, 관점을 역지사지하고 다른 이의 마음을 헤아리는 통찰을 줄 것이다. 우리가 사는 세상을 더 나은 방향으로 한 발 더 나아가게끔 하는 길이기도 하다.

젊은 시절의 고민은 축복이다. 청년의 때가 지나서 자신의 틀이 굳어진 뒤라면 틀을 깰 기회조차 갖지 못하거나, 고민을 하더라도 깨기가 어렵기 때문이다. 인생의 그 오르막길에서 고민과 실패, 그리고 좌절을 겪는 것은 너무도 당연한 일이기 때문이다. 그런 것들은 청춘만이 갖는 특권이다. 축복은 대부분의 경우 다양한 형태의 힘든 모습으로 찾아온다.

지금은 한 치 앞도 보이지 않고 출구 없는 깜깜한 동굴 속에 갇힌 기분이 들 수도 있다. 그래도 기어서라도 나와야 한다.

언젠가 지금의 내가 이십대 초반의 나를 만난다면 젊은 나에게 어떤 이야기를 해주겠냐는 질문을 받은 적이 있다. 내 인생에서 암흑기가 있다면 십대에서 이십대 중반에 걸친, 바로 남들이 청춘이라고 부르는 그 시절이다. 한줄기 빛도 보이지 않는 캄캄한 터널 속에 있는 것처럼 미래에 대한 아무런 희망이 없던 시절. 그때의 좌절과 패배 의식, 열등감 그리고 어깨에 놓인 너무도 무거웠던 짐 때문에 더할 수 없이 힘들었다. 다시 그 시절로 돌아가라면 감상적인 추억을 빼고는 절대로 돌아가고 싶지 않은 시절이다. 그러나 그때의 나를 지금의 내가 만난다면 내가 해줄 말은 이렇다.

"괜찮아. 누가 뭐래도 인생은 정말 아름다운 것이야. 힘내."

가끔 십대 후반과 이십대 중반에 걸친 젊은 시절의 좌절, 마음속에 간직했던 분노와 열등감을 생각하면 지금도 가슴이 저려오는 것을 느낀다. 너무나 힘든 시절이었다.

누구나 이력서에 나와 있지 않은 인생이 있다. 어떤 학교를 나오고 어떤 경력을 갖고 있든지 그 뒤에 숨은 좌절과 절망, 고통과 열등감 같은 것들은 알 수도 짐작할 수도 없다. 또 그런 상황을 극복하기 위해 어떤 열정을 가지고 어떻게 노력했는지, 어떤 절실한 마음을 가지고 살았는지에 대해서도 알려주지 않는다. 그러나 때로는 이력서에서 빠진 그 내용들이 더 '진짜'일 수도 있다. 남이 던진 질문에 답하기 위해 꼭 겪어야 할 어려움과 실패가 그 속에 고스란히 녹아 있을 수 있다.

있는 자리
흩트리기
1

환경

나를 옥죄는
'긴고아'는 무엇인가

스무 살 초반 나와 어느 길거리 모퉁이에서 우연히 조우한다면
그냥 아무 말 않고 잠시 쳐다보기만 할 거야
'그 사람' 눈치 채지 못하게 눈길이 머무는 정도 쳐다보다
그냥 가던 길로 다시 갈 거야

마음속에 가득 차고 넘칠 안쓰러움,
그냥 속으로 간직하기만 할 거야

내가 가장 잘 알고 있는
'그 사람'의 마음속에 가득한 열등감과 분노와 슬픔을
'그 사람'과 똑같이 느끼기만 할 거야

아, 정말로 정말로 열정을 다해 살아서
결국 극복하면 지금의 어려움이
오히려 큰 축복으로 바뀌긴 하겠지만
그래도 너무나 큰 고통과 아픔이
그 젊고 좁은 어깨 위에 사정없이 놓여진 것을
'그 사람'과 똑같이 느끼기만 할 거야

삼십 년 전이 아니라 '그' 만난 그날의 내 일처럼 느끼면서
혼자 돌아서서 내 길 갈 거야
아, 불쌍한 젊은 영혼

스무 살 초반 나와 어느 길거리에서 우연히 조우한다면
아무 말도, 아무 내색도 않고
잠시 눈길을 주다가
돌아서서 남 몰래 울면서 그냥 내 길 갈 거야

— 김동연, 〈지금의 내가 스무 살 초반 나와 우연히 조우(遭遇)한다면〉

이력서에 빠진 8년

내 이력서의 경력란은 만 25세부터 출발한다. 행정고시와 입법고시에 합격하고 사무관으로 출발한 공직생활의 첫 기록부터 지금에 이르기까지 소상히 적혀 있다. 그러나 공직에 몸담기 전 거의 8년에 이르는 직장 경력은 어느 기록에도 빠져 있다.

전혀 원하지 않았지만 가정형편상 진학한 상업고등학교를 졸업도 하기 전 취직시험을 봤다. 3학년 2학기 때였다. 경기도 광주군 어느 시골 허허벌판 위에 강제 이주를 당해 살던 시절이었다. 3학년 가을 어느 날 수업시간, 취업주임 선생님이 들어오셔서 내가 응시한 은행시험 합격자 발표를 했다. 합격이었다.

뛸 듯이 기뻤다. 그 당시 은행은 많은 사람이 선망하던 직장이었고 입행시험 경쟁이 아주 치열했다. 수업이 끝나 집에 가면서 어머니를 놀라게 해드리려고 입행시험에서 떨어졌다고 말씀드려야지 생각했다가 바로 마음을 고쳐먹었다. 내가 은행시험에 합격하는 것이 유일한 희망이었던 어머니께서 너무 충격을 받으실 것 같았다. 집에 들어가 합격 소식을 알려드렸더니 어머니는 벌떡 일어나 손뼉을 치면서 덩실덩실 춤을 추셨다. 홀로된 어머니와 할머니, 동생 셋까지 부양해야 했던 가난한 소년 가장이 갈 수 있는 최선의 길을 그렇게 간 것이었다.

아주 한참 뒤 닉슨(Nixon) 대통령에 대한 책을 읽은 적이 있다. 닉슨은 캘리포니아에 있는 휘티어라는 작은 대학을 졸업한 뒤 명문 듀크대 법대를 나왔다. 많은 사람들은 닉슨이 상원의원과 대통령을 한 것은 알고 있지만, 1953~1961년 사이에 아이젠하워 대통령 밑에서 8년간 부통령을 한 것은 잘 모른다. 대통령이 되기 전 어느 기자가 닉슨의 어머니에게 이제껏 살면서 가장 기뻤던 날이 언제였냐고 물었다. 기자는 내심 아이젠하워가 당시 39세의 젊은 상원의원인 닉슨을 부통령으로 지명한 날이라고 대답할 것으로 기대했다. 그러나 어머니의 답은 그게 아니었다. 가난해서 어려웠던 시절 듀크대 법대로부터 전액 장학금을 준다는 편지를 받은 날이 인생에서 가장 기뻤던 날이라고 대답했다.

나는 닉슨의 어머니에 대한 글을 읽으며 은행시험 붙었다고 벌떡 일어나 손뼉을 쳤던 내 어머니 생각을 했다. 그날 이후 나는 한 번도 어머니가 박수를 치며 춤을 추는 모습을 본 적이 없다. 고시에 합격하거나 승진을 하거나 박사를 딴 그 어느 날도 그날처럼 기뻐하는 모습을 보지 못했다. 닉슨의 어머니에게 던진 것과 똑같은 질문을 했더라면 내 어머니는 아마도 내가 은행 입행시험에 합격한 날이 가장 기뻤던 날이라고 대답하셨을 것 같다.

합격자 발표가 나고 한 달쯤 뒤 은행에 출근했다. 아직 고등학생 신분이었다. 당시에는 기성복이라는 것이 없었고 양복점에서 옷을 맞춰 입던 시절이었다. 번듯한 양복점에서 옷을 맞춰 입을 형편이 되지 못해 동대문시장에서 옷감을 떠 시장 안에 있는 양복 만드는 허름한 집에서 맞춰 입고 출근하기 시작했다. 감색 바탕에 엷은 줄이 있었던 그 양복의 색깔과 무늬를 나는 지금도 선명하게 기억한다. 그때 만 나이로 열일곱이었다.

어려운 입행시험에 합격해 은행에 들어가 우쭐했던 기분도 잠시, 곧바로 힘든 현실에 부딪혔다. 열심히 일했고 나름 인정도 받았지만 '고졸' 출신이란 벽이 높았다. 100미터 달리기 시합에서 50미터쯤 뒤처진 출발선상에서 뛰는 기분이었다. 찢어지게 가난했던 현실과 대학에 가지 못한 열등감은 사회에 대한 불만으로까지 번졌다. 출발선이 너무 달라 세상이 불공평하다고 생각했다. 타는 목마름이 있었다. 또래들이 하는 대학생활에 대한 부러움, 끝을 알 수 없는 열등감, 미래에 대한 불안. 그러나 이대로 주저앉을 수는 없다는 절박감들. 이런 생각들이 내 안에서 서로 교차되며 나를 괴롭혔다.

낮엔 은행원, 밤엔 대학생, 새벽엔 고시생

현실로부터 도망가는 것은 불가능했고 현실을 깨기에는 내가 너무 보잘것없었다. 우선 나 자신을 둘러싸고 있는 환경을 조금이라도 변화시키는 '반란'이 필요했다. 작은 돌파구는 야간대학에 진학하는 것으로 출발했다. 직장생활을 하며 힘들게 대학입시 준비를 한 끝에 대학생이 되었다. 그러나 야간대학생이 되어서 주경야독을 하면서도 내 안의 목마름은 좀처럼 해소되지 않았다. 장래는 여전히 암담해 보였다. 야간대학을 졸업한다고 크게 달라질 것도 없어 보였다. 주위에는 온통 명문대 출신, 경제적으로 별 걱정이 없어 달리기 편한 '몸이 가벼운' 사람들로 넘쳤다.

야간대학을 다니며 성적이 좋아 장학금을 받을 수 있었고 공부에도 제법 재미가 붙었다. 주위의 여러 사람이 그러했듯이 직장을 그만두고 공부에 전념하고 싶었다. 공부로 승부를 걸어보고 싶은 마음이 들었다. 하지만 이미 가장 역할을 하고 있었던지라 나만을 위해 가족들 부양을 제쳐놓고 직장을 그만둘 수는 없었다. 누런 월급봉투째 어머니께 드렸던 생활비, 순대일 때도 찐만두일 때도 있었던 외할머니가 좋아하셨던 간식거리, 형의 수고에 대해 늘 말없이 눈으로 위로를 보내던 한 살 터울 남동생의 짠한 눈빛, 월급날 사다주는 소년소녀 잡지와 작은 선물을 목 빼고 기다리던 두 여동생의 반짝이던 눈망울. 직장을 그만둘 수 없는 현실은 적잖이 나를 힘들게 했지만 맏이로의 의무를 피하고 싶은 적은 한 번도 없었다.

직장에서 열심히 일했다. 그것이 당연한 도리라고 생각했고 야간대학을 다닌다고 업무를 등한시한다는 이야기는 듣고 싶지 않았다. 은행의 본점 기업분석부에서 기업대출을 위한 신용조사를 담당할 때는 다른 선임자나 책임자들이 말단 행원이었던 내가 작성한 조사서를 텍스트로 삼아 따라 할 정도로 인정을 받았다.

그러던 어느 날 집을 떠나 생활했던 은행 독신자 합숙소에서 옆방 선배에게 놀러 갔다가 방 밖 쓰레기통에 버려진 여러 권의 책을 발견했다. 무심코 그중 한 권을 주워들고 내 방에 와서 보니 고시수험생을 위한 잡지였다. 이해하기 어려운 내용들이었지만 맨 뒤에 있는 합격기를 읽고는 고시공부를 하고 싶다는 생각이 들었다. 주위 사람들은 모두 다 현실성 없는 쓸데없는 짓을 한다고 했지만 시험공부는 내게 또 다른 돌파구였다. 결국 낮에는 은행원, 밤에는 대학생 그리고 더 깊은 밤에는 고시수험생이 되는 1인 3역을 하게 되었다.

정말 열심히 공부했다. 죽어라고 공부했다. 이 세상 누구를 지금의 내 위치에 갖다 놓는다 해도 나보다 더 열심히 공부할 사람은 없다는 생각을 할 정도로 했다. 겨울날 추운 은행 합숙소 방에서 이불을 뒤집어쓰고 새벽까지 공부했다. 어린 나이에 사회에 나와 흔들리기 쉬운 이십대 초반, 가능한 한 최대한 생활을 단순화시켰다. 돈 쓰는 유혹, 시간과 계절 가는 것에 예민하고 싶은 혈기를 누르려 애썼다. 결국 끝까지 직장생활을 하며 고시공부를 했고 대학을 졸업하던 해에 행정고시와 입법고시에 합격했다. 시험에 합격하고 공무원 발령받은 날에야 은행에 사직원을 냈다. 그래서 지금도 내 경력을 보면 은행을 그만둔 날짜와 공무원 발령받은 날짜가 같은 날이다. 은행생활 7년 8개월째였고, 그때 만 나이 스물다섯이었다.

한참 뒤 왜 공직을 택했냐고 질문을 받았을 때, 국가나 사회를 위해서라는 거창한 대답이 아니라 힘들었던 젊은 시절 돌파구로 '반란'이 필

요했기 때문이란 게 솔직한 대답이었다. 그것은 내가 철들고 나서 제일
'세게' 한 첫 번째 반란이었다.

젊은 나와의 우연한 만남

가끔 십대 후반과 이십대 중반에 걸친 젊은 시절의 좌절, 마음속에 간직했던 분
노와 열등감을 생각하면 지금도 가슴이 저려오는 것을 느낀다. 너무나 힘든 시
절이었다. 여러 해 전 개인 블로그에 '지금의 내가 스무 살 초반 나와 우연히 조
우(遭遇)한다면'이란 제목으로 글을 쓴 적이 있다.

> 스무 살 초반 나와 어느 길거리 모퉁이에서 우연히 조우한다면
> 그냥 아무 말 않고 잠시 쳐다보기만 할 거야
> '그 사람' 눈치 채지 못하게 눈길이 머무는 정도 쳐다보다
> 그냥 가던 길로 다시 갈 거야
>
> 마음속에 가득 차고 넘칠 안쓰러움,
> 그냥 속으로 간직하기만 할 거야
>
> 내가 가장 잘 알고 있는
> '그 사람'의 마음속에 가득한 열등감과 분노와 슬픔을
> '그 사람'과 똑같이 느끼기만 할 거야

아, 정말로 정말로 열정을 다해 살아서
결국 극복하면 지금의 어려움이
오히려 큰 축복으로 바뀌긴 하겠지만
그래도 너무나 큰 고통과 아픔이
그 젊고 좁은 어깨 위에 사정없이 놓여진 것을
'그 사람'과 똑같이 느끼기만 할 거야

삼십 년 전이 아니라 '그' 만난 그날의 내 일처럼 느끼면서
혼자 돌아서서 내 길 갈 거야
아, 불쌍한 젊은 영혼

스무 살 초반 나와 어느 길거리에서 우연히 조우한다면
아무 말도, 아무 내색도 않고
잠시 눈길을 주다가
돌아서서 남 몰래 울면서 그냥 내 길 갈 거야

    그 후 공직생활 시작부터의 삶의 궤적은 이력서에 그대로 나와 있다. 아무도 소년기에서 청년기에 걸친 내 인생에 대해서는 묻지 않는다. 어쩌다 그 시절에 대한 질문을 받으면 주저하지 않고 한마디로 대답한다. 행복했었다고. 그때가 없었다면 오늘의 나는 없었다고. 찢어지게 가난했던 절대 빈곤 상태에 있던 나와 우리 가정에 은행은 일자리를 주었다고. 지금도 가끔 만나는 은행의 옛 상사, 동료들은 십대 후반과 이십대

중반 내 인생의 선생들이었다고. 그리고 그 직장에서 마음씨 착한 아내를 만났다고. 계속해서 은행원 생활을 했더라도 공직생활 하는 것과 똑같이 열심히 했을 거라고. 그리고 아마도 똑같이 행복했을 거라고.

누구나 이력서에 나와 있지 않은 인생이 있다. 어떤 학교를 나오고 어떤 경력을 갖고 있든지 그 뒤에 숨은 좌절과 절망, 고통과 열등감 같은 것들은 알 수도 짐작할 수도 없다. 또 그런 상황을 극복하기 위해 어떤 열정을 가지고 어떻게 노력했는지, 어떤 절실한 마음을 가지고 살았는지에 대해서도 알려주지 않는다. 그러나 때로는 이력서에서 빠진 그 내용들이 더 '진짜'일 수도 있다. 겉으로 보이는 학력이나 경력보다 훨씬 소중한 경험이나 지혜, 가치관이 그 속에 숨어 있는지 모른다. 성공을 위해서는 꼭 겪어야 할 어려움과 실패가 그 속에 고스란히 녹아 있는지 모른다.

언제부턴가 나는 내 이력서에 나와 있지 않은, 다른 사람이 별로 물어보지 않는 내 지난날에 감사한다. 빛 속에 가리어진 그림자 같은 과거에 깊이 감사한다. 그 어두움이 있어 빛이 있었다. 절망이 있었기에 희망이 있었고, 시련이 있었기에 열망이 생겼다. 실패가 있었기에 성공이 있었다. 밑바닥에 있었기에 올라가고 싶었다. 더 떨어질 곳이 없었기에 올라갈 일만 남았다고 생각했다. 없는 사람, 덜 배운 사람들과 뒹굴며 살았기에 남들의 고통을 이해하게 됐고, 내가 손해 보더라도 변치 않을 의리도 배웠다. 너무나 어려워서 여러 번 좌절까지 했던 상황은 인내와 감사를 가르쳐준 스승이었다. '위장된 축복'이었다. 옴짝달싹할 틈도 없어 질식할 것 같았던 내 인생에 '반란'의 꿈을 꿈틀거리게 하고 결국 봉기하게 만들었다.

　돌아가신 박완서 작가가 쓴 산문집 중에《못 가본 길이 더 아름답다》는 책이 있다. 멋진 제목이지만 거꾸로 된 제목도 괜찮을 듯싶다. "지나온 길이 아름답다"고. 열심히 살면 후회할 청춘도, 아름답지 않은 인생도 없는 법이다. 남들보다 조금 뒤에 출발한 것은 아무것도 아니다. 오히려 '삶의 문리(文理)'가 더 빨리, 더 깊게 트일 수 있다. 그래서 이력서 경력란 맨 윗줄에 열일곱 살부터 했던 8년 가까운 고졸 은행원 경력을 떳떳하게 올리고 싶다.

결핍의 힘

공직을 그만두겠다는 사의가 수용된 뒤 아무런 연고가 없는 경기도 양평의 농가 방 하나를 얻어 내려갔다. 당분간 사람을 만나는 것을 자제하고 일에 대한 새로운 제안으로부터 떨어져 있으려는 생각에서였다. 소일거리는 약간의 규칙적인 운동, 시골길 산책, 책 읽기, 글쓰기, 일주일에 한 번 큰 아이가 있는 공원묘지에 찾아가는 정도였다.

바빠서 보지 못했던 TV 프로그램 중 볼만한 것을 골라 보는 것도 재미있는 일 중 하나였다. 그때 본 프로그램 중 하나가 EBS에서 만든 '강대국의 조건'이었다. 인류 역사상 가장 강성했던 다섯 나라를 뽑아 이 나라들이 강대국이 될 수 있었던 공통점은 무엇인가를 분석했다. 로마, 몽골, 영국, 네덜란드, 미국의 이야기였다.

그중 영국에 대한 이야기다. 영국이 유럽 변방의 작은 섬나라에 불과했던 16세기, 전 세계에서 가장 강성한 국가는 무적함대를 가진 스페인이었다. 1588년 두 나라는 전쟁을 벌였다. 전쟁사에 길이 남은 칼레 해전이다. 스페인은 120여 척의 배에 8,000명이 넘는 배 승조원과 2만 명에 달하는 보병을 동원했고, 영국은 6,000명의 배 승조원과 포병으로 이들과 맞섰다. 누가 봐도 스페인의 승리가 예측된 이 해전에서 영국이 승리한다.

영국은 어떻게 승리할 수 있었을까? 여러 요인이 있겠지만 이 프로그램에서는 배와 대포의 혁신을 들었다. 대포를 한번 보자. 당시 포는 청동대포가 주종이었다. 청동은 신축성이 있어 포 발사 시 엄청난 압력에도 버틸 수 있고 녹이 슬지 않는 장점이 있었다. 반면 생산량이 많지 않고 너무 비싸다는 단점이 있었다. 영국은 청동대포 대신 대량 생산한 주철대포를 개발하기 시작했다. 주철은 녹이 잘 슬고 강한 압력에 잘 버티지 못해 발사 시 폭발하는 단점이 있지만, 개발과 실용화에 성공한 뒤 생산비용은 청동대포의 4분의 1 정도밖에 들지 않았다. 그 당시 해전은 배로 적선을 들이받은 후 적선에 뛰어올라 육박전을 벌이는 것이었다. 주철포로 무장한 영국은 적의 보병이 자기 배로 넘어오지 못하도록 수백 야드 밖에서 대포를 쏘며 적선을 격침시키는 전술로 나갔다.

혁신은 스페인과의 해전에서 영국에 승리를 안겨줬다. 그렇다면 영국의 혁신은 어떻게 가능했을까? 프로그램에서는 이를 '결핍의 힘'이라고 말한다. 영국에서는 청동이 전혀 나지 않는다. 청동으로 대포를 만들고 싶어도 만들 재료가 없는 것이다. 재정이 충분했더라면 수입을 해서라도 만들었겠지만 그럴 형편도 되지 못했다. 그때까지와는 다른 방법을 생각할 수밖에 없었다. 거리를 두고 포격전을 하는 생각을 하게 된 것도 영국에는 보병이 절대적으로 부족했기 때문이다. 무적함대에 배를 붙여 육박전을 벌이는 것은 상상할 수도 없는 전략이었다. 청동도, 보병도 없었던 결핍의 절박함이 대포와 배의 개발 그리고 그때까지 해전의 모습을 완전히 바꾸는 혁신을 이끌어낸 것이다.

'결핍의 힘' 이론은 국가가 아닌 개인에게도 적용이 될까? 나는 그렇다고 생각한다. 기획재정부 차관으로 있을 때 모임을 하나 만들었다. 젊은 시절 자신에게 처한 어려운 환경을 힘들게 극복하면서 나름 성공의 길을 걸어온 사람들의 모임이다. '힘든 환경'에 있었다는 것을 어떻게 정의할까 고민하다가, 학창시절 스스로 돈을 벌면서 야간에 고등학교나 대학을 다닌 사람으로 한정하기로 했다. 가급적이면 다양한 직업군의 사람들을 만나고 싶어 법조계, 금융계, 기업인, 문화계, 체육계, 관계(官界) 등에서 골고루 망라했다.

연락한 대부분의 분들이 흔쾌히 모임의 취지에 찬성해 참가해주었다. 그런데 특이한 공통점이 여럿 있었다. 그중 하나가 바로 '결핍의 힘'에 대한 강조다. 너무나 어려워서 절망적이기까지 했던 젊은 시절의 환경이 절실한 마음을 주었고 꿈을 꾸게 했다고 했다. 결핍이 열정과 의지를 불어넣어줬고 남보다 더 많은 노력을 하게 했다고 했다. 젊은 시절의 난관과 어려움이 오늘의 자기를 만들었다고 했다. 회원 중 한 명인 모 금융지주 회장은 중학교 시절까지 너무 어렵게 살았기 때문에 공부할 수 있는 유일한 길은 상고에 장학생으로 들어가는 것이었다. 상고를 나와서 은행에 들어갔고 야간대학을 다니며 꿈을 키웠다. 재계 서열 30위 안에 드는 모 기업군의 회장은 닭 키우는 일이 좋아 농고를 갔다. 농고 진학을 반대하는 부모에 저항해 가출까지 했다. 늦은 나이에 야간대학을 다녔으며, 하고 싶은 일을 하면 '즐겁게 노는 것'이라는 철학을 젊은 이들에게 주곤 한다.

너무 유명하지만 빠트릴 수 없는 사례가 일본에서 '경영의 신'이라 추앙받는 마쓰시타 고노스케(松下幸之助) 이야기다. 나이 다섯 살에 가세가 기울어 힘든 유년시절을 보냈는데 3남 5녀 형제 모두가 결핵과 전염병으로 사망했다. 초등학교 졸업도 전에 허드렛일로 시작해 자전거 점포 사환으로 일하다가, 16세 때 전등회사에 1엔(円)짜리 견습공으로 취직했다. 훗날 파나소닉을 창립하고 기업인을 넘어 국민 영웅으로 추앙받는다. 누군가 성공의 비결을 물었을 때 그는 '가난과 허약 그리고 무학(無學)' 세 가지라고 답한다.

가난한 집에서 태어난 덕에 어릴 때부터 갖가지 힘든 일을 하며 세상살이에 필요한 지식을 쌓았습니다. 허약한 아이였던 덕분에 운동을 시작해 건강을 유지할 수 있었습니다. 학교를 제대로 마치지 못했던 덕분에 만나는 모든 사람이 제 선생이어서 모르면 묻고 배우며 익혔습니다.

결핍의 힘을 증명하는 사례는 차고 넘친다.

"생각해보니 나의 역경은 정말 축복이었습니다. 가난했기에《성냥팔이 소녀》를 쓸 수 있었고, 못생겼다고 놀림을 받았기에《미운 오리 새끼》를 쓸 수 있었습니다."

가난한 집안에 태어나 초등학교도 다니지 못했고, 알코올 중독자인 아버지에게 학대를 당했던 동화작가 안데르센의 이야기다. 화가인 마티스는 원래 법률가였으나 충수염을 앓고 합병증으로 1년간 병상에 있을 때 미술의 매력에 빠져 화가의 길을 걷는다. 일흔이 넘은 나이에 결장암 수술로 인한 후유증으로 13년을 침대에서 갇혀 지내면서는 훗날 유명해진 '종이 오리기'라는 새로운 장르를 개척하게 된다. 마티스의 말년 작품들은 그가 젊었을 때나 건강했을 때의 작품들보다 훨씬 낙천적이고 활력이 있다는 평가를 받는다.

공직을 시작해서 얼마 안 돼서의 일이다. 열한 살에 아버지가 돌아가신 내게 누군가 이런 이야기를 한 적이 있다. "아버지께서 김 사무관을 위해 길을 비키신 겁니다." 나는 그 말이 너무 싫었다. 아버지는 내게 너무 애틋한 존재였고 평생 그리움의 대상이었기 때문이다. 어렸을 때 부모 중 한 사람을 잃는 것은 '결핍의 조건'을 만드는 가장 큰 사건일 것이다. 내게 '주어진' 결핍이 좋은 작용을 할 것이라는 뜻으로 어렴풋이 이해는 했지만 그 말이 정말 싫었다. 그런 이야기를 듣는 것조차 아버지께 죄스러운 마음이 들 정도였다.

인용하기 유쾌한 자료는 아니지만, 이 주제와 관련된 연구가 있다. 심리학자 마빈 아이젠슈타트(Marvin Eisenstadt)는《브리태니커》와《아메리카나》두 백과사전에서 반 페이지 이상 소개된 사람의 명단을 뽑은 뒤, 그들의 생애 정보를 10년에 걸쳐 추적했다. 573명의 걸출한 사람들 가운데 4분의 1은 열 살도 되기 전에, 34.5%는 열다섯 살이 될 때까지, 45%는 스무 살이 될 때까지 적어도 부모 중 한 명을 잃었다. 기대수명이 지금보다 훨씬 낮은 시절이라는 점을 감안해도 놀라운 일이다. 부모를 잃는 게 마치 자녀에게 좋은 일처럼 들릴까봐 펠릭스 브라운(Felix Brown)의 말을 덧붙인다. "고아가 되거나 부모와 사별하는 것이 좋다는 주장이 아니다. 그러나 걸출한 인사가 된 고아가 존재하는 것은 어떤 상황에서는 결핍에서 미덕이 형성될 수 있음을 시사한다."

나는 두 아들을 키우며 자제와 절약, 검소함을 늘 강조하고 실천에 옮기도록 했지만, 마음으로는 뭐든 다 해주고 싶은 심정이었다. 눈에 넣어도 아프지 않은 자식인데 어느 부모든 그러지 않겠는가. 그런데 정말 해주기 힘든 것이 있다. 지금 있는 환경에서 일부러 '결핍'이란 조건을 만들어주는 것이다.

주위를 둘러보자. 경제적 어려움 때문에 자식을 키우는 데 애로가 있는 부모가 적지 않지만, 오히려 돈이 너무 많아 자식을 망치는 사람도 드물지 않다. 말콤 글래드웰(Malcolm Gladwell)은 《다윗과 골리앗(David and Goliath)》에서 부유한 환경에서 자녀를 키우는 어려움을 여러 차례 강조하고 있다.

그의 (부자) 아버지는 돈의 의미, 자립과 근면한 노동의 미덕을 가르쳤다. 그러나 그의 자녀가 살고 있는 부유층의 '신세계'에서는 규칙이 달라지고 종잡을 수 없다. '열심히 일해라. 독립심을 키워라. 돈의 의미를 배워라.'와 같은 덕목을, 주위를 둘러보면 열심히 일할 필요도, 독립심을 가질 필요도, 돈의 의미를 깨달을 필요도 없는 (부잣집) 아이들에게 어떻게 가르칠 수 있단 말인가?

"부자 삼대(三代) 못 간다."는 우리 속담과 똑같은 의미의 영어 속담이 있다. "Shirtsleeves to shirtsleeves in three generations(셔츠 바람으로 시작해서 부를 일궜을지만 삼대 만에 도로 셔츠 바람으로)." 글래드웰은 이 속담을 소개한 단락을 이렇게 마무리 짓고 있다. "풍족함은 그 안에 파괴의 씨앗을 품고 있다."

'결핍'은 우리가 첫 번째로 깨야 할 환경이다. 나를 어렵게 만드는, 내게 주어진 어려움을 극복해야 한다. 그러나 뒤집어보면 결핍은 오히려 큰 자산이다. 긍정적으로 받아들이고 적극적으로 부딪칠 일이다. 혹시 부족함이 별로 없는 조건 속에 있다면 더 긴장해야 한다. 그리고 스스로 결핍의 조건을 만드는 노력을 해야 할 것이다. 무엇인가를 하려는 마음을 단단히 먹어야 한다. 그렇게 가려는 목표와 지금의 상태와의 차이가 '결핍'을 만들어줄 것이다.

내게 주어진 환경은 '남이 낸 문제'다. 그리고 우리는 누구나가 이 문제를 풀면서 살아간다. 힘든 문제에 부딪쳐 주저앉거나 포기하고 싶을 때도 많을 것이다. 그러나 기운 빠져 있을 필요가 없다. 좌절하지 않고 환경을 뒤집는 노력을 하게 되면 세상이 달라진다.

> 하늘이 장차 어떤 사람에게 큰일을 맡기려고 하면 반드시 그 마음과 뜻을 괴롭게 하고 근육과 뼈를 깎는 고통을 주고 몸을 굶주리게 하고 그 생활을 빈곤에 빠뜨리고, 하는 일마다 어지럽게 한다. 이것은 마음을 흔들어 참을성을 길러 지금까지 할 수 없었던 일을 능히 감당하게 하기 위함이다.

《맹자(孟子)》, 고자장하(告子章下)에 나오는 글이다.

성공한 사람들은 역경에도 '불구하고' 성공한 것이 아니라, 역경 '때문에' 성공한 것이라는 주장에 나는 동의한다. 어려운 환경에 굴하지 않고 뒤집는 반란을 일으켜야 한다. 겨울 추위가 심할수록 봄의 나뭇잎이 푸르게 마련이다.

예의 있는 저항

1997년 8월 6일. 김포공항을 출발해 괌으로 가는 대한항공 801편이 야산에 충돌해 추락하는 사고가 난다. 괌 공항 남서쪽 4.8킬로미터 지점에 있는 니미츠 힐(Nimitz Hill)을 들이받고 시속 160킬로미터의 속도로 암석지대에 처박힌 것이다. 254명 탑승객 중 228명이 사망한 참사였다. 비행기는 항공계에서 '걸작'으로 알려진 보잉 747이었고, 기장은 비행시간이 총 9,800시간에 달하는 베테랑이었다.

말콤 글래드웰은 그의 유명한 저서 《아웃라이어(Outliers)》에서 이 사고의 원인을 문화적 측면에서 분석했다. 조종실 내의 권위적인 분위기와 커뮤니케이션상의 문제가 사고의 결정적인 원인이라는 것이다. 기장은 괌 공항에서 제법 떨어진 곳을 활주로로 착각했고, 부기장과 기관사는 잘못되고 있다는 것을 알면서도 분명한 의사표시를 하지 않았다. 나중 조사를 통해, 부기장이 잘못된 것을 안 시점에서라도 조종간을 당겼더라면 산에 충돌하지 않고 재착륙을 시도할 시간적인 여유가 충분했다는 것이 확인되었다.

네덜란드 사회학자 기어트 홉스테드(Geert Hofstede)는 특정 문화별로 위계질서의 권위를 존중하는 정도가 다르다면서 권력간격지수(PDI, Power Distance Index)를 만들었다. "아랫사람이 상급자의 의견에 동의하지 않음에도 두려움 때문에 드러내지 않는 일이 얼마나 자주 발생하는가?"라는 질문을 통해 만들었다. 글래드웰이 책에서 인용한 내용이다. 항공계의 경우 부기장이 자기 의견을 드러내는 것은 그가 자라온 문화의 권력간격지수에 큰 영향을 받는다고 한다. 전문가들이 전 세계 조종사들의 지수를 측정한 적이 있는데 우리나라는 어느 정도였을까? 두 번째로 높은 나라였다.

한번 나면 대형사고일 수밖에 없는 항공사고가 권위주의 때문이라는 조사 결과는 대한항공 801편 말고도 여럿 있다. 1999년 영국 스텐스테드 공항에서 발생한 대한항공 소속 화물기 8509편 추락사고 조사에 대한 영국 항공당국의 공식 보고서는 권위적인 문화를 사고의 원인으로 명시했다. 문제가 있다는 것을 부기장이 기장에게 경고하지 않는 등 조종사 간의 권위적 상하관계로 인하여 조종실에서 충분한 대화가 이루어지지 않은 것이 중요한 원인 중 하나라는 것이다.

공직생활을 하던 중 늘 붙어 다니는 꼬리표가 하나 있었다. 누구를 만나거나 무슨 일을 하더라도 듣는 질문 중 가장 빈도수 높은 것. 인사 발령이 나서 언론에 이름이 오를 때 한 번도 빠지지 않는 것. 바로 고시 기수(期數)다. 회사도 마찬가지일 것이다. 공채 몇 기, 또는 몇 년도 입사 이런 것들이다. 이것이 왜 그렇게 중요한 정보인지 나는 도무지 이해가 되지 않는다. 연말이면 우수 공무원에게 포상을 주는 제도가 있다. 국장으로 있을 때 몇 차례 후보에 올랐다. 객관적으로 봐도 그해 우리 부처에서 가장 많은 성과를 냈거나, 남보다 고생을 많이 한 해가 몇 번 있었다. 늘 뽑히지 못했다. 기수에서 밀리는 것이었다. 공적으로는 훈장을 받아 마땅하지만 선임 기수에게 양보하라는 것이었다. 남보다 비교적 빨리 승진한지라 기수를 따져 포상을 한다면 내 차례는 한참 뒤에 올 게 뻔했다. 결국 국장 마칠 때까지 한 차례도 포상을 받지 못했다. 국장에서 차관보급인 1급으로 승진하고도 몇 년 뒤에야 받을 수 있었다.

승진은 더 말할 것도 없었다. 제일의 기준은 늘 기수였다. 나중 차관, 장관의 자리에 올라 인사를 하는 위치에 있어 보니 기수가 결정적인 고려 요인으로는 적당치 않다는 생각이 들었다. 20년 이상 공직생활을 한 사람에게 고시 한 기수 빠르다는 것은 겨우 공무원 출발을 1년 빨리 했다는 것 외에 다른 의미가 전혀 없었다. 그 사람의 능력이나 헌신을 평가하는 데 전혀 유용하지도 않았다. 그런데도 이 기준은 늘 전가의 보도 같았다. 기관장의 입장에서 보면 그 자리를 감당할 적임이 필요한 것이지, 시험 기수로 사람을 결정할 이유가 전혀 없는 것이다.

이야기를 더 넓혀보자. 나이나 학벌은 어떨까. 사회로 진출하는 청년들이 가장 많이 받는 질문은 아마도 "몇 살이냐?" 또는 "몇 학번이냐?"

와 "어느 학교 나왔냐?"일 것이다. 도대체 이런 것들이 왜 그리도 중요할까? 학벌 문제로 좁혀서 보자. 이런 것들이 우리 사회에서 어느 정도의 '권위'를 부여하는 기준으로 작동하고 있는 것은 아닐까. 명문 대학과 그렇지 않은 대학, 또는 대학을 나오지 않은 사람들을 놓고 단지 학벌로 실력이나 능력을 가늠하는 것은 아닐까. 그런 것에서 나오는 권위를 부지불식 간에 인정하는 것은 아닐까.

처음 보는 사람을 만났을 때 우리는 몇 마디 대화에서 벌써 수직적인 관계를 형성하려는 눈에 보이지 않는 시도를 하는지도 모른다. 슬쩍 돌려 탐색하면서 나이나 학번, 고향, 직업, 출신 학교 등을 따져보려 한다. 이런 것들이 밝혀지면 자연스럽게 위계질서가 만들어지고 수직적인 관계와 커뮤니케이션이 이루어진다. 자연스러울 수도 있지만 숨이 막히는 일이다.

권위주의에 대한 내 이야기의 포인트는 '우리 젊은이들이 이런 권위주위에 얼마나 숨막혀할까?'이다. 온갖 종류의 권위주의에 얼마나 힘들어할까? 나이, 학교, 기수, 직장에서의 위계질서와 상하관계, 수많은 '갑을'관계. 그리고 이런 권위주의는 우리 사회에서 얼마나 많은 문제를 일으킬까? 항공사건의 경우는 그나마 드러난 문제지만 드러나지 않은 문제는 또 얼마나 많이 있을까?

이런 문제들이 다 사회적 비용이지만, 이것 말고도 사람관계에서의 스트레스라는 사회적 비용도 크다. 대화를 나누거나 관계를 유지하면서 눈에 보이지 않는, 행간의 의미까지 신경을 써야 하기 때문이다. 특히 젊은이들이나 아랫사람, '을'의 입장에서는 더욱 그러하다. 글래드웰의 책에서 인용한 손호민의 논문에 나온 부분을 옮겨본다. 회사원 김 씨와 과장이 나눈 대화 내용이다.

과장: 날씨도 으스스하고 출출하네.(한잔하러 가는 게 어때?)

김 씨: 한잔하시겠어요?(제가 술을 사겠습니다.)

과장: 괜찮아. 좀 참지 뭐.(그 말을 반복한다면 제안을 받아들이도록 하지.)

김 씨: 배고프실 텐데, 가시죠?(저는 접대할 의향이 있습니다.)

과장: 그럼 나갈까?(받아들이도록 하지.)

나를 옥죄는 '긴고아' 빼내기

대학에 와서 학생들과 만나는 자리를 많이 만들었는데 그중 첫 시도가 브라운 백(brown bag) 미팅이었다. 취임하자마자 2주에 한 번 점심시간을 이용해 총장을 만나고 싶은 학생들은 누구나 오도록 했다. 가볍게 샌드위치나 피자를 먹으며 대화를 나눴다. 학생들을 만나면서 가장 강조한 것은 하고 싶은 이야기를 마음껏 하라는 것이었다. 남 눈치 보지 말고 씩씩하게 자기 의견을 내고, 궁금한 것은 서슴지 말고 질문하라고 했다. 수평적 대화의 기회를 주고 경험하게 하기 위한 것이었다. 아주대 학생들이 성실하고 착하다는 평을 듣는 것을 언급하면서, "혹시라도 그런 평가의 이면에 소극적이거나 덜 도전적이라는 의미가 있다면 그건 아니다. 만약 그렇다면 조금 덜 성실하고 조금 덜 착해도 좋으니, 용감하고 씩씩하다는 말을 들었으면 좋겠다."고까지 했다.

처음에는 조심스러워하는 눈치여서 쉽게 말문을 열지 않다가 학교에 대한 건의 내용부터 이야기가 나왔다. 학사 문제, 학교 시설, 축제, 동아리 활동 지원 등이었다. 그러다가 회가 거듭될수록 학생들이 변하는 게 느껴졌다. 밝고 씩씩해졌다. 하고 싶은 이야기를 거침없이 하기 시작하는 것이 보였다. 당차게 자기 의견을 말하는 학생이 늘었다. 말하는 주제도 바뀌기 시작했다. 학교에 대한 건의를 뛰어넘어 진로나 가치관, 삶에 대한 어드바이스, 사회문제에 대한 의견 등으로 옮겨갔다. 새로운 생각과 세상에 대한 호기심, 가보고는 싶었지만 용기가 나지 않았던 길에 대한 흥미, 말문이 트이니까 나오는 엉뚱한 아이디어와 다양한 생각들…. 활발한 질문과 토론도 이어졌다. 당돌하게 이야기할 때는 긍정의 기가 느껴졌다. 예의 바르고 용기 있게 이야기하는 모습에서 단 한 번도 부정적인 느낌이 들지 않았다. 학교에서부터 학생들에게 수평적 소통의 경험을 많이 하게 하는 장(場)을 만들어줘야겠다는 생각이 들었다.

《서유기》를 보면 삼장법사가 말썽꾸러기인 손오공을 통제하는 수단으로 사용하는 도구가 있다. '긴고아'라고 하는 것인데, 손오공 머리에 씌운 뒤 삼장법사가 주문을 외면 머리를 조여 복종하지 않을 수 없게 만드는 장치다. 혹시 우리 사회가 젊은이들 머리에 이런 '긴고아'를 씌우고 있는 건 아닐까? 권위주의의 틀, 수평적 소통을 막고 수직적 소통을 강요하는 분위기 그리고 그런 것들을 통해 만들어진 무수한 제약의 문화들 말이다.

권위주의야말로 우리가 극복해야 할 또 하나의 환경이다. 안정적인 조직일수록, 조직 구성원이 동질적이고 직업 대체성이 떨어질수록 권위주의 문화가 더 크게 지배한다. 의전과 프로토콜은 강한데 계급장 떼고 하는 뜨거운 토론과 실질적인 고민은 부족하다. 그런 환경이 청년들의 도전과 창의를 막는다.

그러나 이런 권위주의에 대한 저항에는 지혜가 필요하다. 위에 있는 사람들은 오랫동안 그런 문화 속에서 살아왔기 때문에 자기 방식이 맞다고 생각한다. 자기들이 권위주의에 복종했던 것처럼 아랫사람, 젊은 사람들도 당연히 그래야 한다고 생각한다. 그래서 우리는 공손하지만 조리 있게, 꾸준히 그리고 강단을 가지고 설득하고 저항해야 한다. 물러서지 않되 예의를 갖추고 저항해야 한다. 예의를 갖추지 않으면 대화를 하지 않겠다는 것이고, 저항하지 않으면 순응하는 것이다. 더러워서, 귀찮아서 피한다고 돌아서면 그 윗사람도 그 조직도 영원히 바뀌지 않는다. 이도저도 아닌 방관자로 남으면 자신도 이내 그런 문화에 젖게 되고 자기도 모르는 사이에 빠르게 기성세대가 되어간다. 요컨대 권위는 존중해주되 권위주의에는 단호히 저항해야 한다. 예의는 갖추되 물러서지는 말아야 한다.

위장된 축복,
실패의 추억

젊은 시절 힘든 환경은 분명 '위장된 축복'이었다. 그렇지만 서정주 시인의 아름다운 시어를 빌자면 나를 키운 팔 할은 '실패의 경험'이다. 젊은 시절 죽고 싶은 생각이 들 정도로 좌절한 적도 있었다. 지금 생각해도 얼굴이 화끈거리는 부끄러운 실수도 많이 했다. '삼키기에는 너무 쓰다(too bitter to swallow).'는 표현 그대로 목으로 넘기기에는 너무나도 고통스러운 경험들이 얼마나 많았는지. 지나고 보니, 아직도 입안에 쓴맛이 고스란히 남아 있는 그 실패들이 나를 키웠다는 것을 느낀다. 우리 청년들이 젊었을 때의 실패와 시행착오를 두려워하지 않으면 좋겠다. 빨리 경험할수록 좋은 것이라 생각하고 실패와 친해졌으면 좋겠다. 그래서 실패를 무릅쓰고 도전과 시도를 하면 좋겠다. 분명 그 실패들이 '나를 키운 몇 할'이라고 훗날 얘기할 것이다.

대학 2학년 가을 행정고시 준비를 시작했다. 주경야독을 하던 직장인이자, 야간 대학생이었고 어머니와 할머니 그리고 동생 셋을 부양하는 가장이었다. 낮에 은행원 생활을 하고 퇴근 후 대학을 다니면서 고시 공부를 하던 중이어서 시간에 무척 쫓기던 시절이었다. 다음 해 객관식 1차 시험에서는 한 문제 때문에 낙방의 고배를 마셨다. 합격 커트라인은 160개 문제 중 116개를 맞추면 나오는 점수인 72.5점이었고 나는 115개를 맞아(71.875점) 한 문제 차이로 떨어졌다. 수성 사인펜으로 답을 표시하면서 수정을 못하도록 한 첫해였다. 시험 종료를 앞두고 잘못 기재한 답 두 개를 발견했다. 수정을 할까 망설이다 순진하게 그냥 두었다. 나중에 이야기 들어보니 수정한 답도 수작업을 해서 인정을 해줬다는 것이었다.

다음 해 1차에 합격하고 2차 시험을 보게 됐다. 보통 과목당 큰 문제 하나와 작은 문제 두 개가 나오는데 줄이 그어진 20쪽의 답안지를 논문식으로 채우게 되어 있었다. 20쪽 본 답안지 앞에는 한 페이지짜리 초안지가 있었다. 갱지 백지로 여백만 있는 페이지였다. 본 답안지에 쓰기 전 답안의 체계나 구도를 잡는 페이지였다. 첫날 두 과목은 국민윤리와 헌법이었다. 무난히 답안을 만들었다. 느낌이 좋았다.

둘째 날 첫 과목은 행정법이었다. 대학에서 전공이 법학이었던 내게 행정법은 가장 자신 있는 득점과목이었다. 여기서 고득점을 해야 일곱 과목 전체의 평균점수를 올릴 수 있었다. 보통 2차 시험의 합격 커트라인은 51~53점 정도였고 일곱 과목에서 과락인 40점 미만의 점수가 없어야 했다. 가장 자신이 있는 과목인 데다 많이 준비했던 내용이 문제로 나왔다. 자신 있게 답안을 써 내려갔다. 검토까지 마치니 종료 타종소리가 났다. 내심 만족스러웠다. 그렇게 끝내고 시험장 밖에 나가 점심 식사를 하고 오후 과목인 행정학 시험을 보기 위해 들어왔는데 고사장에 난리가 나 있었다. 내 답안지가 없어졌다는 것이었다. 이게 무슨 말도 안 되는 소리인가! 내가 가장 자신 있게 쓴 답안인데 답안지가 없어졌다니.

첫날은 시험이 끝나면 자리에 앉아 있으라 하고 시험관이 답안지를 거둬갔다. 그런데 둘째 날은 답안지를 놓고 퇴실하라는 것이었다. 나는 만년필과 잉크병 그리고 초안지용 필기구인 볼펜과 연필을 주섬주섬 가방에 넣으면서 무심코 답안지까지 가방에 넣고 퇴실했던 것이었다. 행정법 과목에서의 자신 있는 답안 작성에 대한 흥분감이 내 이성을 잠시 흐리게 했던 것 같다. 내 행위는 부정행위에 속한다며 시험 감독관실로 불려갔다. 시험관들은 처음에는 내가 고의로 답안지를 갖고 나가 점심 시간에 답안을 작성해온 것이라며 부정행위자는 앞으로 5년간 국가시험 응시자격이 박탈된다고 했다. 기가 막힐 노릇이었다. 결국 시험관들이 초안지에 쓴 내용을 보고 고의가 아닌 실수라 판정했으나 이번 시험은 실격으로 처리할 수밖에 없다고 했다. 시험관들도 동정은 했지만 규정상 어쩔 수가 없다고 했다. 눈앞이 캄캄했다. 다음 시간 시험이 시작하기 전 나는 응시자격을 잃고 시험장에서 쫓겨났다. 시험 장소인 한성대 비탈길을 울면서 홀로 내려왔다. 힘들게 직장과 대학, 고시공부를 병행하면서 정말 바쁘게, 그리고 열심히 산 결말이 이렇게 비극적으로 끝나다니.

집에 들어와 덩그렇게 놓인 책상 위에 읽을 순서대로 꼽아놨던 책들을 눈에 안 보이는 곳에 치웠다. 쳐다보기도 싫었다. 며칠간 글이라는 것은 신문도 읽기 싫었다. 나중에 알아본 성적은 더욱 나를 괴롭혔다. 국민윤리 55.0, 헌법 70.28. 행정법은 실격이니 점수가 없었다. 헌법에서 예상보다 높은 점수가 나왔던 것이었다. 그다음 해 2차 시험 커트라인이 52.61점인 점을 감안하면, 헌법에서 고득점을 했기 때문에 다른 나머지 과목에서 과락만 않고 50점씩만 맞아도 합격권에 드는 성적이었다. 더욱이 잘 봤다고 자신했던 행정법 점수가 웬만큼 나왔을 것이라고 생각하니 더욱 속이 쓰렸다. 밤에 자다가도 벌떡 일어날 일이었다.

아무에게도 이 사실을 이야기하지 않았다. 가족들에게도 이야기하지 않았다. 내가 저지른 일이 워낙 바보 같은 짓이어서 이야기하기도 부끄러웠다. 냉정히 따져보면 전적으로 내 잘못이고 내 실수였다. 고시공부를 때려치우자는 생각이 날 법도 한데 이상하게 그런 생각은 전혀 들지 않았다. 내가 성숙하고 수양이 많이 돼서가 아니라, 은행에 다니면서 대학을 다녔던 내게 다른 돌파구가 없다는 현실적인 이유에서였다. 직장을 그만둘 형편이 되지 못했던 내게 고시공부는 유일한 해방구였기 때문이다.

너무나 쓰고 아파서 삼키기에 힘들었지만 슬럼프에 빠져봤자 나만 손해였다. 며칠이 지나자 정말 거짓말처럼 다시 시작하자는 생각이 들었다. 마음은 아팠지만 훌훌 털자고 마음먹었다. 그러고 나니 억울하다는 생각은 이상하게도 더 이상 들지 않았다. 오히려 실수를 한 것도 내 실력이려니 하는 생각이 들었다. 아무 일도 없었다는 듯 책을 읽을 순서

대로 다시 책상에 꽂았다. 그러고는 다시 책을 잡았다. 그 며칠 동안 내 상황과 마음의 변화를 아는 사람은 아무도 없었다.

벌컥벌컥 마시는 쓴 잔

실패와 좌절이 어디 시험 준비할 때뿐이었을까? 그 이후 직장과 사회생활을 하며 수도 없이 겪었다. 지나고 보니 젊은 시절 시험에 떨어진 것은 좌절 축에 들어가지도 않았다. 고통의 크기로 말하면 그보다 훨씬 컸던 인생의 좌절과 실수, 실패들이 얼마나 많았는지.

과장 초임 때의 일이다. 정부조직개편에 의해 내가 있던 부처가 다른 조직과 통합을 하게 됐다. 두 기관이 합쳐지면서 과장 자리 수는 변동이 없는데 본부에 들어오지 못했던 동료가 과장으로 들어오면서 나는 과장 보직을 잃게 되었다. 하루아침에 이른바 '책상 빼!'의 대상이 된 것이었다. 본부대기로 발령이 났다. 내가 승진을 빨리 하는 바람에 내 고시 기수에 비해 과장 보직을 빨리 받은 탓이라는 생각이 들었지만, 그 당시에는 납득하기 어려웠다. 누구보다 열심히 일했다고 생각했기 때문에 기분이 상한 정도를 지나 분하기까지 했다. 연금 대상이 될 연한이 됐다면 사표를 내고 딴 일을 하고 싶다는 생각이 들 정도였다. 6개월인가 보직 없이 본부대기를 하면 사표를 써야 한다는 규정도 있다고 했다. 물론 그런 상황까지 가지는 않을 것이라는 생각이 들긴 했지만, 그동안 헌신했던 조직에 대한 배신감과 상한 자존심, 남 보기 몹시 민망할 만큼 힘들었다.

주어진 일도 없었고 찾는 사람도 없었다. 주말은 거의 산에서 보냈다. 화를 삭이기 위해서였다. 산을 타면서 처음 한두 시간 동안은 온갖 잡념이 다 들었고 마음을 가라앉히기 어려웠다. 그러나 몇 시간을 더 땀을 흘리며 산을 타면서 마음속이 정화되기 시작했다. 마음이 비워지기 시작했다. 분해서 그만둘 생각까지 했던 마음은 차분해졌고, 이 새로운 경험이 내게 주는 의미에 대해 생각했다. 공직의 어느 자리에서든 하고 싶은 일을 찾아 헌신하겠다는 마음의 각오를 하는 것과 상관없이 사람에게는 '때'가 있다는 생각이 들었다. 다른 한 무리의 생각은 '소신'에 대한 것이었다. '책상 빼' 경험을 통해 이런 일은 앞으로도 언제든지 생길 수 있다는 생각이 들었다. 자리에 연연하지 않고 소신껏 일을 하면서 물러날 때를 아는 공무원이 되자는 생각이 들었다. 내게는 커다란 생각의 전환이었다. 가능하면 길게 공직생활을 하자는 생각이 바뀌었다. 어차피 아무런 밑천 없이 맨 밑바닥에서 출발한 공직생활이었다. 밑천이 없었기에 이미 본전은 뽑은 삶이었다. 그렇다면 무엇이 두려우랴. 몇 달 동안의 백수 아닌 백수생활은 공직생활을 물러날 때를 아는 지혜와 그때가 되면 물러날 수 있는 용기를 갖도록 노력하자는 결심을 하게 만들었다. 그 이후 더 이상 공직을 그만둔다는 것에 대한 겁은 나지 않았다.

그런 일이 있고 10년쯤 뒤에 또 다른 '책상 빼' 경험을 하게 됐다. 이번에는 전보다 훨씬 더 큰 책상에 앉아 있을 때였다.

워싱턴의 세계은행(IBRD)에 근무를 하던 중 새로 생긴 국(局)을 맡아

달라는 연락이 장관으로부터 왔다. 세계은행과 계약을 한 번 갱신하고 두 번째 계약기간 만료 훨씬 전이었다. 귀국해서 혼신의 힘을 다해 열심히 일했다. 그러고는 부처 내에서 요직 중의 하나로 꼽히는 예산실 국장을 맡게 됐다. 관례적으로 그 자리를 맡으면 다음 보직으로 더 중요한 자리로 가는 것이 보장되었다. 탄탄대로로 가는 커리어 트랙이었다. 그 자리에서 1년을 열심히 일했다. 예산 편성을 잘 마무리 짓고 국회 통과까지 시켰다. 그런데 얼마 지나지 않은 어느 날, 차관이 부르더니 국장급 직무훈련을 가면 어떻겠냐고 했다. 세계은행에서 돌아온 뒤 장차관이 바뀐 뒤였다. 국장급 직무훈련은 과장에서 막 승진했지만 아직 본부 국장을 할 군번은 아닌 초임 국장급이 가는 자리였다. 그 전까지 현직 본부국장을 직무훈련을 보낸 적은 거의 없었다. 더군다나 나는 본부의 주요 보직 국장을 이미 두 개나 한 상태였다. 이건 아니라는 생각이 들어 항의하고 싶은 생각이 당연히 들었다. 그러나 조직의 장(長)이 나를 쓰지 않겠다는 생각을 했다면 거기에 다른 반응을 보이고 싶지 않았다. 차관이 불러 이야기했지만 기관장인 장관의 뜻임이 분명했다. 속은 말이 아니었지만 내색하지 않고 최대한 차분하게 바로 그 자리에서 가겠다고 답을 했다. 그렇게 답하는 나를 보고 오히려 차관이 놀라는 눈치였다. 틀림없이 내가 왜 가야 하냐고 항변하면서 적잖은 소동이 일어날 것이라고 예상했던 것 같았다.

공무원의 꽃이라고 하는 국장 트랙에 올라 선두그룹에서 열심히 달리고 있는데 어느 날 갑자기 감독이 트랙에서 내려오라고 한 격이었다. 1년의 직무훈련이 끝난 뒤 다시 어떤 트랙으로 복귀할지 생각하면 갑갑

한 노릇이었다. 나를 합리화시키려 애썼다. '틀림없이 좋은 기회일 거야. 겉으로는 독배 같지만 쓴 보약같이 나를 보(補)하는 잔(盞)일 거야. 내가 부족했던 점, 바빠서 보지 못했던 점을 공부하고 보강하는 좋은 기회일 거야.' 분명한 것은 그 트랙에서 내려오기 싫다고 버텨도 소용없었을 것이고, 그러기에는 내 자존심도 허락하지 않았다. 나는 이미 그 쓴 잔을 벌컥벌컥 마시고 있었다.

나는 아직 실패가 두렵다

나도 실패가 늘 두려웠다. 사실은 지금도 두렵다. 아무리 실패가 '나를 키운 몇 할'이라고 하더라도 '지금' 실패하기는 싫다. 하는 일이 실패하지 않도록 늘 발버둥 치고 있다는 것이 솔직한 고백이다. 그래서 청년들에게 "실패를 두려워하지 말라, 실패와 친해져라."고 말하는 것은 편하지 않다. 그러나 곰곰이 생각해본다. 누구나가 실패를 경험하게 마련이다. 사실은 실패하지 않는 것도 문제다. 지금의 실패를 통해 앞으로 올 수 있는 더 큰 실패의 위험에 어떻게 대처할지 공부할 기회를 갖지 못하기 때문이다.

문제는 실패 자체보다 실패했을 때의 반응이다. 특히 청년기에는 더 그렇다. 대개는 무엇인가 탓할 대상을 찾는다. 남일 수도, 환경일 수도, 운일 수도 있다. 실패로 인해 힘든 자신에 대한 연민에 빠지기도 한다. 한동안 기운 빠져 있거나 포기하기도 한다. 긍정적인 반응의 첫발은 실패를 오롯이 나의 것으로 받아들이는 것이다. 실패로 인한 결과는 내 것이고, 실패의 원인은 내 책임이라고 인정해야 한다. 남 탓을 해서는 안 되고, 처한 상황이나 환경을 원망해서도 안 된다.

다시 딛고 일어나야 한다는 내면의 아주 작은 목소리를 들어야 한다. 들리지 않는다면 스스로 조그맣게 내야 한다. 마음 깊숙한 곳에서 나오는 그 작은 음성을 잡아 진폭(振幅)을 넓혀나가야 한다. 그러면서 털고 일어서야 한다. 삼키기 힘든 쓴 실패의 뒤, 내가 딛고 일어서면 그 실패가 '위장된 축복'이 되기도 한다. 의사결정의 기로에 있을 때도 같다. 그 기로에서 내린 결정이 잘한 것이었는지를 판가름하는 것은 결정을 한 뒤에 내가 어떻게 하느냐에 달렸다. 내가 하기에 따라 현명한 결정이 될 수도, 그렇지 않을 수도 있는 것과 같은 이치다.

실패는 내게 좋은 자양분이자 선생이었다. 지금은 그 시련들에 감사한다. 어떤 때는 몹시 억울하다고 생각했는데 나중에 곱씹어보니 꼭 그렇지만도 않더라는 생각이 들었다. 내 자의로 편하게 해석한 것이다. 중요한 것은 이미 벌어진 결과가 아니라, 그 상황에서 내가 어떻게 생각하고 반응하느냐이다. 울분을 토하고 저항할 수도 있고, 속은 쓰리지만 받아들이면서 다음에 해야 할 것을 생각할 수도 있다. 내게 벌어진 실패를 번복시킬 정도의 힘이 있지 않다면 받아들이는 것이 현명하다. 쉬운 일이 아니어서 꽤 훈련이 필요한 일이기도 하다. 실패는 자신을 연단시키는 기회다. 실패가 없이는 절대 큰 일을 할 수 없다. 실패야말로 '환경에 대한 반란'의 과정에서 꼭 거쳐야 할 필수 경험이다. 실패가 주는 교훈의 '아름다움'은 자기의 대처에 따라 그 실패를 감사하는 단계에까지 갈 수 있다는 점이다. 그래서 나는 젊은 시절 당시에는 삼키기 힘들었던 아픈 실패담조차도 잘 짜여진 '위장된 축복'이었다고 가끔 생각하곤 한다.

큰 연못, 작은 연못

앞서도 예로 든 바 있는 말콤 글래드웰의 책 《다윗과 골리앗》에는 '큰 물고기-작은 연못 효과'라는 흥미로운 이야기가 나온다. 한 여대생을 사례로 들었다. 고등학교에서 최상위 성적으로 졸업한 이 학생은 동부 명문 브라운 대학에 진학한다. 미국 내 학부 전체 순위 톱 10에 드는 명문이다. 입학 허가를 받고도 가지 않은 대학 중에는 메릴랜드 대학도 있었다. 그러나 이 여대생은 입학하자마자 불행한 학교생활을 하게 된다. 주위에는 최고의 학생들이 차고 넘쳤다. 자기는 아무리 노력해도 따라가기 힘든 과목에서 쉽게 좋은 학점을 따는 수재들이 많았다. 그 여대생은 심한 '상대적 박탈감'에 빠져 결국 자신의 진로를 바꿀 것까지 고민한다. 글래드웰의 결론은 이렇다. 그 여대생은 메릴랜드로 갔어야 했다. 큰 연못은 최상위권을 제외하고는 모두의 기를 꺾는다. 크고 무시무시한 연못에 사는 작은 물고기가 되지 말고 작은 연못의 큰 물고기가 되어야 한다. 글래드웰은 이 여학생 사례뿐 아니라 '큰 물고기-작은 연못 효과'를 뒷받침하는 여러 자료를 설득력 있게 제시한다. 예를 들면 최상위권 대학원을 졸업한 '괜찮은 학생들'보다 평범한 대학원의 '최상위 학생들'을 뽑는 것이 나은 선택이라는 것을 입증하는 데이터 같은 것들이다.

싱가포르 대학의 공지에 교수도 비슷한 분석을 했다. 영국 프로축구에서 하위리그로 강등된 팀에 남아 있는 선수들과 간신히 턱걸이해서 강등하지 않은 팀의 선수들 간의 실적을 10년 동안 추적한 분석이다. 결과는 하위리그에 강등된 선수들이 그 후에 연봉이나 상위팀 영입 기회가 훨씬 컸다. 작은 연못으로 옮겨지면서 출장 기회가 늘어나고 실력이 향상된 것이다.

작은 연못에 사는 큰 물고기

우리 청년들에게는 어떤 시사점을 줄까? '큰 물고기-작은 연못 효과'에서 유익한 교훈을 얻을 수도 있을 것이다. 예를 들어보자. 많은 청년들이 중소기업보다는 대기업에 취업하기를 희망한다. 작은 연못이 아닌 큰 연못에 가고 싶어 하는 것이다. 대기업에 취업하면 어떻게 될까? 최근 한 온라인 취업포털의 조사에 의하면 대기업에 취업한 직장인들의 평균 근속연수는 12년이다. 여자는 남자보다 5년 정도 짧다. 매출액 상위 100대 기업 중 80곳을 분석한 자료다. 다른 기관 조사에서는 업종별 평균 근속연수를 분석했다. 공기업이 16.2년으로 가장 길었고 유통업은 5.7년에 불과했다. 승진은 어떨까? 경총 자료에 의하면 사무직

대졸 신입사원이 부장으로 승진하는 데 평균 17.9년, 임원으로 승진하는 데 22.1년이 걸린다. 더 눈길을 끄는 것은 승진비율이다. 현재의 직급별 승진율이 유지된다고 가정했을 때, 대기업 신입사원이 부장으로는 1.8%, 임원으로는 0.47% 승진하게 된다. 200명의 신입사원이 있다면 1명이 임원으로 승진한다는 얘기다. 반면 중소기업은 부장으로는 11.5%, 임원으로는 5.6% 승진하는 것으로 분석됐다. 대기업이라는 큰 연못에서 큰 고기가 되기 쉽지 않은 현실을 보여주고 있다. 이는 글래드웰의 주장을 뒷받침해준다.

그러나 '큰 물고기-작은 연못 효과'를 우리 현실에 그대로 적용시킨다는 것도 꼭 맞는 말은 아니다. 생각해보자. 첫 번째는 연못에 대한 것이다. '기회'란 관점에서 보자. 미국은 제대로 된 대학만 해도 3,000개가 넘는 나라다. 소위 명문 대학이란 것도 기준에 따라서는 100개도 넘고, 대학마다 비교우위가 있는 전공과 특징이 다 다르다. 영국의 프로 축구단도 각 리그별로 다 합치면 수백 개가 넘는다. 풀(pool)이 크다는 이야기는 그 안에 큰 연못, 중간 연못, 작은 연못이 다 존재한다는 뜻이고 그만큼 다양한 기회가 존재한다는 말이다. 우리의 경우 풀이 작아 기회가 적을 뿐 아니라 대학이나 기업을 평가하는 기준도 다양하지 못해 서열화 현상이 뚜렷해진다. 명문대에 합격했는데 그보다 입학시장에서 서열이 낮은 대학에 가거나, 공기업이나 대기업 입사시험에 합격했는데 중소기업에 가라는 말이 젊은이들에게 통하지 않는 이유다.

두 번째는 물고기의 크기에 대한 것이다. 크기를 평가하는 기준의 '깊이'라는 관점에서 보자. 작은 연못의 큰 물고기와 큰 연못의 작은 물고기를 평가하는 기준 문제다. 우리 사회는 이런 물고기를 판별하는 데 어느 정도의 사회적인 능력을 갖고 있을까? 당신이 회사의 CEO로 입사 지원자 두 명을 인터뷰하고 있다고 상상해보자. 한 명은 명문대를 나왔고 다른 한 명은 그렇지 않다. 당신은 딸을 둔 부모다. 두 명의 사윗감이 나타났다. 한 명은 유수 대기업에 근무하는 사람이고 다른 사람은 들어보지 못한 중소기업에 근무하고 있다. 여러 조건의 차이가 있어서 두명 다 각각 경우에 따라 사람, 즉 물고기의 크기를 평가하겠지만 대체적으로 어떤 선입견을 가질 것이라고 짐작하는가? 어렵지 않게 상상이 될 것이다. 글래드웰은 여러 사례를 통해 '큰 물고기-작은 연못 효과' 이론을 정교하게 설명하고 있다. 다양하고 깊이 있는 분석과 기준을 통해 물고기의 크기를 비교하고 따진다. 반면에 우리는 일률적인 잣대로 큰 물고기와 작은 물고기를 재고 있다는 것을 부인하기 어렵다.

부시 대통령 때 국무장관을 지낸 흑인 여성 국무장관이 있다. 콘돌리자 라이스(Condoleezza Rice)다. 미국 역사상 두 번째 여성 국무장관이다. 국무장관으로 지명되기 전에 스탠퍼드 대학 국제정치학 교수를 지냈다. 그런데 재미있는 것은 라이스의 학벌이다. 덴버 대학에서 학사와 박사를 받았다. 조금 이상하지 않은가. 덴버 대학 출신이 스탠퍼드 교수를? 우리식으로 생각하면 잘 납득이 안 되는 경력이다. 지방대에서 박사학위를 받은 사람이 최고의 명문대 교수를 하는 것이다. 위에서 얘기한 '연못'과 '물고기' 스토리를 단번에 설명해주는 케이스다. 그만큼 연못의 풀과 물고기의 크기를 평가하는 기준에서 우리와 차이가 많다는 얘기다.

작은 연못, 큰 물고기

우리 청년들에게 '큰 물고기-작은 연못 효과'를 이야기하는 것은 반은 맞고 반은 틀린 것이다. 자칫하면 취업하기 어려우니까 대기업이나 공기업에만 가려고 하지 말고 중소기업에도 가라는 말처럼 들릴 수도 있다. 그렇다면 우리는 청년들에게 어떤 길을 권해야 할까? 답은 역시 '연못'과 '물고기'에 있다.

첫 번째는 연못의 풀을 넓히는 것이다. 기회의 창을 많이 만드는 것이다. 우리 사회가 풀을 늘리는 데 구조적인 한계가 있다면 결국 자기가 만들 수밖에 없다. 자기만의 블루오션을 만드는 것이다. 시작은 새로운 길에 대한 호기심에서 출발한다. 정해진 틀이나 루틴을 피해 새로운 것에 부딪쳐 도전하는 것이다. 학교에 다니면서도 가능하다. 자기 주도적인 도전과제를 설정해 공부하고 활동하는 것이다. 다양한 해외 진출의 기회를 만들어 경험하는 것도 좋은 방법이다. 국제기구, 통일과 북한 이슈, 사회적 기업, 협동조합, 봉사활동 등 거의 모든 분야에서 가능하다. 남이 안 가본 길만이 블루오션이 아니다. 농업이나 제조업에서도 얼마든지 만들 수 있다. 남이 많이 해본 것 중에서도 얼마든지 찾을 수 있다. 어디서든 다양한 잠재적인 자기만의 분야를 만드는 것이 내가 몸담을 '연못'의 풀을 넓히는 길이다. 우리 청년들이 가장 적극적으로 환경을 바꾸는 길이기도 하다.

오래전 정부에서 과장으로 있을 때의 이야기다. 기획국이란 곳에서 비교적 중요한 보직인 사회재정과장을 하고 있었다. 복지와 교육 두 개의 큰 분야를 맡는 중요한 보직이었다. 당시 기획국 내에 다섯 개 과가 있었는데 제일 말석 과가 재정협력과였다. 국내와 국제적으로 대외협력을 맡은 조직이었는데 당시 역할이 크지 않았고 직원 수도 적었다. 그 과의 과장으로 지원을 했다. 말석 과를 지원하니 다들 의외라고 생각했지만, 나는 앞으로 국제협력 업무가 부처의 미래에 있어 중요한 업무 영역이란 소신을 갖고 있었다. 기존에 있던 과보다 작은 연못이었다. 그 때 연못의 크기는 내게 중요하지 않았다. 하고 싶은 일을 마음껏 했다. 연못이 커졌다. 성과도 컸지만, 새로 개척하는 업무에 대한 실질적인 의사결정을 할 수 있어 내게도 좋은 경험이었다.

국장 때 세계은행에 근무를 하고 있는데 전략기획국이란 국을 신설하며 내게 국장으로 오라는 제의를 받았다. 신설 국이어서 작은 국이었지만, 국가장기 발전계획의 수립에 대한 전권을 부여받는 메리트가 있었다. 하는 일에 비해 국 직원 수가 많지 않아, 연구소의 박사와 대학교수 60여 명 네트워크를 만들어 한 팀으로 일했다. 말하자면 국 사이즈로는 작은 연못이었지만 외부 네트워크까지 포함하는 보다 큰 연못을 만든 것이다. 그 연못에서 6개월 넘게 작업한 결과, 25년 뒤를 내다보는 국가발전전략과 이를 뒷받침하는 재원계획까지 수립한 '비전 2030'을 만들 수 있었다. 그렇다. 연못의 크기가 중요한 것은 아니다. 그리고 때에 따라서는 그 크기를 자기가 키우기도 한다.

두 번째는 '물고기'다. 우리 사회는 물고기의 크기를 잘 가늠하지 못한다. 그런 기준에 대한 깊이가 옅어 많은 경우 겉으로 보이는 것만으로 평가한다. 어떤 연못에 있든 내가 큰 물고기로 성장하고, 내 크기를 스스로 입증하는 남다른 노력을 하는 것이 중요하다. 학생 때부터 가능한 일이다. 모든 일에 적극적으로 부딪치면서 자기를 실험해봐야 한다. 의견을 물어보면 제일 먼저 답하라. 손을 들라면 제일 먼저 들라. 누가 해보겠냐고 하면 제일 먼저 하겠다고 해보라. 새로운 시도를 하는 데 주저하지 말라. 모르겠으면 빨리 물어보라. 혹 그러다 실수하면 빨리 인정하라. 이런 모든 것을 당당하게 하라.

사회에 나가서도 마찬가지다. 잘 아는 3선 국회의원이 있다. 내가 근무했던 기획재정부 선배다. 이 분이 처음 공직에 발령 받아왔을 때 당시 과장이 일을 전혀 주지 않았다고 한다. 소위 '지잡대'를 나왔기 때문이다. 매일 한 시간 먼저 출근했고, 남이 한 일을 깨끗하게 글씨 대필해주는 일부터 했다고 한다. 그렇게 몇 달이 지나니 일을 주기 시작했다고 한다. 이 분은 결국 차관까지 했고 국회의원이 됐다. 아주 작은 물고기일 때 남다른 정(精)과 성(誠)을 쏟아야 한다. 그것은 있는 연못의 크기와 상관없다. 부지런해야 하고 누가 시키지 않아도 먼저 남이 꺼리는 허드렛일도 하면서 다양한 경험을 해봐야 한다. 그런 면에서 중소기업에 가서 일하는 것도 좋은 방법이다. 대기업에 입사했다면 남달리 솔선하며 일을 만들어 하는 것 또한 방법이다. 작은 물고기일 때 해외 근무를 자청해보는 것도 방법이다. 왜냐하면 해외에 나가면 본사보다 규모가 작고 직급에 비해 더 많은 권한을 갖고 다양한 경험을 할 수 있기 때문이다.

심지어 편의점이나 작은 식당에서 아르바이트를 해도 마찬가지다. 연못의 규모가 작을수록 내가 찾아서 할 일이 많다. 어쩔 수 없이, 마지 못해 할 게 아니라 눈을 크게 뜨고 가게 전체가 돌아가는 시스템을 한번 살펴보라. 경영을 맛볼 수 있고, 무엇이든 배울 게 있을 것이다. 나라면 어떻게 할까, 메뉴를 바꿀까, 동선을 바꿀까, 간판을 바꿀까, 거래처를 바꿀까, 진열을 바꿀까 고민해보라. 때에 따라 사장에게 적극적인 제안도 해보라. 내가 나서서 더 솔선수범할 일은 없을까 찾아서 해보라. 아주 악덕 주인이 아니라면 시급을 올려주든 책임과 권한을 더 주든 할 것이다. 그게 아니라도 똑같은 시간 일하면서 분명 남보다 하나라도 더 배우고 나오는 게 있을 것이다.

"콜럼버스는 미국을 발견했고, 제퍼슨은 미국을 건국했고, 레이 크록은 미국을 '맥도날드화'했다."라고도 불리는 맥도날드 경영자 레이 크록(Ray Kroc)은, 한때 한물간 52세의 영업사원이었다. 1954년 밀크쉐이크 기계 영업사원으로 맥도날드를 방문했다가 원래 창업자인 맥도날드 형제를 설득해 프랜차이즈 경영권을 따냈고, 지금의 거대한 맥도날드 제국을 일구어냈다. 만약 그가 아무 생각 없이 하루하루 연명하기 바쁜 영업사원이었다면 그런 담대한 비전을 볼 수 있었을까.

학생들과의 만남에서 상당 시간을 할애하는 것이 학생들의 진로 멘토링이다. 2주일에 한 번씩 1시간에 세 명의 학생을 만나 진로 상담을 하고 있다. 멘토링 자리에서 가끔 학생들에게 물어보는 질문이 있다. "출신학교, 성적, 스펙 등 개인 정보를 모두 가리고 하는 블라인드 인터뷰를 하면 될 자신이 있냐?"는 물음이다. 나는 이 질문에 "네, 자신 있습니다."라는 답을 듣고 싶다. 블라인드 인터뷰는 어느 연못에서 컸는지는 물어보지 않을 테니 당신이란 물고기의 크기를 입증해보라는 의미이기 때문이다. 내 주위에 있는 꽤 여러 CEO가 비슷한 이야기를 한다. 직원을 뽑을 때 어느 학교를 나왔는지, 성적이 얼마인지, 영어점수나 스펙은 어떤지 등을 보지 않았으면 좋겠다는 것이다. 심지어 어떤 공공기관 CEO는 명문 외고-최고 명문대를 나오고 성적이 만점인 지원자를 만났는데 떨어뜨리고 싶다는 유혹을 크게 받았다고 했다. 왠지 큰 물고기 같은 생각이 안 들었다는 뜻이리라. 그러면서 학교와 성적 등 외형적인 조건으로 선발인원의 3배수 정도 뽑은 뒤에는 모든 정보를 다 가리고 3일 정도 합숙하며 관찰하면 정말 좋은 사람 선발할 수 있을 것 같다고 했다. 우리가 '연못'에 갖고 있는 선입견에 대한 불신을 나타내기도 하고, 그 불신 때문에 연못이란 요소를 빼고 물고기를 평가하고 싶다는 의미이기도 하다.

앞에서 뒤집어야 할 대상으로의 환경을 이야기하면서 내게 주어진 결핍과 우리 사회의 권위주의, 실패에 대해 이야기했다. 여기서 한 걸음 더 나아가 내가 몸담은, 또는 내가 몸담을 '연못'을 생각해본다. 무조건 큰 연못으로 가려는 것은 맞지 않다. 때로는 작은 연못이 맞을 수도 있다. 자기에게 맞는 연못은 사람마다 다를 것이다. 그러나 잊지 말자. 중요한 것은 내가 어떻게 하느냐에 따라 연못 자체를 변화시킬 수도 있고, 몸담을 연못을 옮길 수도 있다. 그러면서 나란 물고기를 키워야 한다. 그것이 나를 둘러싼 환경을 뒤집는 '환경에 대한 반란'이다.

After You,
나보다 당신 먼저

기획재정부 차관 시절 강원도 한 중학교 수학교사로부터 편지를 받았다. 전교생이 21명에 불과한 농촌 소재 작은 중학교였는데 학생들이 가정형편이 너무 어려워 아무런 꿈과 희망을 갖지 못하고 있다면서 학교에 한번 오기를 청했다. 언론에서 내가 어려운 환경을 딛고 자수성가한 기사를 우연히 봤다며 학생들을 만나 희망을 주는 이야기를 해주었으면 하는 것이었다.

직원 아무에게도 이야기하지 않고, 또 학교 측에도 외부에 이야기하지 말라 부탁하고 조용히 그 중학교를 방문했다. 학생들에게 줄 선물을 준비했다. 각기 다른 책 21권을 구입해 학생 한 명 한 명 이름을 써서 학용품과 함께 나누어주었다. 내가 본 학교 중 가장 작은 학교였다. 전체 학생 중 기초수급자 가정 학생이 절반에 달할 정도로 대부분 학생이 어려운 환경에 놓여 있었다. 그동안 만났던 누구보다도 나이 어린 청중들이어서 어떻게 눈높이를 맞추며 교감할 수 있을까 고민했다. 쉽게 이야기를 꺼내기 위해 그 학생들 나이 때의 내 이야기부터 시작했다. 일찍 돌아가신 아버지, 몰락한 가세, 청계천 판잣집, 철거돼서 쫓기듯 내몰린 천막집, 상업학교로의 진학, 17세의 나이에 시작한 직장생활 그리고 야간대학.

중학생들에게는 짧지 않은 시간인 1시간 반 정도 이야기를 해주었는데 내내 눈을 반짝이며 들어주었다. 너무들 진지하게 들었다. 두 가지를 힘주어 이야기했다. 지금의 어려움은 '위장된 축복'일 수 있으니 환경을 원망하지 말고 큰 꿈을 가지라고. 공부나 장차 할 일을 통해 참 행복을 느끼는 단계까지 가기 위해서는 정말 열심히 자기 자신을 투자하는 '눈 먼 열정'을 바치는 기간이 꼭 필요하다고. 대화 중 여러 학생들이 눈물을 흘렸다.

학생들을 만나고 돌아오는 길에 이들에게 꿈과 희망에 대한 메시지를 주어서 뿌듯한 생각이 들기도 했지만, 한편으로는 마음이 납덩이처럼 무거웠다. 이들이 열심히 노력하면 과연 자기가 원하는 꿈을 이룰 수 있는 걸까 하는 생각을 하니 가슴이 답답했다. 우리 젊은이들은 자기 꿈을 이루기 위해 투자하는 열정과 노력에 어떤 보상을 받을까? 가난하고 낮은 사회적 지위에 있거나 덜 배운 집안 출신의 청년들이 자신의 노력만으로 어려운 환경을 극복하고 계층이동을 하는 '사회적 이동'을 한다는 것이 과연 어느 정도 가능한 것일까? 현대판 음서(蔭敍)제도 같이 '부와 사회적 지위의 세습'이 고착화되고 있지는 않는 것일까? 과거 계층이동의 통로 역할을 했던 교육이 이제는 오히려 계층 간 차이를 벌리는 데 기여하고 있지는 않는 것일까? 유감스럽게도 이런 질문이 틀렸다는 대답을 선뜻 할 수 없었다.

이런 생각을 뒷받침해주는 증거가 우리 주위에 너무 많다. 우선 부모의 사회경제적 지위가 높을수록 자녀들이 좋은 학교에 갈 가능성이 높다. 가구소득이 대학진학에 미치는 영향을 분석한 연구에 의하면 상위 25% 구간에 속하는 부모의 자녀들은 4명 중 3명이 4년제 대학에 들어갔고, 10명 중 1명이 상위 9개 대학 및 의대에 입학했다(한국개발연구원). 반면 하위 25%에 속하는 부모의 자녀들은 5명 중 2명만이 4년제 대학에 들어갔고, 100명 중 4명만이 상위 9개 대학 및 의대에 들어갔다. 블룸버그가 세계 400대 부자를 '상속형(inherited)'과 '자수성가형(self-made)'으로 분류했는데, 3명 중 2명꼴이 자수성가형이었다. 반면 그 명단에 포함된 우리나라의 경우는 전원이 재벌 2~3세였다. 단 한 명도 자수성가형이 없었다. 우리와 대조적으로 중국은 29명 중 28명이, 일본은 5명 모두가 자신의 손으로 창업해 부를 일군 자수성가형이었다. 결국 부모의 소득이나 교육수준이 교육 격차를 유발하고, 이는 다시 직업의 격차와 자녀세대의 소득 격차로까지 이어지면서 사회경제적 불평등을 심화시키는 것이다.

이런 문제에서 핵심은 사회적 이동성(social mobility)이 제한되는 것이다. 언제부터인가 부와 사회적 지위가 대물림되면서 계층이동의 사다리가 단절되고 있다. 개천에서 용이 나는 것이 불가능해지는 것이다. 개인이 아무리 노력해도 넘지 못하는 벽이 존재한다면 과연 우리는 젊은이들에게 꿈을 높게 갖고 열심히 노력하라고 말할 수 있을까? 환경에 대한 반란을 일으키라고 자신 있게 권할 수 있을까? 계층의 고착화가 심해지고 사회적 이동이 막힌 사회는 건강하지 않을 뿐 아니라 지속가능한 발전을 이룰 수 없다. 아무리 발버둥 쳐도 빈곤이나 자신이 속한 사회적 계층의 굴레를 벗어날 수 없다고 생각한다면 그 사회를 움직이는 게임의 룰에 승복할 수 없게 된다.

더 크고 깊어지는 힘

내게 주어진 어려운 환경의 틀을 깨는 노력도 중요하지만 남이 처한 환경에도 관심을 갖고 둘러봐야 한다. 그리고 우리 주위의 작은 일에서부터 할 수 있는 노력을 기울여야 한다. 대학 총장으로 오면서 우리 젊은이들이 처한 환경을 깨는 노력에 작지만 힘을 보탤 수 있는 길에 대해 생각을 하며 만든 프로그램이 '애프터 유(After You) 프로그램'이었다. 애프터 유란 말은 영어권 국가에서 '나보다 당신 먼저'라는 뜻으로 남에게 양보할 때 쓰는 말이다. 엘리베이터에서 남에게 먼저 내리라고 하는 것처럼 상대를 배려해서 양보할 때 쓰는 말이다. 참 듣기 좋은 말이다.

애프터 유 프로그램을 통해 어려운 사정으로 해외 경험을 쌓기 힘든 학생들에게 장학금을 주어 해외연수를 할 수 있는 기회를 주도록 했다. 해외연수를 보내는 대학은 국제적으로 평판도가 높은 대학으로 정했다.

미국의 미시간 대학, 존스 홉킨스 대학, 워싱턴 대학 그리고 중국의 상해교통대학과 북경이공대학에 아주 글로벌 캠퍼스를 차렸다. 첫해에는 100명을, 둘째 해에는 151명을 선발했다. 그중 4개 대학에 가는 학생들은 소득분위 5분위 이하를 대상으로 했다. 4개 대학 선발 학생에게는 전액 장학금이, 다른 한 개 대학 선발 학생에게는 전체 경비의 60% 정도를 장학금으로 지급하였다. 첫해 미시간 대학에 선발된 학생들의 경우 절반가량이 기초수급자와 소득분위 1분위에 속한 학생들이 뽑혔다.

애프터 유 프로그램에 참여할 학생 선발에 있어 학교 성적과 어학성적은 전혀 고려하지 않았다. 학교 성적, 특히 어학 성적은 소득 수준과 상당히 밀접한 상관관계를 갖기 때문이다. 만약 영어 성적으로 학생을 뽑는다면 어려운 환경에 있는 학생이 뽑힐 확률은 대폭 줄어들 것이다. 성적 대신 다른 두 가지 기준으로 학생을 선발했다. 하나는 학생의 가정형편이었고, 다른 하나는 도전해보겠다는 의지였다. 이런 기준을 따져보기 위해 지원자를 3배수로 추린 뒤에는 집중 면접을 실시했다.

장학금에 소요되는 경비는 전액 외부에서 모금을 했다. 총장 취임 후 첫 프로그램을 학교 예산으로 쓴다면 어디선가 다른 예산이 줄어야 하는데 재정 사정이 빠듯한 학교로서는 쉬운 일이 아니었다. '그 친구를 보내자'는 슬로건을 내세우고 외부 모금을 했다. 모금 과정에서 절대 강요하지 않고 프로그램의 취지에 찬동하는 분들이 자발적으로 참여토록 했다. 아래는 모금을 위한 안내 자료에 나온 글귀다.

유쾌한 반란이 세계를 갑니다

"그 친구를 보내자!"

어려운 환경에 있는 친구,
꿈과 의지는 높으나 힘들어하는 젊은이가 곁에 있습니까?
그에게 귀하와 우리 학교, 사회 그리고 미래가
값지고 뜻 깊은 손을 내밀고 있다고 말해주고 싶습니다.
인생과 우리 사회에서, 가장 아름다울 말 —
"나보다 너 먼저~"가 우리에게서 시작합니다.

　　학생을 선발할 때 우리 학교 학생뿐만 아니라 타 대학 학생들도 뽑았
다. 애프터 유 프로그램은 단순히 어려운 학생들을 시혜적으로 도와주
기 위한 것이 목적이 아니다. 우리 사회를 건강하게 발전시키기 위한 계
층이동의 사다리를 만들자는 것이 근본 취지다. 사회적 이동성을 촉진
시키려는 프로그램의 뜻과 취지가 학교의 울타리를 넘어 우리 사회로
확산되는 것을 원했기 때문이다. 선발 예정인원의 20%를 경기도 내에
있는 다른 대학의 추천을 받아 우리 학교 학생과 똑같은 기준으로 선발
했다. 두 번째 해 여름방학 프로그램의 경우 경희대, 성균관대, 한국외
국어대, 단국대, 한국항공대, 경기대, 성결대 등 경기도 내 11개 대학
학생들이 뽑혔다.

두려움조차 좋았다

프로그램에 참가한 학생들은 기대했던 것 이상으로 바뀌어왔다. 넓은 세상을 보며 자기가 하고 싶은 일이 무엇인지 고민하고 부딪치면서 도전정신을 키웠다. 어려운 환경의 자신들에게 베푼 기부자들의 호의를 생각하며 배려의 정신도 길러서 돌아왔다. 프로그램 기간은 한 달이었지만 학생들의 키가 몇 센티는 쑤욱 커서 온 것 같았다. 학생들이 떠나기 전과 다녀온 뒤 사전사후 멘토링에 참여한 기부자들은 "저 학생들이 몇 달 전 우리가 만났던 그 학생들 맞느냐?"며 학생들의 변화에 놀라워했다. 일부 멘토들은 너무나 감격해서 혼자 눈물을 흘리기까지 했다.

학교 계간지에 실을 목적으로 프로그램에 다녀온 학생들에게 하고 싶은 말 한마디씩을 땄다. 짧은 말 한마디에 학생들이 얼마나 변했는지가 잘 나타나 있었다. 아래 몇 학생들의 코멘트를 소개한다.

> 두려움도 새로워서 좋았다.
> 열심일 것, 최선을 다할 것, 이것들을 즐길 것.
> 우물 밖 개구리가 되겠다.
> 꿈꾸지 않으면 사는 게 아니다.
> 꿈과 욕심이 비만해졌다.
> 큰 욕심을 갖겠노라.
> 가슴에 큰 물음표 하나가 던져졌다.
> 압박이란 녀석을 놓고 왔다.

위기야 덤벼라, 기회로 바꿔주마.

유쾌한 반란의 주인공은 바로 나.

이것은 끝이 아니다. 더 크고 깊어지겠다.

기회를 만들어주는 사람이 되겠다.

중국이 넓다 하지만 내 발이 더 넓어지도록 가보겠다.

생각이 트였다.

아, 그 지식의 의미는 이런 것이었구나.

남을 도울 수 있는 사람으로 커나가겠다.

도움을 받은 만큼 주는 사람이 되겠다.

나 또한 누군가의 멘토가 되기를 꿈꾸어본다.

강원도의 그 작은 중학교는 첫 방문 이후에 다섯 번을 더 찾아갔다. 그저 바람 한 번 불어, 들렀다 가는 것이 아니라 진정성을 가지고 학생들에게 지속적인 관심을 쏟고 싶었다. 처음 갔을 때의 재학생들은 이미 졸업을 하고 춘천 등지의 고등학교로 진학했는데 일부와는 지금도 소식을 주고받을 정도가 됐다. 여러 명이 손편지를 쓰기도 했고 자기의 꿈을 밝히면서 열심히 공부하겠다고도 했다. 가끔은 그런 생각도 든다. 내가 그들을 도와준 것이 아니라, 그들이 내게 더 성숙해질 기회를 제공해준 것이라고. 고마워해야 할 사람은 오히려 나라고.

젊은 시절 나를 둘러싼 환경을 뒤집는 반란은 꼭 시도해야 할 일이다. 씩씩하게 할 일이다. 그러나 나 말고 다른 사람이 처한 환경에도 관심을 갖기를 권한다. 그리고 그 다른 사람들이 스스로 처한 환경을 뒤집는 반란을 일으키는 데 작은 힘이라도 보태기를 권한다. 거창하게 생각할 필요 없다. 그저 자기가 있는 자리에서, 그리고 아주 작은 일부터 시작하는 것이다.

아직도 서툰 이름, 어머니

살면서 내 감성을 가장 쉽게 자극한 단어를 하나만 고른다면 그건 '아버지'란 단어였다. 서른셋에 돌아가신 아버지. 이제는 사진 속 어떤 얼굴도 나보다는 20년 이상 젊은 아버지. 그런 아버지에 대한 그리움을 가끔 글로 쓰면서 눈에 안개가 서린 적도 한두 번이 아니다.

어머니에 대해서는 조금 달랐다. 아버지와는 12년밖에 못 사셨지만 그 후 나와는 45년을 넘게 함께 사신 어머니. 그럼에도 어머니에 대한 감성은 그리 애절하지는 않았다. 일찍 직장생활과 가장 노릇을 했던 내게 아버지의 부재에 대한 생각은 절절했던 반면 어머니에 대해서는 상대적으로 덤덤했던 것 같다. 어머니에 대한 글도 글제가 '어머니'였던 중고등학교 백일장 대회에서 쓴 것과 박사논문 맨 앞장에 어머니께 헌정한다는 짧은 문장 정도가 전부였다.

그러던 어느 해 봄 어머니와 대화를 나눌 일이 있었다. 한참을 모시고 살았지만 여러 해 전부터는 혼자가 편하다며 멀리 떨어지지 않은 곳에서 사시는 어머니께 반찬을 갖다 드리게 되었다. 늘 아내와 함께 갔는데 그날따라 혼자 가게 됐다. 나보다는 아내와 많은 대화를 나누시는 어머니와 모처럼 둘이서 대화를 나누게 되었다. 여느 때처럼 의례적인 인사로 시작했다.

"춥지 않으세요? 난방은 괜찮고요? 어디 불편하지는 않으세요?"
그러다 무심코 여쭈었다.
"쌀은 떨어지기 전에 늘 사다 놓으시죠?"
"응, 항상 20킬로짜리 사다 놔."
"20킬로 사갖고 오려면 무거울 텐데 10킬로짜리 사다 드시지요. 그것도 한참 드실 텐데. 쌀독에다 부으려면 힘드시잖아요."
어머니는 방바닥에 떨어진 먼지를 손으로 쓱 훔치며 혼잣말처럼 무심히 말씀하셨다.
"10킬로짜리 사다 쌀독에 부으면 반도 안 차. 쌀독이 비어 있으면 너희 어렸을 때 힘들었던 생각이 나서 싫어. 그래서 항상 20킬로짜리 사다 쌀독 차게끔 부어 놔. 그러다 쌀독 웬만큼 비기 전에 다시 사다 채워 놓고."

나는 어머니의 대답에 그냥 무너져 내렸다. 애써 태연한 척 몇 마디 더 이야기를 나누다 나오긴 했지만 주차장 차 안에서 소리 죽여 한참을 울었다. 세 끼를 온전히 챙겨 먹기 힘들었던 시절 끼니로 자주 먹던 수

제비. 외상 달고 됫박으로 샀던 쌀. 많이 못 들이고 몇 장씩 사다 쓰던 연탄. 그 시절의 어머니를 나는 오랫동안 잊고 있었다. 살며 얻은 내 작은 성취의 모든 뒤안길에는 자신의 삶이라곤 거의 없었던 어머니의 희생이 곳곳에 배어 있다는 것을 잊고 있었던 것이다.

원래 어머니 형제분은 다섯이라고 했다. 그중 어머니의 오빠 한 분과 두 동생 분은 어머니가 어렸을 때 어려운 형편 때문에 제대로 약도 못 써보고 아주 어린 나이에 돌아가셨다고 했다. 아버지를 만나서도 오랜 기간 고생을 많이 하셨다. 일 년에 서너 번씩 이사를 했다. 얼마나 그 시절이 어려웠던지 지금도 어머니는 수십 번 이사 다닌 동네의 이름을 다 외운다. 그러다가 아버지 사업이 잘되면서 제법 살게 되나 했더니 얼마 못 가 갑자기 아버지가 돌아가신 것이다.

서른둘에 혼자되시고는 열한 살 장남인 나부터 네 살짜리 막내까지 자식 넷을 기른 어머니. 채석장에서 돌을 나르고 산에 올라 나물을 캐서 길에서 좌판을 벌이기도 하셨던 어머니. 그때 어머니는 철인 같았다. 나와 동생들 앞에서 거의 눈물을 보이는 법이 없었다. 그러다가 언제부턴가, 내가 채 스물도 되기 전 가장으로 생계를 떠맡은 뒤에는 자주 눈물을 보이곤 했다. 강했던 어머니가 흘리는 눈물이 처음에는 어색했는데 나중 생각해보니 오래 참았던 원래의 모습을 보이는 것 같았다. 하지만 눈물로도 표현하지 못하고 삭인 힘겨움은 또 얼마나 많으셨을까.

시조 한편이 생각난다. 효도를 다 하지도 못했는데 부모를 여읜 자식의 슬픔을 읊은 내용이다. 옛날 중국에서 육적(陸績)이란 사람이 여섯 살 때 대갓집 잔치서 귤 세 개를 품속에 넣어 나오다 들켰다. 사연을 물어보니 귤이 너무 맛있게 보여 집에 계신 어머니 갖다드리려 품에 넣었다는 것이다. 이 고사를 따서 임진왜란 때 의병까지 일으켰던 무인(武人) 박인로가 지은 시조다.

> 소반에 놓인 붉은 감이 곱게도 보이는데
> 비록 유자(귤)가 아니어도 품어 갈 마음이 있지만
> 품어 가도 반길 이 없어 그를 서러워하노라.

지금은 곁에 계시지만 언젠가는 아버지보다 더 그리워할 분. 보고 싶을 때면 눈을 감아야만 비로소 볼 수 있게 될 분. 나는 그분께 지금 어떻게 하고 있나. 앞일이 눈에 선하다. 품어가도 반길 어머니 안 계실 때 돼서야 '소반 위(盤中) 붉은(早紅) 감 품어갈' 생각을 하며 갖게 될 후회. 나무는 조용히 있고 싶어도 바람이 그치지 않는 법을 글로만 이해하고 정작 가슴으로는 깨닫지 못하는 어리석음. 훗날 막급할 후회의 뒷감당을 어찌 하려고.

그런 일이 있고 얼마 뒤 어버이날이 돼서 나와 형제들은 어머니께 점심을 대접해드리기 위해 모였다. 내가 쌀독 이야기를 꺼냈더니 어머니가 담담한 어조로 내가 고등학교 1학년 때의 일을 말씀해주셨다. 나는 전혀 기억도 나지 않는 일이었다.

"어느 날 쌀이 떨어져 저녁으로 칼국수를 해먹었어. 밤늦은 시간 아마 10시 넘어서인가 동연이가 공부하다 나와서, 배가 너무 고픈데 혹시 아까 먹다 남은 국수 없냐고 했지. 칼국수를 끓여 국수는 너희들 주고 나와 어머니(내 외할머니)는 국물만 먹었으니 국수가 남아 있을 리가 없었어. 없다고 하니 동연이가 혼잣말로, 보리밥이라도 좋으니 배 터지게 한 번 먹어봤으면 원이 없겠다면서 방으로 들어갔어. 그날 밤 자식들에게 너무 미안해서 한잠도 못 자고 뜬눈으로 밤을 새웠어."

여동생과 조카들은 눈물을 훔쳤지만 나는 태연한 척했다. 어렸을 때 어머니가 우리들 앞에서 그렇게 하셨듯이…. 가장이란 책임이 어깨에 얹어진 뒤에는 나 역시 어머니나 동생들 앞에서 절대 눈물을 흘리지 않으리라 마음먹었다. 그 오랜 훈련의 결과였다.

철이 봄이어서 그랬는지 불현듯 어머니께서 좋아하는 꽃구경을 시켜드려야겠다는 생각이 들었다. 꽃을 보면 늘 천진스럽게 웃으시던 늙은 어머니의 얼굴에서 젊은 어머니의 고운 모습이 떠오를 것이다. 통장에 잔돈 저금하듯이 지금부터라도 그 웃는 모습을 차곡차곡 내 마음에 쌓아야겠다. 그리고 훗날, 눈을 감아야만 어머니를 만날 수 있을 때 그 통장에서 하나씩 인출해 써야겠다.

나를 지켜주는 손

살면서 나를 지켜준 보이지 않는 손이 있었다는 것을 잊어서는 안 된다. 어떤 환경을 뒤집는 반란을 일으키고, 성공한다 하더라도 나 혼자 힘으로 했다는 착각에 빠져서는 안 된다. 보이지 않는 손, 뒤에서 받쳐주는 손이 있어서 가능했다는 것을 잊어서는 안 된다. 어떤 때는 내가 미처 모르는 도움의 손길도 있다. 그 손을 잊어서는 안 된다. 그 손에 대한 '의리'를 지켜야 한다. 내 경우 나를 지켜준 보이지 않는 손 중 하나는 어머니였다. 내 모든 '환경의 반란' 뒤안길은 어머니의 헌신과 희생으로 점철되어 있다. 그런데 가끔은 그 사실을 잊어버리곤 한다.

공직을 그만두고 7개월쯤 지나 대학교 총장으로 취임했다. 뜻밖에 오게 된 자리였다. 퇴직 후 일에 대한 여러 제안을 모두 거절했는데 총장 천거위원회를 거쳐 여러 후보 중 선임이 된 것이다. 취임식을 성대하기보다는 뜻깊게 하고 싶었다. 그동안의 삶을 돌이켜보며 세 분을 취임사에서 언급하며 소개했다. 나를 지켜주고 오늘의 나를 만든 분들이다. 한 분은 내 공직생활의 멘토셨고, 또 다른 한 분은 내 학문세계의 멘토셨다. 두 분은 우연히도 83세 동갑이셨는데 내 학문의 멘토는 노구(老軀)를 끌고 먼 미국에서 취임식에 참석해주셨다. 내게는 모두 보이지 않는 손이었던 분들이다. 소개한 세 분 중 마지막 분은 어머니였다.

"마지막으로 소개할 드릴 분은 저의 어머니입니다. 저의 어머니는 47년 전 서른둘의 나이에 혼자가 되신 뒤 저와 세 동생들을 위해 갖은 고생을 마다하지 않으셨습니다. 살면서 얻은 저의 작은 성취의 모든 뒤안길에는 자신의 삶이라고는 거의 없었던 어머니의 희생이 곳곳에 배어 있음을 저는 한참 시간이 흐른 뒤에야 깨달았다는 것을 고백하지 않을 수 없습니다. 제 인생의 많은 장에서 앞의 두 분과 어머니로 인해서 저는 늘 다음 꿈, 새로운 꿈을 꿀 수 있었습니다."

어머니와 쌀독에 대한 대화를 나누던 날, 2,000페이지가 넘는《레 미제라블》완역판 마지막 페이지가 생각났다. 장 발장의 죽음에 대한 이야기다. 생명처럼 아끼며 키웠던 코제트에게 그녀를 위해 모든 것을 희생한 생모의 이름을 알려주며 유언처럼 이야기한다.

이제 네 어머니 이름을 말해줄 때가 된 것 같구나. 이 이름을 잊지 않도록 해라. 이 이름을 입에 올릴 때는 반드시 무릎을 꿇어야 한다.

나도 무너지듯 무릎을 꿇는다. 어머니, 아아 나의 어머니.

내면 깊은 곳에서 지독한 회의가 찾아왔다. 힘들고 어려웠던 시절에 가졌던 절망감보다 더 심한 회의가 마음속 깊은 곳에서 소용돌이쳤다. 처음에는 그 회의의 정체조차 알 수 없었다. '왜 이러지?' 하는 생각은 계속 드는데 그 이유는 도무지 알 수 없었다.

모든 것이 혼란스러웠다. 치열한 고민 중에 이상한 것을 하나 발견했다. 이제껏 내가 '하고 싶은 일'이라고 생각하고 열심히 한 일들이 사실은 내가 아니라 주위나 사회에서 원하는 일이었다는 것이다. 남이 하고 싶은 일을 내가 하고 싶은 일로 착각하고 살았다는 생각이었다. 그것은 엄청난 충격이었다.

있는 자리
흩트리기
2

나 자신

인생은
마지막 순간을 비워놓고
우리를 기다린다

두 번은 없다. 지금도 그렇고
앞으로도 그럴 것이다. 그러므로 우리는
아무런 연습 없이 태어나서
아무런 훈련 없이 죽는다.

우리가, 세상이란 이름의 학교에서
가장 바보 같은 학생일지라도
여름에도 겨울에도
낙제란 없는 법.

반복되는 하루는 단 한 번도 없다.
두 번의 똑같은 밤도 없고,
두 번의 한결 같은 입맞춤도 없고,
두 번의 동일한 눈빛도 없다.

(중략)

힘겨운 나날들, 무엇 때문에 너는
쓸데없는 불안으로 두려워하는가.
너는 존재한다 — 그러므로 사라질 것이다
너는 존재한다 — 그러므로 아름답다

— 비스와바 심보르스카(Wislawa Szymborska), 〈두 번은 없다〉 중에서

가장 지독했던 회의(懷疑)

내 인생에서 가장 큰 전환점은 젊은 시절 찾아온 지독했던 회의에서 비롯됐다. 무엇을 해도 답답했고 타는 목마름은 해소되지 않았다. 밤잠을 이룰 수가 없었다. 끝 모를 깊은 수렁과도 같은 회의였다.

공무원 시험에 합격해 지금의 기획재정부 전신인 경제기획원 사무관으로 발령받았다. 당시 경제기획원은 자타가 인정하는 엘리트들이 모여 있는 조직이었다. 이름 없는 야간대학 학벌로 도무지 살아남을 자신이 없었다. 학벌도 학벌이지만 실력도 내가 제일 부족한 것 같았다. 당시에는 부처 간 교류제도가 있었다. 부처 간에 근무하는 동일한 직급끼리 서로 옮기고 싶은 수요와 공급이 맞으면 인사교류를 하는 제도다. 당시 경제기획원은 인기부서여서 내가 다른 곳으로 가겠다면 다른 부처로 옮길 수가 있었다. 엘리트 간의 치열한 경쟁을 피해 고향 도청에나 가서 근무할까 하는 생각에 내무부(현재의 행정자치부)를 기웃거리기도 했다.

그러나 지방으로 내려가면 어머니와 할머니, 동생들을 서울에 두고 두 집 살림을 해야 하는 부담이 있어 결국 포기했다.

'이 조직에서 살아남기 위해 내가 가야 할 다음 길은 무엇일까?' 공부를 더 하고 싶었다. 유일한 돌파구는 유학이었다. 경제기획원이란 조직에서 살아남기 위한 최소한의 필수조건이란 생각이 들었다. 내가 나온 대학을 이야기하면 "그런 대학도 있나요?"라는 이야기까지 듣는 학력 콤플렉스를 극복하는 유일한 길이란 생각이었다. 아내를 위해서라도 꼭 가고 싶었다. 은행원을 하다가 공무원이 돼서도 경제적으로는 계속 어려웠기 때문에 아내는 결혼 후에도 생계형 직장생활을 하고 있었다. 아내는 태어난 지 얼마 안 되는 큰 아이와 시간을 많이 보내지 못하는 것을 늘 아쉬워했다. 시어머니와 시외할머니를 모시고 세 명의 시동생과 시누이를 건사하는 시집살이를 하는 아내에게도 돌파구를 만들어주고 싶었다.

국비장학생으로 선발되기 위해서는 우선 사무실에서 근무평점을 잘 받고 장학생 후보로 추천을 받아야 했다. 그러고는 추천받은 사무관들끼리 어학성적으로 치열하게 경쟁하는 유학시험의 관문을 통과해야 했다. 미치도록 유학을 가고 싶었다. 열심히 일하면서 한편으로는 죽어라 영어공부를 했다. 잠꼬대를 영어로 할 정도였다. 고시공부할 때보다 더 열심히 했다. 몇 년의 고생 끝에 국비유학생으로 선발됐을 때는 세상을 얻은 것 같았다. 더구나 운 좋게도 미국 정부에서 주는 풀브라이트 장학금도 동시에 받게 되었다. 박사 학위까지 따도록 지원해주는 장학금이었다. 정말 꿈같은 일이었다.

어렵게 유학의 기회를 잡아 미국 미시간 주 앤아버(Ann Arbor)에 있는 미시간 대학(University of Michigan)에 가게 됐다. 정말 아름다운 캠퍼스였다. 내 인생에서 그때만큼 행복하고 안정적인 때는 없었다. 모든 것이 만족스러웠다. 무엇보다 자유로운 환경에서 공부에만 전념할 수 있다는 것이 너무 좋았다. 한국에서 대학과 대학원을 야간으로 다녔던 내게 처음으로 주어진 풀타임 대학생활은 내 인생에서 더할 나위 없는 축복이었다. 게다가 사랑하는 가족이 곁에 있었다. 우리 나이로 네 살이었던 큰 아이는 하늘을 나는 종달새처럼 행복하게 지냈다. 내 인생에서 이런 시절이 다 있다니. 그러면서도 빨리 학위를 마치고 싶었다. 다시 직장에 복귀해야 하는 의무, 승진 등 직장에서의 경쟁 레이스에서 뒤처지지 말아야 한다는 강박감, 나를 기다리고 계신 할머니, 어머니, 동생들. 공부를 빨리 마치고 돌아가야 한다는 생각뿐이었다.

익숙한 것들과의 결별

첫 학기는 글자 그대로 '생존게임(survival game)'이었다. 교수의 강의는 알아듣기 어려웠고, 상업학교를 나와 수학을 제대로 공부하지 못했던 내게 경제수학 같은 필수과목은 골칫덩어리였다. 학위는 둘째 치고 첫 학기에서 어떻게 해서든지 살아남는 것부터 문제였다. 잠자는 시간을 줄이고 생활을 단순화했다. 새벽 2시 넘어 잠자리에 드는 것은 예사로운 일이었다. 대학을 다니면서, 고시공부를 하면서 갈고닦았던 성적 잘 받는 노하우를 모두 동원했다. 그렇게 정신없이 보낸 첫 학기, 그리고 둘째 학기. 성적만 놓고 볼 때는 대성공이었다. 매학기 들었던 대부분의 과목에서 받은 A학점들. 빙고! 전체 학점으로 보면 같이 수업 들었던 학생 누구보다 성적이 좋았다. 그러나 고백컨대 실력이 좋아서가 아니라 한국에서 키운 '시험공부'의 경험 때문이었다. 성적 받기 좋은 과목을 택했고 수업시간에는 내내 성적에만 신경 썼다. 어떤 문제가 나올지, 어떻게 시험 준비를 해야 하는지에 집중한 덕이었다.

둘째 학기가 끝나가던 어느 날 굉장한 슬럼프가 왔다. 보통 때 같으면 무시하고 더 열심히 해서 극복하곤 했는데 이번에는 달랐다. 그냥 넘기기가 어려웠다. 내면 깊은 곳에서 지독한 회의가 찾아왔다. 힘들고 어려웠던 시절에 가졌던 절망감보다 더 심한 회의가 마음속 깊은 곳에서 소용돌이쳤다. 처음에는 그 회의의 정체조차 알 수 없었다. '왜 이러지?' 하는 생각은 계속 드는데 그 이유는 도무지 알 수 없었다. 공부에 대한 회의가 일었고 자신감을 잃어갔다. 가만히 생각해보니 회의의 시작은 간단한 것에서 시작됐다는 것을 알았다.

학기가 끝나고 학점을 잘 받아도 내 머리에는 남는 것이 하나도 없다는 공허감이었다. 수업이나 시험에서 성적에만 신경 쓰다 보니 서울에서 한 것처럼 성적이 목적이 되고 있다는 자괴감이었다. 이렇게 공부하는 게 무슨 의미가 있는가 하는 의문이 들었다. 곰곰이 생각해보니 나 자신에게 던지는 두 개의 질문에 대한 답을 찾을 수가 없었다. "왜 공부를 하는가?" "무슨 공부를 하려 하는가?" 제법 긴 시간 고민했지만 해결의 실마리를 찾지 못했다. 성적이나 학위는 답이 되지 못했다. 좀 더 근본적인 답이 필요했다. 이 갈증을 풀지 못하면 한국에서처럼 '시험 공부하는 기계'가 될 것 같다는 생각이 물밀듯이 밀려왔다. 그것은 엄청난 위기감이었다.

"왜 공부하는가?" 나 자신에게 던졌던 이 질문은 결국 내가 이제껏 살아온 인생을 뒤돌아보도록 했다. 왜 나는 공직을 택했을까? 왜 근무지로 경제기획원을 택했을까. 죽을 고생해서 오려고 했던 유학은 가슴에 박사라는 훈장을 하나 받기 위해서였나. 무엇을 공부해야 하나. 모든 것이 혼란스러웠다. 치열한 고민 중에 이상한 것을 하나 발견했다. 이제껏 내가 '하고 싶은 일'이라고 생각하고 열심히 한 일들이 사실은 내가 아니라 주위나 사회에서 원하는 일이었다는 것이다. 남이 하고 싶은 일을 내가 하고 싶은 일로 착각하고 살았다는 생각이었다.

그것은 엄청난 충격이었다. 나이 서른이 넘어, 적지 않은 직장생활을 하고 유학까지 왔는데 내가 원했던 것이 무엇인지, 또 지금 원하는 것이 무엇인지 모르겠다는 것은 너무도 부끄러운 일이었다. 내가 아닌, 남이 하고 싶어 하는 일을 하고 살았다면 그건 내 인생이 아닌 남의 인생이란 생각까지 들었다. 이렇게 살 수는 없다는 생각이 들었다. '계속 남의 인생을 살 수는 없다. 문제는 공부나 성적, 학위 같은 것에 있지 않다. 훨씬 더 근본적인 데 있다. 내가 정말 원하는 것이 무엇인지 찾아야 한다.'

그것은 삶의 목적이자 살아가는 방법에 관한 근본적인 문제였다. 당장 바꾸어야 한다는 위기감이 들었다. 변화가 필요했다. 그냥 마지널 (marginal)한 변화가 아니라 근본적인 변화가 있어야 했다. 시행착오를 겪더라도, 그래서 힘이 많이 들더라도 정말 내가 하고 싶은 것을 찾아야 했다.

그것은 익숙한 것들과의 결별을 의미하는 동시에 그동안 쌓아온 내틀을 깨는 일이었다. 가장 힘들었던 것은 그 '익숙한 것들'이 우리 사회에서 비교적 성공적인 삶의 방법이었다는 데 있었다. 이것들과의 결별을 결심하고 실천에 옮기기가 더욱 힘들었다. 지금은 담담하게 이야기하지만, 그 당시 내게는 '패러다임 변화(paradigm shift)'에 해당하는 엄청난 변화였다. 그것은 내 자신의 틀을 깨는 '나 자신에 대한 반란'이었다.

우선 공부하는 태도와 방법부터 바꿨다. 한국에서 이제껏 해오던 '시험공부'하는 식이 아니라 내가 정말 하고 싶은 것을 찾아야겠다고 결심했다. 성적 받기 쉬운 과목이 아니라 힘들 것 같고 부담이 되더라도 꼭 듣고 싶은 과목을 택했다. 성적 받는 데 특화된 익숙한 공부 습관들과 헤어지는 힘든 과정이었다. 오랜 기간 많이 힘들었다.

당초 박사논문을 빨리 끝내기 위해 생각했던 계량모델을 돌리는 방안도 접었다. 내가 하고 싶지 않은 방법이란 것은 내가 더 잘 알고 있었기 때문이다. 완전히 거꾸로 접근했다. 어떤 주제로 하면 빨리 학위를 끝낼까가 아니라, 어떤 주제로 하면 가장 신바람이 날까를 생각했다. 하고 싶었던 주제 후보들을 파고들었다. 힘든 과정이었지만 '내 주제들'을 찾은 뒤에는 밤을 새워도 즐거웠다. 그중 하나가 결국 박사학위 논문주제가 됐다. 그 주제로 박사논문을 쓴다면 시간이 무척 걸릴 거라고 주위에서 말렸지만 내가 하고 싶은 것을 하고 싶었다. 결과적으로는 당초 계량모델을 돌려 학위를 받으려 목표했던 시간보다 훨씬 빠른 시간 내에 학위를 마칠 수 있었다.

이런 과정에서 전에 하지 못한 새로운 경험을 했다. 우선 '시험공부'가 아니라 내가 하고 싶은 공부로써 '학문' 하는 재미를 알게 되었다. 처음부터 그랬던 것은 아니었다. 하고 싶은 분야와 주제가 무엇일까를 찾기 위해 엄청난 노력이 필요했다. 거의 2년 반이 걸렸다. 무수한 시행착오는 꼭 거쳐야 하는 필수과목이었다.

더 큰 깨달음은 자기가 정말 하고 싶은 일을 찾는 것이 얼마나 어려운 일인지 알게 된 것이다. 어쩌면 청년기 해야 할 일 중에서 가장 힘든 일인지도 모르겠다는 생각도 들었다. 내가 삼십대 초반까지 그랬듯이, 남이 원하는 길이나 사회가 원하는 길을 내가 하고 싶은 일로 계속 착각한다면 하고 싶은 일을 찾는 노력을 할 필요를 느끼지 못할 것이기 때문이다.

그러나 두 가지는 분명하다. 자기가 하고 싶은 일을 찾기 위한 시도와 도전을 끊임없이 해야 한다는 점, 그리고 힘들지만 그 과정 자체에서 이미 많은 보상을 받는다는 것이다. 결과는 다음 문제였고, 도전하고 시도하는 과정에서 느끼는 깨달음과 작은 성취감들이 이미 충분한 보상을 해주기 때문이다.

나는 지금 누구의 인생을 살고 있는가

가장 지독했던 회의는 내 인생을 완전히 바꿔버렸다. '환경에 대한 반란' 을 열심히 해도 갈증이 있다. 돈을 벌어도, 계급이 올라가도 해소되지 않는 갈증은 더 많은 돈이나 더 높은 자리로 해결되는 것이 아니다. 새 로운 갈증은 그 전 목마름을 해결시켜줬던 샘물로는 해소가 어렵다. 다 른 맛, 다른 차원의 샘물이 필요한 것이다.

그것은 자신의 틀을 깨는 '자신에 대한 반란'을 통해 해결된다. 종전 에 했던 '환경에 대한 반란'과는 전혀 다른 차원의 '반란'이다. 나를 둘러 싼 현실과 환경은 남이 낸 문제고, 환경에 대한 반란은 그 문제들을 열 심히 푸는 것이다. 반면 자신의 틀을 깨는 반란은 내가 나 자신에게 낸 문제를 푸는 것이었다. 종전에는 내게 '주어진' 상황에 대한 문제를 푸는 것이지만, 이제는 내가 스스로 상황과 문제를 '만들어' 답을 찾는 노력을 하는 것이다. 그렇게 하라고 하는 사람은 아무도 없지만 스스로 힘든 상 황을 만들어 부딪치는 것이다. 이렇듯 인생에서 가장 의미 있는 경험은 내가 던진 질문, 내가 스스로 만든 힘든 상황에 대한 답을 찾는 것에서 나온다.

나는 삼십대 초반 내게 닥쳤던 내 인생에서의 가장 지독했던 회의에 감사한다. 그 회의로 인해, 환경에 대한 반란에 이어 내 인생을 바꾼 두 번째 반란을 일으킬 수 있었다. 그 반란을 통해 젊은 시절 내가 정말 하 고 싶은 일이 무엇인지 찾는 고민을 치열하게 했다. 남의 인생이 아닌 내 인생을 찾는 도전을 치열하게 하게 되었다. 그 전에는 주어진 길을 그저 열심히 걸었을 뿐이었다. 새로운 반란은 내가 진정으로 하고 싶은 일을 찾는 것으로 시작했다. 그 반란은 여러 위험부담을 무릅쓰고 행동으로 옮기는 용기를 알게 해주었다. 과거의 성공경험을 버린다는 것은 겁나는 일이었지만, 이렇게 살 수는 없다는 의지 앞에서 용감해질 수 있었다. 그 반란은 내 인생에서 가장 큰 전환점을 만들어주었다. 어떤 도전에도 겁나지 않게 했으며 하는 일에 헌신하도록 했다. 자신에 대한 반란은 완전히 굳어지기 전의 내 틀을 깨도록 했다. 내게는 더할 나위 없는 행운이자 축복이었다.

미국에서 공부할 때뿐 아니라 그 후 어떤 자리에서 어떤 일을 하든 항상 나에게 던지는 질문들이 생겼다. 항상 그 질문들에 깨어 있으려 노력했다. 지금도 마찬가지고 앞으로도 그럴 것이다. 오늘도 나는 그중 가장 중요한 질문을 나 자신에게 한다. "나는 지금 내가 하고 싶은 일을 하고 있는가?"

수학이 아름답다고?

중학교 때까지 수학을 곧잘 했지만 상업학교에 진학해 취업준비를 하면서 수학과 멀어졌다. 상업고등학교를 졸업하고 취업하는 데 수학은 별로 소용이 없는 과목이었다. 미적분이 왜 필요한지 제대로 이해도 못하고 학교를 졸업했다. 어린 나이에 직장생활을 하며 다닌 야간대학에서도 전공과 상관이 없었던 수학은 그저 먼 과목이었다.

그런데 다시는 만날 일이 없을 것 같았던 수학과 외나무다리에서 딱 마주치게 됐다. 공직생활 7년째에 어렵게 가게 된 미국 유학, 그 중요한 첫 학기에 경제수학을 필수과목으로 들어야만 했다. 미적분도 제대로 이해 못했던 내게 대학원 수학을 듣는다는 것은 몹시 고통스러운 일이었다. 다른 한국 학생들은 대부분 경제학이나 경영학을 전공한 사람들이어서 경제수학이나 통계학 과목은 복습하는 정도로 생각했지만, 내게는 거대한 산이 하나 가로막고 있는 느낌이었다.

첫 수학시간, 사람 좋아 보이는 그러나 날카로운 눈매를 가진 덩치 큰 교수가 들어와 과목을 소개하고는 바로 수업에 들어갔다. 그런데 잔뜩 긴장하고 있던 내가 도저히 이해할 수 없는 말을 과목소개의 끝말로 남겼다. "아름다운 수학의 세계에 온 것을 환영합니다(Welcome to the beauty of the mathematics world)!" 말은 멋있게 들렸는데 도저히 이해할 수가 없었다. 아름다움이라니! 수학에 무슨 아름다움이?

　　그러고는 훌쩍 10년도 더 지나 우연히 일본 수학자 히로나카 헤이스케(廣中平祐)가 쓴 《학문의 즐거움(學文の發見)》이란 책을 읽게 되었다. 이 책은 딱딱한 학문에 대한 책이 아니라 히로나카의 인생경험에 대한 책이다. 히로나카는 벽촌 장사꾼의 열다섯 남매 중 일곱째로 태어나 유년학교 입시에서 낙방했고 대학입시 일주일 전까지 밭에서 거름통을 들었다. 교토대 3학년 때 수학의 길을 택한 늦깎이로 끈기 하나로 하버드 대학에서 박사학위를 받았다. '특이점 해소의 정리'라는 난제를 풀어 수학의 노벨상이라는 필즈상까지 수상했다. 그런데 이 책에서 나는 미국 유학 시절 첫 수학시간에 들었던 말의 의미를 알 수 있는 단초를 찾았다. 히로나카가 하버드 대학의 한 세미나에서 자신이 세운 이론을 발표해 좋은 평을 들었는데, 그중 한 MIT 교수가 '아름답다(beautiful)!'는 찬사를 보냈다. 그러면서 이 표현은 수학자가 들을 수 있는 최고의 칭찬이라고 했다. '아름다운 수학의 세계'라고 표현했던 유학시절 교수와 상통하는 말이었다.

　　수학의 간결성과 완결성, 아름다움을 이해한다는 것이 내게는 불가능한 일이지만, 곰곰이 생각해보니 그런 경지가 있을 수 있다는 생각이 들었다. 내가 박사논문을 쓸 때가 생각났다. 기존문헌에서 찾지 못했던 질문에 대한 답을 주제로 정하고 연구에 빠져들었을 때였다. 꿀독에 빠진 벌처럼 미친듯이 파고들었던 시절. 교수에게 묻거나 문헌에서 찾을 수 없는 질문에 대한 답을 얻었을 때, 새로운 이론을 정립했을 때의 성취감과 희열. 그러고 보니 '아름답다'는 말은 어떤 경지를 넘어서면 수학뿐 아니라 물리학이나 심리학, 경제학, 내가 전공한 정책학 같은 학문에도 쓸 수 있을 것 같았다. 더 나중에 깨달은 것이지만 '아름답다'는 경지는 학문뿐 아니라 일을 하면서도 나올 수 있다는 생각이 들었다.

문제는 그런 경지에 도달하기가 여간 어렵지 않다는 것이다. 우선 자기가 진정으로 하고 싶은 일을 찾아야 한다. 하고 싶지 않은데 억지로 하는 일에서 '아름다움'을 느끼는 경지에 도달할 리는 만무하기 때문이다. 가끔 사람들에게 물어본다. 하고 싶은 일이 무엇이냐고. 지금 하고 싶은 일을 하고 있냐고. 젊은이들뿐 아니라 사회생활을 하고 있는 어른들도 이 질문에 시원하게 답하는 것을 잘 보지 못했다. 곰곰이 생각해보면 우리 사회는 젊은이들에게 이런 종류의 질문을 던지도록 하지 않는다. 그저 정해진 길, 가야 할 길이 있는 것 같은 착각을 하게 만든다. 누구나가 비슷한 길을 가도록 유도한다.

어떤 일이 됐든 '아름답다'는 말을 들을 정도의 경지에 도달하기 위해서는 우선 자기가 하고 싶은 일을 찾는 노력을 끊임없이 해야 한다. 내게 정해진 길이 있다고 믿게 하는 기존의 틀, 나를 컨베이어 벨트 위에 놓인 공장의 제품처럼 취급하는 사고방식과 제도에 반항해야 한다. 그렇게 만들어져 있는 틀을 원망하고 불평하기에 앞서 나부터 그런 틀에 저항해야 한다. 그것은 '안주'를 거부하는 것이다. 현실에 안주하는 순간 꿈은 사라진다. '유쾌한 반란'은 멀어지게 된다. '현실에의 안주'를 자신이 가질 수 있는 더 큰 '꿈'과 바꿔서는 안 된다. 늘 현실에 불만을 가져야 한다. '불만'이란 단어가 마음에 들지 않는다면 '도전'으로 바꿔도 좋다. 이것이 자기 자신의 틀을 깨는 '자기 자신에 대한 반란'이다.

유학시절 오로지 성적 잘 받는 것이 목표였던 두 학기를 보내고서야 시험공부가 아닌 내가 진정 하고 싶은 것을 찾아야겠다는 생각을 했다. 성적이 좋게 나오지 않더라도, 학위를 마치는 기간이 길어지더라도, 하고 싶은 것을 찾고 그것을 해야겠다고 결심했다. 익숙했던 것들과의 결별을 의미하는 나 자신에 대한 반란이었다. 중간에 여러 번 포기하고 싶은 순간들이 있었다. 과거 성공경험의 방법으로 돌아가자는 유혹이었다. 익숙한 길, 편한 길임을 알기 때문이었다. 오랜 시간 나 자신과 싸우면서 깨달았다. 나 자신을 깨는 반란과 그 반란을 성공시키기 위한 노력의 가장 소중한 보상은 학위나 자리, 재산과 같은 결과로서 보이는 '훈장'이나 이력서상의 '화려한 경력'이 아니라, 학문이 됐든 일이 됐든 그런 것들을 하는 '참 즐거움'을 알게 되는 것이라는 것을. 그 '참 즐거움'이라는 실(絲)의 끝 어딘가가 히로나카가 들었던 '아름다움'을 느끼는 경지와 닿아 있다는 생각이 들었다.

참 즐거움을 찾는 법

'참 즐거움'을 찾는 방법은 무엇일까? 혼자 곰곰이 생각하고 고민하면 길이 보일까? 부모나 선생, 교수가 가르쳐주는 것일까? 아니, 그렇지 않다. 참 즐거움을 찾는 가장 좋은 방법은 스스로 체험을 하는 것이다. 간접 경험으로는 피상적으로만 알 수 있을 뿐이다. 직접 경험하지 않으면 피부로 와닿게 느끼지 못한다. 책이나 남의 조언으로 얻을 수 있는 것이 아니다. 왜냐고? '참 즐거움'을 아는 것은 가치관에 속하는 일이기 때문이다. 가치관은 체험을 통해서 형성된다. 사랑을 안 해본 사람이 어떻게 사랑의 가치를 알고, 마음의 평화를 느껴보지 못한 사람이 어떻게 그 소중함을 알겠는가. 스스로 겪어보고 손으로 만져봐야 아는 것이다. 자기가 부딪쳐 직접 느껴봐야 참 즐거움을 찾을 수 있다. 문제는 참 즐거움을 알기까지 인내하며 자신을 바치는 제법 긴 시간이 필요하다는 것이다. 참 즐거움의 '가치'를 알기 위해 꼭 필요한 필수조건처럼 말이다.

30대 초반 사무관 시절 매일 야근을 하며 바삐 지냈다. 그 당시는 토요일도 근무할 때였다. 매일 야근을 하고 늦게 들어오니 운동할 시간이 전혀 없었다. 건강을 위해 매주 일요일 집 근처 관악산 등산을 하기로 결심했다. 오후 시간을 쓰기 위해 아침 일찍 등반을 시작해서 점심 전에 하산했다. 그런데 산에 가기 위해 아침 일찍 일어나는 것이 큰 고역이었다. 피곤한 몸이 잘 따라주지 않았다. 어떤 때는 아침 일찍 눈을 뜨고는 '오늘은 비 좀 안 오나.' 하고 생각한 적도 있었다. 힘들지만 꾹 참고

매주 일요일 관악산을 올랐다. 아침 일찍 일어나는 '비용(cost)'보다 산에 갔다 오는 '편익(benefit)'이 더 크다는 것을 1년 가까이 돼서 몸으로 알게 됐다. 그러고 나니 산에 가는 '참 즐거움'을 알게 됐다. 1년 가까운 시간의 투자를 한 뒤였다.

미국 유학시절 지독한 회의를 계기로 사는 방법을 완전히 바꾸기로 결심하면서도 너무 불안했다. 하던 식으로 성적은 잘 나올 수 있었고 논문자격시험의 합격과 논문을 마칠 수 있는 기간도 대충 예상이 가능했지만, 새 방법은 아무런 예측도 보장도 할 수 없었다. 남들이 보기에 그동안 비교적 성공적이었던 방법을 바꾸는 것이어서 많이 힘들었지만, 우직하게 2년 넘게 그렇게 하면서 조금씩 학문하는 재미를 알아갔다. 연구실에서 며칠 밤을 새우는 열정이 생겼고 공부하는 자체가 즐거워지기 시작했다. '참 즐거움'을 느끼기 시작한 것이다. 아무런 보장도 없는 불확실성 속에서 인내하며 끈기 있게 나 자신을 전적으로 바치는 2년 반 가까운 시간을 투자한 뒤였다.

내 생활의 변화는 공부를 마치고 공직에 복귀해서도 생겼다. 유학 중에 했던 나 자신에 대한 반란이 공직에 복귀해서도 필요했다. 어떤 자리에서 어떤 일을 하든 공부할 때와 똑같이 내가 하고 싶은 일이 무엇일까를 생각하며 일 속에서 여러 시도를 했다. 그 결과 일하는 '참 즐거움'은 내가 일을 주도할 때 나오는 것이라는 것을 깨달았다. 내 임무의 범위를 적극적으로 해석하면서 어젠다를 선점하고 일을 끌고 가는 것이었다. 심지어는 상사도 따라오도록 어젠다 세팅(agenda setting)을 했다. 이런 방식이 반복되면서 '해야 할 일'이 '하고 싶은 일'로 바뀌었다. 일을 하며 얻는 '참 즐거움'이 여기서 나왔다. 공부하면서 체험했던 '시험공부'가 아닌 '학문'을 하는 희열과 똑같은 차원의 즐거움을 사회생활 속에서 맛보는 깨달음이었다. 일을 하면서 '참 즐거움'을 알게 되기까지 어느 정도의 시간이 걸렸는지는 분명치 않다. 따로 기산(起算)해보지 않았기 때문이다. 다만 긴 시간 나를 바치는 투자가 필요했다는 것 하나는 분명하다.

어떤 일을 하며 '참 즐거움'을 느끼기 위해 필요한 기간은 사람마다, 일마다 다를 것이다. 의미가 별로 없거나 쉬운 일에서 재미를 느끼기 위해서는 그리 긴 시간이 필요하지 않다. 당구를 치거나, 컴퓨터 게임을 하면서 즐거움을 느끼는 데 무슨 긴 시간이 필요하겠는가. 그러나 의미 있는 일, 가치 있는 일에서 '참 즐거움'을 느끼기 위해서는 훨씬 긴 시간 자신을 바치는 투자가 필요하다. 많은 경우 그 과정에서 성공할 수 있을지, 참 즐거움을 느낄 수 있을지에 대한 확신도 없이 바치는 긴 시간의 투자다. 일에서 참 즐거움을 느낀다는 것은 그 속에서 '아름답다'는 감탄사를 내는 것이다. 생각의 지평을 넓혀보면 얼마든지 일에서도 '그 세계의 아름다움(beauty of the world)'을 느끼는 경지가 반드시 있게 마련이다. 누구든 그런 경지에 이르면 '아름답다'는 찬사를 들을 만하다. 그때

비로소 자기 하는 일에 대해 "아름다운 [_____]의 세계에 온 것을 환영합니다!"라고 말할 수 있을 것이다. 이때 [_____]는 자기가 하는 일이 될 것이고, '아름다운'이라는 형용사를 그 앞에 붙이기 위해서는 누구도 예외 없이 긴 시간의 인내와 끈기가 필요할 것이다.

강한 나와 약한 나의 싸움

하버드대 연구팀에서는 행복한 삶의 공식을 찾기 위한 연구를 70년 넘게 계속해왔다. 1930년대 말 하버드대 2학년생 268명의 생을 추적한 것이다. 조사 대상자의 직장, 결혼과 이혼, 성공과 실패, 아들에서 아버지로, 그리고 할아버지로의 역할 변화와 은퇴 후 삶에 이르기까지 건강 검진과 심리검사 그리고 면담을 통해 분석했다. 이 연구는 '하버드대의 성인발달연구'를 토대로 했는데, 몇 해 전까지 연구책임자였던 조지 베일런트(George Vaillant) 교수는 성인으로의 발달을 위한 첫 단계로 '정체성(identity)'을 들고 있다. 정체성은 의지하고 있던 것으로부터의 독립을 의미한다. 예를 들면 부모로부터 독립된 자기만의 생각, 가치, 열정, 취향을 갖는 것이다. 그런 다음에야 비로소 삶의 다음 단계로 나아갈 수 있다고 한다. 지금 의지하고 있는 것으로부터 자기를 세우려는 시도가 성인발달의 첫 단계고, 자신과의 싸움에서 의미 있는 첫 출발이다. 하버드대 연구대상자 가운데는 50세가 되어서도 정체성을 확립하지 못한 사람도 있었다. 그런 사람들은 중년이 돼서도 일을 통한 성취감을 맛보지 못했고 친구관계도 지속적으로 유지하는 것이 힘들었다고 한다.

우리의 경우에는 이 단계를 거치는 것부터 무척 힘들다. 우리 주위에 가득한 훼방꾼들 때문이다. 부모, 선생, 교수, 선배 같은 사람들이다. 많은 경우 이들 때문에 자기만의 생각과 가치, 열정을 훼손당한다. 하버드 연구팀의 성인발달 첫 단계인 정체성 찾기부터 문제가 되는 것이다. 부모들을 비롯해 대부분의 어른들은 젊은이들이 명문대를 가야 하고, 법조인이나 의사, 공무원이 되거나 대기업이나 공공기관에 취업하길 바란다. 심지어는 결혼도 적령기에 해야 한다고 종용한다. 그런 환경 속에서 자란 청년들은 자기가 가야 할 길이 정해져 있다고 생각하기 쉽다. 자기 인생의 길에 차선(車線)이 몇 개 없다고 생각한다. 하지만 인생이란 도로에 얼마나 많은 차선이 있는가? 아주 섬세한 눈으로 보자면 거의 사람 수만큼의 차선이 있다고 해도 과언이 아니다. 그뿐인가? 부모나 주위, 또는 사회에 대한 기대를 충족시키지 못하면 젊은이들은 스스로를 루저라고 생각한다. 인생의 행복이 과연 스물 무렵에 가는 대학이나 이십대 후반, 삼십대 초반에 가는 첫 직장에 의해 결정되는가?

대학과 교수도 마찬가지다. 대학 총장으로 와서 많은 신입생 새내기들을 만났다. 1학기나 1년 지난 뒤 이구동성으로 하는 이야기 중 하나가 대학에 들어오면 자기가 결정하고 움직일 여유나 공간이 많을 거라고 생각했는데 고등학교 때와 별반 다를 게 없다는 것이다. 자신이 가야 할 길, 해야 할 공부가 정해져 있다고 믿게끔 하는 대학이나 교수가 일정 부분 영향을 미쳤다고 해도 틀린 말이 아니다. 더 큰 문제는 그런 부모나 교사, 교수의 기대를 젊은이들이 자기의 꿈으로 착각하는 경우다. 젊은이들이 자기 자신과의 싸움을 해야 할 필요성을 느끼지 못하게 하는 경우다. 아예 '자기에 대한 반란'의 싹을 잘라버리는 것이다. 한 사람의 인생이 남에 의해 길들여지는 무서운 결과다.

좀 더 범위를 넓혀 이 문제를 보면 우리 젊은이들이 반란을 일으키는 데 가장 큰 훼방꾼은 우리 사회 시스템이다. 왜 부모나 교사, 교수들은 학생들에게 정해진 길을 제시하는 것일까? 그동안의 오랜 경험으로 볼 때 그런 길을 걷는 것이 안전하고 성공할 가능성이 많다고 생각하기 때문일까? 그러나 이 생각은 이제 더 이상 유효하지 않다. 세상이 바뀌고 있다. 패러다임이 완전히 변하고 있다. 전과 전혀 다른 새로운 세상이 전개되고 있는데 자기 기준으로 청년들의 훼방꾼이 되는 것은 죄를 짓는 일이다. 정해진 길이 아니라 새 길을 개척하는 사람들에게 더 많은 성공의 기회가 주어지는 세상이다. 수많은 성공의 길이 있는 세상이다. 스포츠, 연예, 요리, 여행뿐 아니라 상상할 수 있는 모든 분야와 새로운 업(業)에서 히든 챔피언들이 넘쳐나는 세상이 오고 있다. '성공'이란 말을 사회적 지위나 부와 같은 세속적인 성취로만 해석할 필요는 없다. 자기가 하고 싶은 일에, 자기 자신을 바치는 노력을 하면서 얻는 성취감과 보람을 느낀다면 하는 일의 종류에 상관없이 성공한 것이다.

"나는 24시간 내 생각만 한다고"

초등학교 때 할머니가 주신 병아리 열 마리를 키우는 것으로 시작해 오늘의 하림그룹을 일군 김홍국 회장은 닭 키우는 것이 너무 재미있었다고 한다. 그 일을 더 잘하고 싶어서 농업고등학교를 진학하겠다고 하니 부모님이 격렬하게 반대했다. 어머니는 나중에 커서 뭐 먹고 살려고 하냐며 자리에 드러누울 정도였다고 한다. 중학생 김홍국은 부모의 뜻을 따를 수 없다면서 가출을 했다. 결국에는 어머니께서 두 손 들고 집에 들어만 오라고 했다. 김 회장 말이 재미있다. 그 당시 어머니께서는 "다른 형제 여덟 키우는 것보다 너 하나 키우는 것이 더 힘들었다."고 하셨다는데, 나중에 어머니께 왜 그때 놓고 진학을 반대하고 내가 하려는 일을 막으셨느냐고 물어보니 "내가 언제 그랬느냐?"고 하신다는 것이다.

꿈 전도사로 많은 젊은이들에게 희망과 용기를 주는 김미경 씨도 비슷한 스토리가 있다고 그의 저서 《드림 온(Dream On)》에서 고백하고 있다. 30년 전, 어머니가 사범학교에 가서 교사가 되라고 했을 때 김미경 씨는 단식투쟁을 하며 맞섰다고 한다. "엄마는 일하다가 띄엄띄엄 내 생각을 하지? 나는 24시간 내 생각만 한다고! 그러니 누구 말이 더 맞겠어?" 그러면서 이렇게 고백한다. 엄마는 나를 사랑했지만 내 꿈에 대해 나만큼 성실하지는 않았다고. 자기가 하고 싶은 일을 찾기 위해, 자기 자신과의 싸움에서 승리하기 위해 훼방꾼들의 방해를 극복한 케이스들이다.

자신과의 싸움에서 지금의 '나'와 맞붙는 '새로운 나'는 늘 약자일 수밖에 없다. 지금의 '나'는 그동안 나를 형성한 사고와 습관의 주인이다. 어린 시절부터 크고 작은 여러 성공 경험이 축적되어 있고 이제까지 왔던 길로 가야 한다는 주장의 논리도 강할 수밖에 없다. 그에 비하면 나와 맞붙는 '새로운 나'는 그야말로 언더독(underdog)이다. 지금의 '나'와 정면으로 대결하기에 너무 약한 존재다. 어떻게 하면 강한 '나'를 이길 수 있을까? 정치학자 이반 아레귄-토프트(Ivan Arreguin-Toft)가 200년 동안의 전쟁을 분석한 재미있는 이야기가 있다. 인구와 군사력에서 열 배 이상 차이 나는 강대국과 약소국 간에 전쟁이 벌어졌을 때 약소국이 이긴 비율이 28.5%였다. 그러나 약소국이 강대국이 원하는 전쟁의 방식을 거부하고 비전통적 또는 게릴라 전술을 사용했을 때 약소국의 승률은 63.6%로 뛰어오른다.

자신과의 싸움에서 강한 상대인 '내'가 원하는 방식으로 싸움을 벌이면 이기기 힘들다. 과거의 내 생각을 뒤집는 방식으로 싸워야 한다. 그동안의 성공경험을 토대로 밀어붙이는 지금의 '내'가 예측할 수 없는 방법으로 싸워야 한다. 전투의 룰을 내가 정해야 이길 수 있다. 답은 그동안 익숙했던 것들과의 결별이다. 그리고는 전력을 쏟아야 한다. 이 싸움은 대충해서 이길 수 있는 싸움이 아니다. 남이나 환경과의 싸움보다 훨씬 힘든 싸움이다. 자신의 생각, 습관, 틀, 행동을 바꿔야 하는 크나큰 모험을 실천에 옮겨야 하는 싸움이다. 자신이 갖고 있는 모든 화력을 동원해서 끈기 있게 장기전까지 할 각오를 해야 한다.

'지금의 내'가 원하는 방식을 뒤집기 위한 두 개의 팁을 주고 싶다. 첫째는 내가 갖고 있는 것 중에서 버릴 것을 과감히 버리는 것이다. 학력, 경력, 스펙을 버려라. 버리지 못하면 그 속에 단단히 잡힌 포로가 돼서 한 발짝도 못 나올 것이다. 틀에 박힌 사고와 생각, 관성도 버려라. 그것들이 내 것이기는 한 걸까? 남이나 주위를 따라 형성된 남의 것은 아닐까? 버리고 놓아주는 데 우리는 서투른 편이다. 손에 꽉 잡고 있으면 다른 것을 잡지 못하는 법이다. 붙잡은 것을 놓아야 더 큰 것을 잡는다. 버리고 놓는 것이 '지금의 내'가 예측하는 길을 거부하는 방법이다.

 두 번째는 '자신의 디폴트(default)'를 바꾸는 것이다. 이때의 디폴트는 어떤 상황이나 자극에 특별한 의식 없이 자동적으로 행하는 반응, 행동, 습관을 의미한다. 흡연을 생각하면 이해가 쉬울 것 같다. 집중력을 위해서든, 다이어트를 위해서든 피우기 시작한 담배에 인이 박혔다면 흡연은 이미 내게 디폴트가 된 것이다. 자신의 디폴트를 바꾸는 것은 내가 늘 택하는 '경향성'에서 탈피하는 것이다. 나만이 알고 있는 '정해져 있는 나'를 바꾸는 것이다. 남이 잘 모르는 나만의 디폴트는 무엇인가? 나도 모르게 책임을 회피하려 하는가? 과도하게 남에게 신경 쓰거나 주위를 챙기는가? 심하게 나를 자책하는가? 바꿔보라.

 인생에서 가장 힘든 싸움은 나 자신과의 싸움이다. 건곤일척(乾坤一擲), 자신의 많은 것을 걸고 싸워야 하기 때문이다. 그래서 위험부담이 크기 마련이고, 때로는 그 과정이 너무 힘들어서 편한 옛 방법이나 습관으로 돌아가고 싶은 유혹을 느낄 수밖에 없다. 자기 자신과의 싸움은 힘든 싸움이다. 지금까지 오랜 기간 형성된 '강한 나'와 맞서는 새로운 '약한 나'의 싸움이기 때문이다. 우리 인생에서 언제 이 싸움을 벌여야 할지 알아야 한다. 이때가 내 인생의 승부처다. 지금이 그때라는 판단이 서면 주저하지 말고 싸워야 한다. 서슴지 말고 일전(一戰)을 불사(不辭)해야 한다. 자신과의 싸움, 자신에 대한 반란의 결과에 인생의 성패가 달려 있기 때문이다.

장 발장의 마지막 선택

고전 속에 나오는 자기 자신과의 싸움 이야기 하나를 소개한다. 고전 완역판 중에서도 《레 미제라블》 완역판은 읽을 때마다 색다른 감동을 준다. 늘 조금씩 다른 교훈과 느낌을 준다. 그중 언제 읽어도 가슴 저미는 감동을 주는 파트가 있다. 장 발장이 자기 자신과 싸움을 벌이는 부분이다.

장 발장은 미리엘 주교로부터 감화를 받아 시장(市長) 마들렌으로 변신해 선행을 베풀며 주위로부터 많은 존경을 받으며 산다. 어느 날 장 발장을 집요하게 쫓던 자베르 경위가 찾아와 자신을 파면해달라고 한다. 마들렌 시장을 장 발장이라고 생각하고 은밀히 조사 중이었는데, 장 발장이 다른 곳에서 잡혔다며 시장을 모욕한 죄를 달게 받겠다는 것이다. 잡힌 가짜 장 발장은 재판에 넘겨져 종신형을 받을 상황에 놓여 있다. 시장으로 신분세탁한 장 발장은 이 사실을 모른 체하고 계속 선행을 베풀며 살 것인가, 아니면 자신의 정체를 밝힐 것인가를 놓고 고뇌에 빠진다. 죽음과도 같은 자기 자신과의 싸움이다. 정체가 드러나면 사회적 지위와 부뿐 아니라 어려운 사람에게 베풀 수 있는 선행의 기회도 포기하고 종신범으로 여생을 감옥에서 보내야 한다. 고민 끝에 신분을 밝히기로 결심한 장 발장은 200리 먼 길을 직접 마차를 몰아 법정으로 향한다. 가는 도중 마차 바퀴가 고장이 나는데, 장 발장은 가지 말라는 신의 뜻이라고 생각하고 속으로 기뻐하기까지 한다. '내가 할 수 있는 일은 모두 다했어. 이제는 조용히 내 자리로 돌아가기만 하면 되는 거야.'라고까지 생각한다. 자기 합리화를 하고 싶은 상황에서 다시 한 번 자신과의 싸움을 벌인다. 죽음과도 같은 힘든 싸움 끝에 결국 다른 마차를 구해 법정에 들어가서 자신의 정체를 밝히는 한 시간 만에 장 발장의 머리는 하얗게 세어버린다.

《레 미제라블》완역판은 2,000페이지가 넘는 방대한 볼륨이지만 스토리 전개가 빠른 소설이다. 복잡한 이야기도 놀라울 만큼 간결하게 소화한다. 그런데 작가는 장 발장이 자신과 사투를 벌이는 스토리를 무려 백페이지가 넘는 분량을 할애해 묘사하고 있다. 이 소설에서 어느 이야기보다 긴 분량이다. 장 발장은 가장 힘든 자기 자신과의 싸움을 벌이면서 성숙되어간다. 어떤 문학평론가는 그런 과정을 통해 한 죄인이 신을 닮아가는 과정을 그린 작품이라고까지 했다.

"자신과의 싸움은 우리에게 힘을 주려는 자연의 섭리야."

한때 큰 인기를 모았던 미국 드라마 '로스트(LOST)'에 나오는 대사다.

자기만의 답 찾기,
파란학기

우리 교육문제 중 가장 심각한 것 하나만 뽑으라면 나는 주저하지 않고 '자기가 하고 싶은 일이 무엇인지 찾는 도전과 시도를 하지 못하게 하는 교육'이라고 한다. 학생들에게 정답만을 요구하고 찾도록 하고 있다. 동일한 목적, 동일한 가치관, 동일한 트랙을 강요하는 것이다. 그래서 젊은이들에게 갈 길이 정해져 있다고 생각하게 한다. 사회도 마찬가지다. 직무적성시험 같은 대기업 입사시험에서도 학교 다닐 때와 동일하게 정답을 찾으라고 하고 있다. 이런 방식의 문제는 정답이 아닌 것은 모두 오답이 된다는 것이다. 제도권 교육에서 이런 방식으로 교육받고, 사회에 나와서도 이런 방식에서 살게 한다.

정답은 정해져 있다고 믿는 신화(myth)를 깨는 실험을 하나 소개한다. 하버드대 심리학과 앨런 랭어(Ellen Langer) 교수가 소비자 행태조사라고 하며 한 재미있는 실험이다.

학생들을 12명씩 두개 조로 나누고는 네 개의 물건을 보여줬다. 1조 학생들에게는 네 개의 물건을 A는 펜, B는 텀블러, C는 강아지 장난감, D는 카메라 부품이라고 단정적으로 설명했다. 반면에 2조 학생들에게는 A는 펜일 수도 있다, B는 텀블러일 수도 있다, C는 강아지 장남감일 수도 있다, D는 카메라 부품일 수도 있다고 설명했다. 그런 뒤 연필을 주고는 소비자 행태조사라고 하면서 물건 가격이 높은 순서대로 답을 쓰라고 했다. 그리고는 질문서 작성이 끝났을 때 갑자기 질문의 내용을 바꿔 물건 가격이 높은 순서가 아니라 낮은 순서로 써야 한다고 했다.

이미 답을 다 쓴 학생들은 당연히 당황했다. 답을 고치려면 지워야 하는데 지우개가 없었기 때문이다. 사실 이 실험은 소비자 행태를 조사하기 위한 것이 아니었다. 네 개의 물건 중 고무 재질로 만든 강아지 장난감은 지우개로 쓸 수 있는 물건이었다. 연필로 쓴 답을 지우려고 하면 답을 지우고 수정할 수 있었다. 즉, 이 실험에서 진짜 알고 싶었던 것은 과연 몇 명이나 강아지 장난감을 지우개로 사용할 수 있느냐였다. 그 결과, 강아지 장난감이라고 단정적인 설명을 들은 1조에서는 12명 가운데 1명만이 지우개로 사용했다. 반면 강아지 장난감일 수도 있다고 여지를 둔 설명을 들은 2조에서는 12명 중 6명이 지우개로 사용해 답을 고쳤다. 이 실험이 주는 메시지는 간단하면서도 강하다.

정답이 있다고 믿으면 생각을 일정한 틀에 가두고 사고의 확장이 되지 않는다는 것이다. 상상력이 생길 여지를 주지 않는다. 정답 외에 다른 방식으로 생각이 뻗어 나갈 수 없다는 것이다. 이것이 바로 '정답의 역설(paradox)'이다. 상상력과 융합을 필요로 하는 4차 산업혁명의 소용돌이 속에서 정답만을 찾는 교육의 폐해는 생각만 해도 끔찍하다.

대학 총장으로 와서 학생들 스스로가 자기가 하고 싶은 일을 찾는 도전과 시도를 용감하게 할 수 있는 방법을 고민했다. 그래서 만든 것이 바로 '파란학기'다. 파란학기는 아주대학교가 만든 도전학기다. 대한민국 대학으로는 처음 하는 시도였다. 파란학기라는 이름은 아주대의 상징인 '아주블루' 컬러에서 따왔는데, 알을 깬다는 의미인 '파란(破卵)'과 우리 대학사회에 '파란(波瀾)'을 일으키자는 의미가 함께 담겨져 있다.

학생 스스로의 주도하에 하고 싶은 공부나 활동을 중심으로 도전과제를 설계하고, 학교로부터 승인을 받으면 과목으로 만들어지면서 학점을 받는 제도다. 과목은 한 학기에 적게는 3학점부터 많게는 18학점까지로 구성할 수 있고, 한 학기에 9학점 이상의 도전학점을 따면 학교에서는 '파란학기'로 인정한다.

파란학기에 도전하려는 학생들은 원하는 경우 첫 단계로 컨설팅을 받는다. 학생들의 이야기를 들어주고 가급적 학교가 제시하는 조건들을 충족시켜 파란학기에 참여할 수 있도록 도와준다. 학생들이 자기가 하고 싶은 공부나 활동 계획을 제출하면 학교는 자기 주도성과 창의성 그리고 교육적 가치와 성과 등을 기준으로 평가해서 파란학기 인정 여부를 결정해준다. 제안은 개인이 할 수도 있고 팀을 구성해 할 수도 있다. 가장 중요한 것은 자기 주도성과 창의성이다. 기왕에 있는 과목으로 할 수 있는 내용이라든지 자격증이나 특정 스펙을 쌓기 위한 시험 준비 같은 내용은 거부될 가능성이 높다. 또 교육적 가치와 성과도 중요하다. 하고 싶은 것을 한다고 해서 개인적인 취미활동이나 비교과과정 또는 동아리 활동으로 할 수 있는 것들을 과목으로 인정해줄 수는 없다. 선정 과정에서 지도교수를 지정하고 만약 학교 내에 마땅한 지도교수가 없다면 외부에서 구해주려고까지 했다.

선정된 학생들에게는 학교에서 일정액의 장학금을 지급하도록 했다. 또한 엄격한 학사관리를 위해 매주 학습과 수행내용에 대한 보고서를 작성하도록 했다. '내가 만드는 나만의 대학'이라는 슬로건을 붙인 첫 해 파란학기에서는 모두 42개 주제로 120명이 참가했다. 전에 없던 42개의 과목이 신설된 것이다. 42개 주제 중에는 교수들이 생각하지 못한 내용들도 있었고, 여러 분야 간 융합을 필요로 하는 것도 많았다. 과목들을 크게 5개 그룹으로 나누어 관리했는데 이들은 국제화, 취창업/발명, 사회봉사, 인문예술 그리고 방송/여행/요리였다. 참고로 옆의 표는 분야별로 첫 학기에 만들어진 과목이다.

파란학기에 참여한 학생들 중에는 자기가 하고 싶어 하는 일을 하기 위해 휴학 또는 자퇴를 하려고 했던 학생들도 있었다. 그런 생각을 하던 중 파란학기제가 생겨 자기가 하고 싶은 일을 학점으로 인정받는 길이 생겼다며 너무들 좋아했다. 어떤 학생은 군 입대를 미루고 참여하겠다고 했고, 어떤 졸업생은 파란학기에 참여하기 위해 다시 학교에 돌아오고 싶다는 이야기를 하기도 했다. 과제를 수행하는 과정에서 얻은 것도 많았다. 국제 학생 포뮬러 자동차 대회에 출품하는 것을 목표로 하는 팀은 600cc 오토바이 엔진을 탑재한 자동차의 설계에서부터 직접 제작까

국제화	• 캄보디아 프놈펜 내 중소기업과 연계를 통한 의류 산업 시스템 구성 • 동남아시아 취·창업 프로그램 • 해외기업 체험 프로그램(무인자동차 차량설계 및 주행평가)
취·창업/발명	• 국내 및 해외 학생 포뮬러 참가를 위한 600cc Formula 차량 설계 및 제작 • 우리만의 모바일 웹 서비스 개발, 웹앱으로 출시 • 3인 소규모 인디 게임 제작 및 출시 및 창업 • 틸트로더를 이용한 고정익 드론의 설계 및 제작 • 대상물 추적 및 감시 모니터링을 위한 협업 기반의 다중 드론 알고리즘 제안 • 게임 '로보토미'의 데모버전 완성 및 출시 • 3D 프린팅을 활용한 기술기반 하드웨어 창업 • 3-하이드록시 프로판산 생산을 위한 바이오촉매 개발 • 디자이너 패션브랜드 제작 및 런칭
사회봉사	• 스펙을 넘어 통섭(統攝)형 인재로 거듭나기 • 농아인을 대상으로 수화를 활용한 봉사활동 및 학습지원
인문예술	• 빛샘 : 빛이 샘솟다 • 단편 영화 제작 및 해외 영화제 출품 • 아주 위대한 고전 읽기 • 영상취재 및 다큐멘터리 영화제 출품(360 VR 영상 활용) • 드라마 두 편과 단편 영상 제작 및 페이스북 영상 페이지 운영
방송/요리/여행	• 남도 답사: 남도의 봄 프로젝트 • 미국 건축 답사기 책 만들기 • 5대양 6대륙: 요리를 통한 문화 이해

지 하는 데 많은 비용을 필요로 했다. 학교에서 주는 장학금만으로는 부족해서 자동차 제조회사를 찾아가 과제 발표를 하고 경비 일부를 지원받기도 했다. 일부 팀들은 파란학기제 파트너 기업으로 참여한 기업으로부터 도전성을 인정받아 지원을 받기도 했다. 이런 과정 자체가 학생들에게는 산 공부였다.

파란학기를 마친 학생들에 대한 성과기록에도 많은 신경을 썼다. 성적표에는 학생이 자기 주도적으로 도전한 공부와 경험, 성과를 상세하게 기술하기로 했다. 단순히 과목명과 학점만 적는 것이 아니라, 도전과제, 지도교수, 도전성과를 본(本) 성적표에 기술했다. 성적표 하단에는 다음과 같은 설명 문구를 적었다. "파란학기제는 학생 스스로 자신만의 도전과제를 직접 설계하고 그 활동을 학점으로 인정받는 아주대학교의 도전학기제임."

그리고는 별첨으로 '파란학기(아주도전) 활동증명서'를 첨부한다. 이 활동증명서에는 좀 더 상세하게 도전목표, 도전수행내용, 도전성과, 지도교수 추가의견을 적은 뒤 학교의 공식 서류로 작성토록 했다. 나중에 그 어떤 추천서보다도 강력한 추천서가 될 것으로 믿는다.

지난 세 학기 동안 100개 넘는 새 과목이 만들어졌다. 파란학기에 참여하는 학생들을 보면서 많은 것을 느꼈다. 옆에서 지켜본 교수나 직원들도 많은 교훈을 얻었다고 한다. 공통적으로 느낀 교훈이 주는 시사점도 제법 컸다.

학생들이 잘할까 걱정하지 마라. 믿고 맡겨라. 믿을수록 오히려 책임감 느낀다. 신뢰를 배반하지 않고 듬직하게 잘 해낸다.
학생들의 시행착오와 실패를 장려하라. 오히려 그 속에서 더 많이 배우고 성장한다.
좋은 뜻으로라도 학생들 생각을 제약하거나 내 생각을 강요하지 마라. 학생들 생각이 교수나 직원들 생각을 뛰어넘는다.

파란학기를 마치며 학기마다 성과발표회를 가졌다. 해외 등에서 과제를 수행 중인 일부 팀들을 제외하고는 대부분의 팀이 발표할 기회를 가졌다. 참여한 학생들이 공통적으로 하는 이야기가 있었다. 파란학기를 수행하면서 같은 학점의 정규과목을 수강하는 것보다 세 배 정도의 시간을 투자했다는 것이다. 그러면서도 모두들 즐거워했고 스스로 뿌듯해했다. 늦게까지 과제를 수행하고 때로는 밤을 새워가면서 한 것도 좋았다고 했다. 자기가 하고 싶은 것을 찾아 했기 때문이다. 과제수행 내용을 전시한 것과 발표를 본 교수와 학생들이 우선 놀랐다. 한결같은 반응이었다. "당초 걱정이 많았는데 우리 학생들 대단하다. 믿어도 되겠다."

성과발표회에는 다른 대학 관계자들도 초청을 했다. 파란학기의 취지가 확산됐으면 하는 바람에서였다. 뜻을 같이 하는 대학의 학생들이 하고 싶은 공부나 활동을 공동과목으로 만들어 상호교차학점을 줄 수도 있을 것이다. 참여 대학 중에서 가장 전문성이 있는 교수나 여러 교수들이 합동으로 지도교수가 되어도 좋을 것이다. 참석자들은 모두들 놀라는 표정이었다. 모 대학 학생처장은 "믿을 수 없다. 어떻게 이렇게 할 수가 있나."는 반응을 보이기도 했다.

여러 언론에서 파란학기에 관심을 표명했고 취재를 했다. 주요 일간지 사회면 머리기사로 실리기도 했고, YTN에서는 30분짜리 특집을 만든 방송을 하기도 했다. 기자들이 많이 물어본 질문 중 하나는 "파란학기를 통해 학생들에게 기대하는 것이 무엇입니까?"였다. 나는 학생들이 하고 싶은 일이 무엇인지 찾는 시도를 용감하게 하는 과정에서 여러 시행착오와 실패를 경험했으면 좋겠다고 했다. 뜻밖의 대답이었는지 기자가 되물었다. "시행착오와 실패라고요?" 그렇다. 인생에서 가장 힘든 일 중의 하나는 자기가 진정으로 하고 싶은 일을 찾는 것이다. 그렇게 찾은 일도 시간이 지나면서 자연스럽게 바뀌기도 한다. 파란학기를 통해 자기가 하고 싶은 일을 찾아도 좋지만, 그보다는 많은 시행착오를 겪는 것이 도움이 되리라는 것이 내 생각이다. 그리고 덧붙였다.

> 잔잔한 바다는 훌륭한 뱃사공을 만들지 못한다는 영국 속담이 있다고 합니다. 나는 우리 학생들이 잔잔한 바다가 아니라 파도치는 험한 바다에서 노 젓는 훈련을 받기를 원합니다. 높은 파도 속에서 옷도 적시고 짠물을 먹을 때도 있고 때로는 바다에 빠지기도 하겠지요. 학교에 있는 동안 바다에 빠지면 우리가 다 건져줄 테니 걱정하지 말고 나가서 노를 저으라고 합니다.

청년들이 하고 싶은 것을 찾는 도전과 시도를 용감하게 하게끔 기회를 주어야 한다. 그러기 위해서는 사회가 각별한 노력을 해야 한다. 정해진 길, 좁은 차선의 트랙으로 젊은이들을 내몰아서는 안 된다. 파도치는 바다에 빠지는 것을 걱정하지 않게 해주어야 한다. 젊은 시절 바다에 빠지면 건져주겠다는 믿음을 주고 파도치는 바다에서 모험을 하게 만들어야 한다. 젊은이들이 용감하게 도전할 수 있는 생태계를 만들어줘야 한다. 시행착오와 실패를 장려하고 넘어지면 일어날 수 있는 청년 생태계를 만들어줘야 한다.

지금의 교육 생태계, 청년 생태계로는 안 된다. 미래학자 토머스 프레이(Thomas Frey)는 3개월 단위로 배우는 과정을 만드는 '마이크로(Micro) 대학'을 설립해야 한다고 주장한다. 그만큼 지식 사이클이 짧아지고 있다는 것이다. 마이크로 대학이 해법인지는 모르겠으나 프레이의 문제의식에는 한 표를 던진다. 이제 판을 완전히 바꾸어야 한다. 젊은 이들이 용감하게 도전하고 몸으로 체험하면서 자신에 맞는 차선(車線)을 찾아가고 바꾸는 시도를 하게끔 우리 생태계를 완전히 새롭게 만들어야 한다. 나아가 학교를 졸업하고도 '내 인생의 파란학기'를 만드는 시도를 사회에서도 할 수 있도록 우리 경제, 사회 생태계도 바꿔야 한다. 파란학기는 이를 위한 작은 시도의 하나다.

내가 낸 문제를 푸는 법

스티브 잡스의 스탠퍼드 대학 졸업식 연설을 보면 그의 인생에서 가장 중요했던 두 번의 고비가 나온다. 특히 내 관심을 끈 것은 두 고비가 전혀 다른 성격을 띠고 있다는 점이다. 하나는 전혀 원하지 않았지만 잡스에게 '주어진 상황'이었고, 다른 하나는 잡스가 스스로 원해서 '만든 상황'이다. 앞의 사례는 바깥에서 주어진 자극이었고, 뒤의 것은 자신의 내적 동기로 인해 스스로에게 자극을 준 것이다.

첫 번째 사례는 자신이 창업해 큰 성공을 거둔 애플사에서 쫓겨난 이야기다. 스티브 잡스는 스무 살에 차고에서 시작한 애플사를 10년 만에 20억 불 가치의 회사로 성장시키지만 자신이 영입한 전문경영자에 의해 쫓겨난다. 서른 살 잡스 인생에서 가장 큰 시련이었다. 참담한 심정과 충격으로 삶의 목표와 초점을 잃어버린다. 몇 개월 동안 아무것도 하지 못한다. 실리콘밸리에서 도망치고 싶었다고 술회하기도 한다.

그러나 그의 마음속에서 뭔가 천천히 다시 일어나기 시작했다. 여전히 하고 싶은 일에 대한 절실함이 있었다. 그래서 다시 시작하기로 결심한다. 그 후 NeXT 컴퓨터를 창업하고 12년 만에 애플의 CEO로 복귀한다. 4년 뒤에는 아이팟을, 6년 뒤에는 아이폰을, 그리고 3년 뒤에는 아이패드를 출시하는 혁신과 성공을 거듭한다. 스탠퍼드 연설에서 잡스는 그 해고가 없었다면 이런 일이 일어나지 않았을 것이라고 한다. 해고당한 것이 '자기 인생에서 최고의 사건(best thing)'이었다고까지 말한다. 다시 시작하는 초심자의 부담 없는 마음이 생겼으며 자기 인생에서 가장 창의력을 발휘할 수 있는 상태로 되돌아가게 했다는 것이다.

인생에서의 역경과 어려움은 대체로 자기의 의도와 상관없이 주어진다. '주어지는 상황'이다. 형태는 사람마다 다르지만 인생을 살면서 누구나가 받아드는 '남이 낸 문제'다. 그러나 어떤 사람들은 '주어지는 상황'에 맞서는 것에서 더 나아가, 어려움을 스스로 만들기도 한다. 힘든 줄 알면서도 새로운 일에 도전하거나 그동안 해왔던 방식을 거부하고 새 방식을 찾는 것이다. 스스로 '상황을 만드는 것'이다. 그렇게 하지 않아도 되는데 위험부담을 무릅쓰고 부딪치고 도전하는 상황을 만드는 것이다. 자신의 내적 동기에 의해 자극을 만드는 것이다.

잡스의 두 번째 사례가 좋은 예다. 잡스는 대학 1학년을 다니다 학교를 그만두겠다는 결정을 한다. 잡스의 대학 진학에는 긴 사연이 있다.

잡스의 생모인 조앤은 미혼의 대학생이었는데 결혼을 반대하는 부모 때문에 잡스를 출산하고는 다른 집에 입양시키기로 결심한다. 그런데 입양을 희망하는 부부가 모두 대학을 나오지 않았다는 이유로 조앤은 입양을 거부한다. 잡스의 양부모가 잡스를 대학에 보내겠다는 각서에 사인을 하고서야 입양시키는 데 동의한다. 고등학교 때 사고뭉치였던 잡스는 처음에는 대학을 가지 않겠다고 고집하지만, 이런 스토리를 알고서 마음을 바꿔 미국 오레곤 주에 있는 리드 대학(Reed College) 철학과에 입학한다. 그러나 대학 들어간 지 한 학기 만에 잡스는 학교를 그만두겠다는 결정을 한다. 듣고 싶은 과목이 아닌 필수과목을 반드시 이수해야 한다는 학교 규정에 대한 반감과 그런 공부를 위해 부모가 고생해서 힘들게 비싼 학비를 내는 것이 싫었던 것이다.

내 인생에서 내가 하고 싶은 일이 무엇인지, 그리고 대학이 이 의문에 어떻게 해답을 줄지 알지 못했습니다.

스탠퍼드 연설에서 잡스가 한 이야기다. 대학을 그만두고는 힘든 생활을 한다. 잘 곳이 없어 친구들 집 방바닥에서 잠을 자고 콜라병을 모아 식비를 충당하기도 한다. 그러나 잡스는 학교를 그만두고 자신의 호기심과 직관을 따라가다가 부딪힌 많은 것들이 나중에 값으로 매길 수 없는 가치들로 나타났다고 했다. 예컨대 당시 자퇴를 했지만 흥미를 느껴 청강으로 들었던 서체학(書體學, calligraphy)은 10년 뒤 잡스가 매킨토시 컴퓨터를 디자인할 때 결정적인 도움을 준다. 자신의 대학 중퇴 결정에 대해서는 "그 당시 너무 두려웠지만, 돌이켜보면 제 인생에서 내린 가장 훌륭한 결정 중 하나였습니다(one of the best decisions I've ever made)."라고 술회한다. 두 번의 고비에서 잡스는 다른 길을 택할 수도 있었다. 애플에서 쫓겨나고는 낙담해 주저앉거나 새로운 창업에 도전하지 않고 안주할 수도 있었다. 대학을 도중에 그만두지 않고 학교 방침대로 따라 해서 졸업장을 손에 쥘 수도 있었다. 그러나 잡스는 인생의 고비에서 자기가 할 수 있는 가장 적극적인 대처의 길을 택한 것이다.

절실함은 스피드 건에 찍히지 않는다

'자신에 대한 반란'을 성공시키는 승부수는 무엇일까? 주어진 상황이 아니라 자기가 스스로 '만든 상황'에서 성공하는 비결은 무엇일까? 남이 낸 문제가 아니라 '내가 낸 문제'를 푸는 방법은 무엇일까? 큰 승부처에서 내 인생의 승부수는 무엇일까?

절실함

미국 프로야구 애틀랜타 브레이브스(Atlanta Braves) 팀이 한창 전성기 때 세 명의 대단한 선발 투수를 갖고 있었다. 그중 톰 글래빈(Thomas Glavine)은 강속구로 삼진을 뽑아내는 두 선수와는 달리 평균구속 145km에 불과한 선수였다. 그렇지만 바깥쪽 꽉 찬 직구를 코너에 꽂아

넣기도 하고, 스트라이크존 구석에서 조금씩 흔들어주는 유인구를 사용해 타자들을 요리했다. 1989년부터 2002년까지 13년 연속 두 자리 승을 올렸고 다섯 시즌에서 20승 이상을 올렸다. 통산 300승 이상을 거둔 역대 24명의 투수 중 한 명이며 최우수 투수에게 주는 사이영(Cy Young) 상도 두 차례나 수상했다. 가히 90년대 최고의 투수 중 한 명이다. 구속이 그렇게 빠르지도 않았던 글래빈이 대투수가 된 비결은 도대체 무엇일까? 그가 한 유명한 말이 단초를 제공한다.

절실함은 스피드 건에 찍히지 않는다.(You can't measure heart with a radar-gun)

그가 쓴 단어 중 'heart'를 대개는 '열정'이라고 번역했지만 나는 '절실함'이라고 옮기고 싶다. 인생의 승부처에서 띄울 첫 번째 승부수는 바로 절실함이다. 우리 주위에서 흔히 보는 일 하나. 공부가 짧고 나이든 가게 주인과 그 가게에서 아르바이트로 일하는 젊은 대학생 중 누가 더 상품정보를 꿰고 있을까? 아마도 주인일 것이다. 절실함이 크기 때문이다. 절실함의 정도가 일에 대한 태도와 성(誠)을 결정한다. 열정과 의지, 심지어는 기억력 수준까지 좌우한다. "누구보다도 절실한 사람이 성공할 가능성이 가장 높은 사람이다." 지금의 빌 게이츠나 워런 버핏보다 훨씬 부자였던 록펠러의 말이다. 성공한 사람에게는 절실함이란 공통점이 있다. 똑똑한 사람은 부지런한 사람을 이기지 못하고, 부지런한 사람은 즐기는 사람을 이기지 못한다고 한다. 그러나 똑똑한 사람도, 부지런한 사람도, 즐기는 사람도 이기지 못하는 사람이 바로 절실한 마음을 갖고 있는 사람이다.

한니발 장군은 인류 역사상 가장 강성한 제국이었던 로마를 풍전등화의 위기로 몰고 간다. 기원전 218년 알프스를 넘어 로마를 침공해 첫 전투에 출전한 로마군 절반인 2만 명을 몰살시키고, 칸나에 전투에서는 로마의 행정수반인 집정관을 포함 5만 명을 전사시킴으로써 로마를 궤멸 직전까지 몰고 간다. 한니발과의 전쟁 이후 로마 여인들은 "한니발이 바로 문 앞에 있다(Hannibal ad portas)."는 말로 우는 아이를 달랬다고 한다. 한니발은 자기의 모든 것을 바쳐 로마를 멸망시키려 한다. 단순히 영토의 확장이나 지중해에서의 제해권을 얻기 위해서였을까? 그것만은 아니다. 한니발의 로마 침공 20여 년 전 제1차 포에니 전쟁에 답이 있다. 그 전쟁에서 카르타고는 로마에 패전하는데 당시 카르타고 군사령관이었던 하밀카르 바르카(Hamilcar Barca)는 아홉 살 된 아들을 신전에 데리고 가 복수의 맹세를 시킨다. 아버지의 절실함까지 얹어 절치부심한 어린 소년이 바로 훗날의 한니발이다. 한니발의 집념에는 대를 이은 절실함이 있었던 것이다.

자기 자신에 대한 반란을 일으키려는 사람은 마음속에 절실함이 있어야 한다. 많은 경우 외적인 결핍에서 오는 자극이 내적 동기와 결합돼서 절실함을 만든다. 어떤 사람들은 그런 내적 자극을 '꿈'이라고 부르기도 한다. 내적 자극에서 나온 절실함을 실천에 옮기면서 겪는 수많은 시행착오를 통해 얻는 깨달음을 통해 절실함도, 자기 자신도 함께 커진다.

그러면서 자신에 대한 반란을 성공시키는 필요조건들이 점차 충족되어
간다.

끈기

인생 승부처에서의 두 번째 승부수는 끈기다. 포기하지 않고 꾸준히
하는 노력이다. 인생의 승부처에서 이기기 위해서는 절실함에 더해 끈
기라는 필요조건이 하나 더 필요하다. 얼마만큼 해야 하는지, 그 노력
의 끝자락에 어떤 보상이 올지에 대한 아무런 확신도 없이 오랜 기간 자
신을 바치는 노력이다. 그런 끈기가 필수조건이다. 성공한 사람치고 끈
기로 자신과 주위를 감동시키지 않은 사람이 있었던가. 대하소설《태백
산맥》을 쓴 조정래 작가도 비슷한 이야기를 했다.

> 최선을 다했다는 말을 함부로 쓰지 마라. 최선이란 자기 노력이
> 스스로를 감동시킬 수 있을 때 비로소 쓸 수 있는 말이다.

탁월한 성취 뒤에는 끈기 있게 버티는 힘이 항상 있게 마련이다. 미
켈란젤로는 그의 걸작 '최후의 심판'을 완성시키는 데 8년이 걸렸다. 레
오나르도 다빈치는 '최후의 만찬'을 10년간 그렸는데 때로는 일에 열중
한 나머지 하루 종일 식사하는 것을 잊기도 했다. 헤밍웨이는 《노인과
바다》원고를 80번을 되풀이해서 읽었다. 모차르트의 초기 작품은 대단
하지 않으나 걸작으로 평가받는 '9번 협주곡'은 협주곡을 만들기 시작한

지 10년 뒤 만들어진 것이다.

자신이 열정을 바치려는 일에 오랫동안 미치는 것이 중요하다. 짧은 시간의 열정은 의미가 없다. 오랜 기간 자신을 바치는 끈기가 필요하다. 10년 정도 미치면 어떨까 하는 생각을 해본다.

최근 LPGA 대회에서 두 번에 한 번꼴로 우리 선수들이 우승컵을 거머쥔다. 대부분의 선수들이 소위 '박세리 키즈(kids)'들이다. 박세리 선수가 10년 전 한국 선수로는 처음으로 LPGA에서 우승하는 것을 보고 제2의 박세리가 되는 것을 꿈꾼 선수들이다. 그러니 아마도 10년의 기간 동안 끈기 있게 투자한 선수들일 것이라는 추측이 나온다.

미국 30대 대통령 캘빈 쿨리지(Calvin Coolidge)는 역대 대통령 중 가장 과묵한 대통령이었다. 어느 날 정부의 주요 요인 부부동반 연회에서 한 장관 부인이 쿨리지에게 이야기했다. "다른 분과 내기를 했는데 대통령께서 세 단어 이상 이야기하면 제가 이깁니다. 저 좀 도와주실 거죠?" 쿨리지는 단 두 마디를 했다고 한다. "부인이 졌군요(You lose)." 그 과묵한 쿨리지 대통령이 끈기에 대해서는 이렇게 길게 말했다.

이 세상에 끈기를 대신할 수 있는 것은 아무것도 없다. 재능도 안 된다. 세상에서 가장 흔한 것이 재능을 갖고도 성공하지 못한 사람들의 이야기다. 천재성도 안 된다. 꽃 피우지 못한 천재란 속담도 있지 않은가. 교육도 안 된다. 이 세상은 교육받은 실패자로 넘칠 지경이다. 끈기와 결단력이야말로 모든 것을 가능하게 하는 비결이다.

누구에게나 인생의 고비가 있다. 자기 인생의 물줄기를 크게 바꾸는 분수령들이다. 그중에는 자신도 어떻게 할 수 없는 고비가 있는 반면, 의도적으로 만든 고비들도 있다. 많은 경우 내가 만든 고비가 더 중요하다. 남이 낸 문제보다 내가 낸 문제가 더 중요한 것이다. 외부로부터가 아닌 내적 동기에 의한 자극이다. 대부분의 경우 내가 낸 문제에 대한 답을 찾는 것이 남이 낸 문제 답 찾기보다 더 어렵다. 그렇기 때문에 내가 낸 문제에 정면으로 부딪치는 것은 두려운 실험이다. 그러나 더 크기 위해서는, 한층 더 성숙하기 위해서는 내가 낸 문제를 푸는 것이 중요하다. 첫걸음은 내면 깊숙한 곳에서 나오는 소리에 따라 내가 풀고 싶은 문제가 무엇인지 아는 것이다. 인생의 승부처는 '주어진 상황'에 대처해 열심히 살았던 때가 아니라 내가 '상황을 만들어 부딪친 때'다. 그리고 그 승부처에서 '절실함'과 '끈기'와 같은 승부수를 갖느냐에 따라 인생과 운명이 바뀐다.

마음의 근력(筋力)

맑게 갠 날도 있지만 비 오는 날도 있다. 가랑비 오는 날이 있는가 하면 소나기나 폭우가 내리는 날도 있다. 삶도 그렇다. 인생길에서 비 오는 날씨는 언제든 만날 수 있다. 힘든 일, 어려운 일들이 늘 기다리고 있다. 정의(定義)상으로라도, 무엇인가를 뒤집는 '반란'의 길은 순탄할 리가 없다. 지나고 보면 축복으로 느껴질 어려움도 때로는 있지만, 겪을 당시에는 고통스럽기 마련이다. 힘을 쓸 몸을 만들기 위해서 근육을 키우는 운동을 하듯이, 단단한 마음을 만들기 위해 '마음의 근력'을 키우는 훈련을 해야 한다. 젊었을 때부터 의식적으로 마음의 근육을 키우는 것이다. 인생길에서 내릴 온갖 형태의 비에 대비하는 예방주사다. 찬바람 불면 독감예방주사를 맞기도 하는데, 마음의 근력을 키우는 예방주사를 맞지 못할 것도 없다. 마음의 근육을 키우는 훈련, 온갖 비에 대비하는 예방주사로 권하고 싶은 방법들이 있다.

우선, 자발적 불편 프로그램을 만들어보라. 내가 만든 어려운 상황에 스스로 빠져보는 것이다. 스탠퍼드 대학 심리학자 월터 미셸이 한 '마시멜로 실험'은 좋은 시사점을 준다. 네 살짜리 어린이들에게 마시멜로를 주면서 안 먹고 15분을 참으면 한 개 더 준다고 했다. 어린이들에게는 인내를 넘어 고문에 가까운 상황이었으리라. 마시멜로를 바로 먹은 어린이와 먹지 않고 참은 어린이들을 10년 뒤 비교했더니 참은 어린이들이 여러 면에서 성공했다는 결론이다. 예를 들어 두 그룹의 SAT 성적이 210점이나 차이가 났다고 한다. 마시멜로를 먹지 않고 참는 것은 네 살짜리 어린이들에게는 몹시 불편한 상황일 것이다. 만약 그런 불편함을 견디고 인내하는 사람들이 성공할 가능성이 크다면, 스스로 그런 불편함 속에 자기를 빠뜨리는 훈련을 해보는 것은 어떨까 하는 생각을 해본다. 일종의 예방 접종인 것이다.

일주일에 하루는 휴대폰의 전원을 꺼놓으면 어떨까. 아예 친구들에게 "매주 수요일에는 휴대폰을 사용하지 않기로 했어."라고 선언하고 실천에 옮기면 어떨까. 일정 기간 SNS를 탈퇴하면 어떨까. 한 달이나 한 학기 정도 TV를 끊으면 어떨까. 일주일에 하루는 하얀 거짓말도, 자기 자랑도 일체 하지 않는 날을 정하면 어떨까. 다른 친구들이 다 사용하더라도 욕을 하지 않겠다고 결심하고 실천에 옮기면 어떨까. 담배를 피운다면 아예 끊는 시도를 하면 어떨까. 한 달에 하루는 봉사활동을 하면 어떨까. 한 학기에 한 번 정도는 남들이 귀찮아하는 학교나 동아리 행사 오가나이저(organizer) 역할을 자임해서 하면 어떨까. 친구들이 꺼려하는 뒷정리나 음료수 배달, 귀찮은 심부름 제일 먼저 하겠다고 나서면 어떨까.

즐겁지 않은 일에 부딪쳐보고 인내하며 하는 노력은 생각보다 소중하다. 고스톱이나 컴퓨터 게임 같은 것은 처음부터 재미를 붙일 수는 있다. 그러나 가치와 내용이 있는 일은 반드시 우리에게 희생과 인내를 요구한다. 그 희생과 인내 뒤에 숨어 있는 참 보람이 언젠가 모습을 드러낸다. 그때야 비로소 즐길 수 있게 되고 성취감과 보람을 느끼게 된다. 그리고 다음 단계인, 더 큰 즐거움으로 도약할 수 있는 준비를 할 수 있게 된다. 그러니 주저하지 말고 그 희생에 우리 몸을 맡기고 그 인내에 마음을 실어야 한다.

다음으로 가끔의 일탈(逸脫)을 권한다. 영어나 프랑스어에서 일탈은 'deviance'다. 길(via)을 벗어난다(de: away)는 의미다. 가던 길에서 벗어나는 일탈을 하는 것이다. 꿈도, 열정도 좋지만 잠시 다른 길로도 가보라는 권고다. 젊은 시절 시간에 쫓기면서 공부한 적이 있었다. 직장과 야간대학을 다니며 고시공부를 할 때다. 너무도 시간이 부족했기 때문에 내 시간 확보가 지상과제였다. 그런 상황에서 내게 아무도 모르는 비밀이 하나 있었다. 시험이 임박한 것과 같이 아주 특별한 경우를 빼고는, 일주일에 하루는 손에서 책을 내려놓은 것이다. 미리 정한 특정한 요일의 그날은 공부를 하지 않았다. 그런 결심을 하게 된 동기는 그렇게 하지 않으면 꽉 짜인 틀에서 긴 기간 지속적으로 할 수 없을 것 같아서였다. 그런데 나중에 보니 그 일탈이 오히려 공부에 도움이 됐다.

일탈은 여러 면에서 긍정적인 영향을 준다. 우선 지금 가고 있는 길에서 나를 잠시 해방시켜주면서 활력을 불어넣어준다. 그 전에는 생각하지 못했던 방향으로 머리를 쓰는 기회를 주기도 한다. 상상력을 키워주면서 아이디어가 나오게 한다. 또한 판단력을 향상시켜주고 소신을 갖게 해준다. 일탈은 이제까지 해왔던 일상적인 것이 아닌 새로운 의사결정이다. 새 의사결정의 경험과 그 결정에 대한 결과를 체험하면서 다른 복잡한 상황에서 응용할 수 있는 직관을 갖게 해준다. 가던 길에 천착해 그 일에만 집중하는 것도 꼭 좋은 것은 아니다. 일상에서 잠시 벗어나 다른 것도 둘러보기를 권한다. 지금 가고 있는 길, 앞으로 갈 길에 대해 몇 발짝 떨어져서 보기를 권한다.

일탈은 원래 가던 길로 돌아갈 수 있다는 자신과 의지를 전제로 한다. 그런 자신감과 의지를 늘 시험한다는 측면에서 일탈이 삶의 '예방주사'가 되는 것이다. 끊임없이 자기 훈련을 하는 것이다. 가끔은 가던 길에서의 작은 일탈이 아니라 삶의 궤적을 바꾸는 큰 일탈도 있을 수 있다. 그런 큰 일탈의 용기는 작은 일탈의 경험들이 모여 가능하게 한다.

마지막으로, 어려운 의사결정을 스스로 해보라. 스스로 하는 의사결정을 강조했는데 거기서 한 걸음 더 나아가본다. 의사결정 중에서도 하기 싫은 불편한 결정을 하는 경험을 쌓기를 권한다. 총장으로 온 뒤 학생들과의 대화를 위해 만든 브라운 백 미팅에서 어느 날 공대 학생이 내 의견을 물어봤다. 교환학생으로 외국 대학을 다녀오고 싶은데 공학인증제 때문에 교과과정이 너무 빡빡해 도저히 한 학기 시간을 내기가 어렵다면서 도움말을 달라는 것이었다. 그런 문제로 고민한다는 것 자체가 열심히 무엇인가를 해보겠다는 의지가 있다는 증거여서 기분이 좋았다. 그 학생의 꿈이나 처한 상황, 성격 등을 자세히 알지 못하기 때문에 조심스럽다는 전제를 하고 내 의견을 얘기해주었다. 자기 내면 깊숙한 곳에서 나오는 소리를 들어보라고. 착실히 과정을 따르는 것인지, 일탈을 하는 것인지. 그리고 그 소리에 따르면 좋겠다고. 너무 많은 것을 재지 말라고. 고민은 빡세게 하되 결정은 스스로 하라고. 확신이 선다면 하기 힘든 불편한 결정을 하는 경험도 좋을 것 같다고.

〈뉴욕타임스〉는 오바마 대통령의 딸 말리아가 "부모에게 반항을 했다."는 기사를 쓴 적이 있다. 여러 대학으로부터 입학 허가를 받은 말리아에게 오바마와 미셸이 이름과 평판에 따라 학교를 선택하지 말라는 조언을 해줬음에도 하버드를 택했기 때문이다. 그 결정에 이어 말리아는 대학 진학을 1년 미루고 갭 이어(Gap Year)를 갖겠다고 선언한다. 갭 이어는 학업을 중단하고 다양한 활동을 직접 체험하면서 자신의 앞으로 나아갈 방향을 설정하는 기간을 의미한다. 대통령의 딸이 명문대와 갭 이어의 길을 선택하는 것이 불편한 의사결정처럼 보이지 않을 수도 있다. 그러나 많은 선택지 중에서 특히 부모 의견과 다른 결정을 고등학교 졸업반 학생이 내린다는 것은 쉬운 일만은 아니었을 것이다.

불편한 결정을 하기 위해서는 작은 일부터 자기 스스로 의사결정을 하는 훈련을 해야 한다. 혼자나 여럿이 하는 중요하지 않은 결정에서부터 주도적으로 의사결정을 하는 경험을 많이 하는 것이다. 친구들과 식사 메뉴를 정할 때, 받거나 줄 선물 정할 때, 시간 약속 정할 때 등등 여러 경우에서 먼저 정하라. 그리고 그 의사결정으로 돌아오는 책임을 온전히 자기가 지는 훈련을 하는 것이다. 남에게 결정을 미루는 것은 결정으로부터 오는 책임을 회피하고 싶다는 뜻이다. 주도적으로 결정하고 돌아오는 책임을 오롯이 지는 경험을 축적하면서 자기 직관을 기르는 것이다. 작은 결정부터 시작해 큰 의사결정으로 옮겨가도록 한다. 어차피 인생은 의사결정의 연속이다. 내게 영향을 미치는 결정을 남에게 맡기지 않는 것이다. 부모에게라도 말이다.

마지막 이야기는 닉슨 대통령의 이야기로 시작해보자. 탄핵 위기에 몰려 떠밀리다시피 대통령직을 사임한 닉슨은 나중에 자기가 쓴 책《아레나에서(In the Arena)》에서 이런 이야기를 했다. 관광차 그랜드 캐니언을 갔는데 위에서 내려다본 전망도 아름다웠지만, 맨 밑바닥까지 내려가 보니 그곳 경치도 위에서 본 것 못지않게 아름답더라고. 정상의 자리에 있다가 워터게이트 사건으로 나락으로 떨어진 뒤 깨달은 소회를 은유적으로 표현한 것이다.

심리학자들은 힘든 일로 인해 나락으로 떨어졌다가 강한 회복탄력성(resilience)으로 튀어 오르는 사람들은 원래 있던 위치보다 더 높이 올라간다고 말한다. 세계 밑으로 떨어졌을 때 고무공이나 농구공처럼 강하게 튀어 오르는 사람이 있는가 하면, 당구공이나 볼링공처럼 거의 튀어 오르지 못하는 사람도 있다. 심지어는 유리 공처럼 떨어져 깨져버리는 사람도 있다. 학자들은 회복탄력성을 키우기 위해서 중요한 요소 중 하나로 자기조절능력을 꼽고 있다. 힘든 상황에서도 자기의 감정과 행동을 통제하여 평온함을 유지할 수 있는 능력이다. 어려움이 닥쳤을 때 부정적인 감정이나 화를 통제하고 긍정적인 정서와 적극적인 대처 동기를 불러일으키는 능력이기도 하다.

우리 인생에서 벌어지는 다양한 사건들은 우리 안의 신념과 가치체계를 통해 해석되고 결과에 영향을 미친다. 나라고 하는 프리즘을 통해 굴절되는 것이다. 그렇다면 가장 바람직한 프리즘은 매사에 감사하는 마음이 아닐까 싶다. 힘든 상황에서도 의연함과 평온함을 유지하면서 긍정의 에너지를 발산하기 위해서 감사하는 훈련을 하는 것이다. 어떤 일이 생겨도 그 속에서 감사함을 발견하려 애쓰는 훈련, 남에게 늘 감사하다고 표현하는 훈련, 감사하는 마음으로 남에게 무엇인가 되돌려주려는 훈련 등이다. 우리 청년들이 이런 마음의 근력을 키우면 좋겠다. 물론 하루아침에 되지 않을 것이다. 꾸준히 경험을 쌓아가면서 습관으로 만드는 노력이 필요하다.

누군가는 돌멩이에 걸려 넘어지지만, 누군가는 돌멩이를 뛰어넘어 더 멀리 가기도 한다. 같은 정도의 어려움에 어떤 이는 쓰러지지만, 어떤 이는 그 상황을 도전과 성장의 기회로 만든다. 우리 인생에서 날씨가 맑다가도 언제든 비가 내릴 수 있다. 어떤 날씨에서도 꿋꿋이 내 길을 가는 용기와 회복탄력성을 갖기 위해 마음의 근력을 키우는 훈련을 미리미리 하면 좋겠다.

"시간은 돈이다"는 틀렸다

누구나 답답할 때가 있다. 하는 일이 잘 안 풀린다고 느낄 때가 있다. 뭘 해야 할지 헷갈릴 때다. 그럴 때면 멈춰서야 한다. 그러고는 나를 돌아봐야 한다. 내가 가는 방향이 맞는지를 점검해봐야 한다. 목표나 계획 자체를 전체적으로 리셋(reset)해야 할지를 고민할 수도 있고, 속도나 효율성을 점검해볼 수도 있다. 지금 하고 있는 방법이나 전략을 고치거나 개선할지 고민할 때이기도 하다. 이럴 때면 스스로 만든 체크 리스트를 가져볼 필요가 있다. 내게 맞는 나만의 점검 리스트다.

젊은 시절 나의 체크 리스트는 한때 온통 '시간 관리' 항목으로만 채워진 적이 있었다. 그때는 인생의 성패가 시간 관리에 달렸다고 생각했다. 체크 리스트의 질문은 간단했다. 시간과의 싸움에서 누가 주도권을 잡느냐다. 내가 시간을 끌고 가느냐, 아니면 내가 시간에 끌려가느냐에 대한 답하기였다. 내가 주도권을 쥐고 있다고 답하기 위해서 '시간 관리'에 온 신경을 썼다. 지표는 오직 하나, 내가 하고자 하는 일에 투입할 '내 시간'의 확보였다. 물리적인 시간의 여유가 문제가 아니라, 내 의지와 실천력이 문제였다.

　우선 유용한 '시간 단위'를 정해 늘 염두에 두었다. 젊은 시절에는 내가 하고 싶은 일을 할 수 있는 최소 단위(unit)를 15분으로 정했다. 자투리 시간의 활용이 중요하기 때문에 짧은 시간을 최소 단위로 했다. 확보 가능한 시간이 15분을 넘으면 허술히 보내지 않고 그 시간에 맞는 공부나 일을 했다. 길게 난 시간이면 긴 공부, 짧으면 짧게 할 수 있는 공부를 하는 식이었다. 15분 시간이 난다면 영어단어를 외울 수 있었고, 한 시간 이상 시간이 나면 더 복잡한 공부를 할 수 있었다. 일도 마찬가지였다. 한 시간 이상 시간이 났을 때 할 일과 30분 시간이 났을 때 할 일을 구별했다. 그 시간에 매듭을 지을 수 있는 일을 찾으려 했다.

　내 마음대로 온전히 쓸 수 있는 시간을 만드는 것도 중요한 과제였다. 하루에 두 시간을 만드는 것으로 시작했다. 어떤 일이 있어도 남이 간섭할 수 없는 내 시간을 만드는 '습관'을 들이는 것이다. 생각보다 쉬운 일이 아니었다. 주위에는 온통 방해꾼들이었다. 바깥 못지않게 내 마음속에도 다양한 방해꾼들이 있었다. 일단 확실하게 하루 두 시간을 내 시간으로 만든 후 다음 목표는 그 시간을 조금씩 늘려나가는 것이었다. 두 시간의 확실한 내 시간에 조금씩 시간을 얹는 것은 처음 두 시간 확보하는 것보다는 상대적으로 쉬운 일이었다. 세 시간, 네 시간… 나중에는 훨씬 더 많은 내 시간을 만들 수 있었다.

시간을 내실 있게 쓰는 것도 시간 확보 못지않게 중요했다. 효율적으로 시간을 쓰기 위한 노력이 필요했다. 어떤 일을 먼저 할 것인지, 몰아서 할 것인지 아니면 쪼개서 할 것인지, 그때그때 주어진 시간의 제약 속에서 가장 효율적으로 할 수 있는 일은 무엇인지 등에 대해 늘 생각했다. 일을 할 때는 '꼬리를 남기지 않고' 매듭을 짓는 것이 중요했다. 그러기 위해서는 집중적이고 인텐시브(intensive)한 일처리를 필요로 했다. 일을 중간에 끊었다가 다시 하려면 예열하는 시간이 필요하다. 그 시간이 아까웠다. 반면에 일의 매듭을 짓는 식으로 하면 같은 일을 하는데도 들어가는 절대 시간을 줄일 수 있다. 하루의 일에서도 어디까지 마무리 짓는 것이 효율적일지 늘 생각했다. 때로는 늦더라도 일의 매듭을 짓는 게 좋겠다는 생각이 들면 늦게까지 일했다. 이런 방법들은 오히려 시간을 절약할 뿐 아니라 업무의 질도 높였다.

시간과의 싸움에 치열하게 몸을 던져보라고 권하고 싶다. 시간과의 싸움에서 자신이 주도권을 쥐는 훈련을 하는 것이다. 자신에게 주어진 시간을 철저하게 관리하고, 더 나아가 자기만의 시간을 확보하는 훈련을 해보는 것이다. 의미 없는 곳이나 허투루 시간을 쓰지 않고, 자기가 쓰는 '시간의 밀도(密度)'를 높이는 것이다. 시간과의 싸움에서 이길 수 있다면 다른 어떤 싸움에서도 이길 수 있다. 이렇게 보면, 벤저민 프랭클린의 유명한 얘기는 틀렸다. "시간은 돈이다(Time is money)."가 아니라, "시간은 돈보다 훨씬 중요하다(Time is worth more than money)."특히 젊은이들에게 그렇다. 시간의 효용가치가 젊었을 때 더 높기 때문이다. 젊었을 때의 하루와 나이 먹어서의 하루를 비교해보라. 어떤 시간에 더 많은 일을 할 수 있는지. 마치 젊었을 때의 10만 원과 나이 먹어서의 10만 원의 가치를 비교하는 것 같지 않은가. 나이 때마다 시간의 기회비용이 다른 것이다. 더 정확하게 이야기하자면, 꿈과 열정이 있을 때와 그렇지 않을 때의 시간 가치는 차이가 크다.

나를 돌아보는 체크 리스트에는 시간 관리만 있는 것은 아니다. 내가 하는 생각, 내가 만나는 사람, 내가 쓰는 말, 내가 있는 장소도 중요한 체크 포인트들이다. 특히 삶이 꼬이거나 잘 안 풀린다고 생각될 때는 더욱 그렇다.

가끔 내 생각을 점검해본다. 가던 걸음을 잠시 멈추고 조금 떨어져 나를 냉철하게 보는 것이다. 내가 갖고 있는 목표나 계획은 아직 유효한지. 초심을 잃지는 않았는지. 진짜 내가 하고 싶은 일에 헌신하고 있는지. 남이나 주위에서 원하는 것을 내가 하고 싶은 것으로 착각하고 있지는 않은지. 나도 모르는 사이에 수단이 목표가 돼서 본질을 흩트리고 있는 건 아닌지. 건전하게 생각하고 있는지. 그렇지 않은 척하면서 실제로는 나만 챙기는 것은 아닌지. 마음의 문과 듣을 귀를 닫고 고집만 부리고 있지는 않은지. 확신범은 아닌지.

내가 만나는 사람도 둘러본다. 내가 만나는 사람을 보면 내가 보이는 법이다. 내 주위에 있는 사람, 내가 만나고 있는 사람들은 어떤 사람인지. 늘 불평불만을 입에 달고 사는 사람들은 아닌지. 매사를 부정적으로 보면서 늘 시니컬한 사람들은 아닌지. 완벽주의를 추구해서 다른 사람을 피곤하게 하는 사람들은 아닌지. 잔머리 굴리며 눈앞의 이(利)를 좇는 사람들은 아닌지. 만약 그렇다면 만나는 사람을 바꿔야 한다. 남을 칭찬하는 사람, 매사를 긍정적이고 적극적으로 보는 사람, 늘 배우려고 하는 사람, 남의 얘기 잘 들어주는 사람, 틀림이 아니라 다름으로 인정하는 사람, 세속적 형식이나 권위에 의존하지 않는 사람, 자신의 부족한 점을 인정하며 채우려는 사람, 손해 보더라도 우직하게 정도를 가고 의리를 지키는 사람들을 만나도록 노력해야 한다.

내가 만나고 싶은 사람을 거꾸로 생각해보는 것도 중요하다. 나 자신이 바로 남이 만나고 싶은 사람이 되는 것이다. 그런 노력을 기울여야 내가 원하는 사람을 만날 수 있다. 친구는 그 사람의 거울이다. 뒤집으면 나는 친구의 거울이다. 친구란 또 다른 나다. 나는 또 다른 그 친구다. 여러분 곁에는 누가 있는가? 나는 누구의 곁에 있는가?

내가 사용하는 말도 돌이켜본다. 평소에 어떤 말을 쓰고 있는지. 부정적이거나 자조하는 말을 많이 쓰고 있지는 않은지. 남 얘기를 많이 하고 늘 시니컬한 이야기를 하고 있지는 않은지. "당신이 생각한 말을 1만 번 이상 반복하면 당신은 그런 사람이 된다." 아메리카 인디언 속담이다. 긍정적인 말, 감사하는 말, 밝은 말을 많이 쓰면 인생이 그렇게 된다. 자기가 쓴 말이 자기를 만든다. 젊은이들이 욕을 많이 하는 것을 본다. 어떤 때는 무슨 뜻인지도 모르고 쓴다. 고치도록 해야 한다. 존댓말도 그렇다. 써야 할 때와 안 써야 할 때를 구분하지 못한다. 커피숍이나 음식점에서 주문하면 차나 음식을 내오면서 경어를 붙인다. 사물에 존대를 붙이는 것이다. 대학에 와서 총학생회 간부들과 만난 자리에서 학생들이 욕 안하기 운동, 존댓말 제대로 쓰기 운동을 자발적으로 하면 어떻겠냐고 제안한 적이 있다. 우리 대학 학생들은 욕을 하지 않는다는 이미지를 만들어보자고 했다. 그것만으로도 인성교육의 한 축을 채울 것 같았다. 말이 사람을 만들기 때문이다.

지금 내가 어디 있는지도 가끔 점검할 일이다. 지금 있어야 할 자리에 있는지. 온실이나 좁은 울타리 안에 있으면서 안전한 곳에 계속 머무르고 싶어 하는 것은 아닌지. 계속 머무르려고 해서 남으로부터 빈축을 사는 것은 아닌지. 있는 곳을 떠나 이제 찬바람 부는 벌판으로 나가야 하는 것은 아닌지. 더 도전하고 위험부담이 있는 곳으로 가야 하는 것은 아닌지. 편한 국내 자리보다 힘든 해외 자리로 나가야 하는 것은 아닌지. 안 가본 곳으로 가려고 시도해야 하는 것은 아닌지. 누구나가 있는 곳에서 사회화되어간다. 가만히 있으면 화석(化石)이 된다. 움직여야 한다. 내가 있을 장소를 바꾸는 시도가 필요하다. 장소를 바꾸지 않을 거면 그 안에서 내가 끊임없이 변하는 노력을 기울여야 한다. 장소가 바뀌든, 내 자신이 바뀌든 둘 중의 하나가 계속해서 일어나야 한다.

체크 리스트에는 공통점이 하나 있다. 기회비용이다. 내가 쓰는 시간, 하는 생각, 만나는 사람, 쓰는 말, 있는 장소는 예외 없이 기회비용을 치른다. 내가 쓰는 시간의 내용, 생각, 사람, 말과 장소를 선택했다는 것은 그 밖의 내가 택할 수 있었던 시간, 사람, 말, 장소를 포기한다는 뜻이다. 무엇인가를 하며 보내는 시간은 그 시간에 다른 것을 하는 것을 포기한다는 뜻이고, 부정적인 말을 쓰는 것은 긍정적인 말을 쓸 기회를 뺏는 것을 의미한다. 결국 체크 리스트에 있는 항목들을 채우는 것은 그냥 주어지는 것이 아니라 내 선택이다. 내가 이 선택을 남에게 맡기지 않고 내 주도로 하고 있는지 우선 따져봐야 할 일이다. 그리고 내가 선택할 수 있었던 다른 어떤 대안보다 더 좋은 대안을 고를 수 있도록 끊임없이 점검해봐야 한다.

명사형 꿈에서 동사형 꿈으로

다들 꿈을 가지라고 한다. 꿈과 열정을 갖고 도전하라고 한다. 맞는 말이지만 부담을 주는 말이기도 하다. 어떤 젊은이들에게는 '꿈 고문'일지도 모른다. 내 꿈이 무엇인지 아직 모르겠다는 것, 어떻게 하면 꿈을 찾을 수 있는지 고민하는 것 모두가 자연스러운 일이다. 그래서 우리 젊은이들이 이런 말에 스트레스받지 않았으면 좋겠다. 꿈을 가지라는 어른들에게 거꾸로 물어보라. 당신 꿈은 무엇이냐고. 대답을 주저하거든 다시 물어보라. 당신 꿈도 모르면서 그러냐고. 조금 다르게 물어볼 수도 있다. 젊은 시절 당신 꿈은 무엇이었냐고. 그 꿈을 이뤘냐고.

꿈을 찾는 데 너무 조급하지 않았으면 좋겠다. 왜냐하면 젊은 시절 할 일 중 가장 어려운 일이 그 일이기 때문이다. 결코 쉬운 일이 아니다. 우리 사회와 어른들의 책임이 크다. 젊은이들로 하여금 꿈을 찾기 어렵게 만들었기 때문이다. 비유하자면 공장 컨베이어 벨트 같은 교육 시스템에 학생들을 올려놓고, 또는 붕어빵 틀을 만들어놓고 다양한 모양이 나오기를 기다리는 격이다. 하나 더. 지금 갖고 있거나 언젠가는 갖게 될 꿈도 항구적인 것은 아니라는 것이다. 변하기 마련이다. 아니, 변해야 한다. 인생에서 제일 좋을 때는 꿈을 좇아 열심히 노력할 때가 아니다. 꿈을 바꿀 수 있을 때야말로 제일 좋을 때다. 바로 청년기다. 마음 껏 꿈을 꾸고, 마음껏 바꾸라.

'To Be' 꿈

청년기에 갖게 되는 대부분의 꿈은 명사형이다. 되고 싶은 그 무엇이 꿈이다. 법조인, 공무원, 대기업이나 공공기관 직원, 교사나 전문직종 종사자가 되고 싶다는 꿈. 소방수, 간호원, 연예인, 프로 야구선수. 지극히 자연스러운 현상이다. 여러 동기로 그런 꿈을 갖게 될 것이다. 자기가 좋아서, 또는 적성에 맞거나 잘하는 것이어서, 주위에서 권하거나 우리 사회가 그렇게 유도해서 선택할 수 있다. 그렇게 갖게 될 꿈에는 유치한 것도, 부끄러운 것도 없다.

나도 마찬가지였다. 내가 맨 처음 가졌던 꿈은 거창하게 이야기하자면 농촌계몽 운동가였다. 초등학교 6학년 때부터 이 꿈을 가지고 있었다. 지금은 시인이 된 어릴 적 친구와 함께 축사, 교육장 배치도까지 그리곤 했다. 참 이상하지만, 왜 그런 생각을 하게 됐는지 지금은 기억도 나지 않는다. 심훈이 쓴 《상록수》의 채영신과 박동혁의 영향이었을까. 그러나 이 첫 꿈은 그리

오래가지 못했다. 꿈을 갖기 시작하고 얼마 되지 않아 아버지가 돌아가셨고 가세가 급격히 기울면서 이 꿈은 멀어져갔다. 사는 게 우선이었다. 끼니 걱정할 정도의 절대 빈곤에서 벗어나는 것이 지상과제였다. 상업학교에 들어가서는 은행원이 되는 것이 꿈이었다. 은행은 당시 어린 나이에 갈 수 있는 최고의 직장이었다. 돈을 벌고 싶었다. 삼십대 초반 혼자되고는 자식 넷을 키우기 위해 고생이 말이 아니었던 어머니를 돕고 싶었다. 동생 셋 공부를 시켜야 했다. 우리 가족의 운명이 내 어깨에 달려 있다고 생각했다. 그다음 가졌던 꿈은 대학생이 되는 것이었다. 열일곱 살부터 시작한 고졸 은행원으로 평생을 살기는 싫었다. 대학을 가지 못했다는 열등감이 늘 나를 괴롭혔다. 직장을 그만둘 형편이 되지 못했기 때문에 야간대학이라도 가는 것이 꿈이었다.

몇 년이 지난 뒤에는 공무원이 되고 싶었다. 우연히 알게 된 고시라는 시험 때문이었다. 국가나 사회를 위한다는 거창한 뜻이 있어서가 아니라 나를 둘러싸고 있는 현실에서 탈피하고 싶어서였다. 어렸을 때의 가치 박탈에 대한 보상 같은 것이었던 듯하다. 다시 몇 해 뒤 꿈은 유학이었다. 공무원이 된 뒤에도 학력 콤플렉스와 열등감은 여전했다. 당시 직장은 고시 출신 중에서도 최고 엘리트들이 가는 곳이었다. 제대로 사람대접받기 위해서는 유학이라도 다녀와 가방끈을 더 길게 해야 한다는 생각이 들었다. 유일한 길은 장학금을 받는 것이었다. 그 소망이 너무나 간절했다. 그 다음 꿈은 박사였다. 당시 고시 출신 동료 중 일부는 국비든 사비로든 유학을 갔고 석사를 하고 돌아왔다. 남들보다 더 빨리, 제대로, 그리고 좋은 대학에서 박사학위까지 받고 싶었다.

젊은 시절 가졌던 꿈들은 되고 싶은 그 무엇의 시리즈였다. 시계(視界)를 길게 갖고 한 인생의 설계가 아니라 냉혹한 현실과 부딪치며 해결해야 할 '단기 현안' 해결 성격의 꿈이었다. 이 꿈들을 한 귀로 꿰는 실은 '환경에 대한 반란'이었다. 내가 처했던 현실이 너무 싫었다. 그런 것들로부터 벗어나고 싶었던 것들이 그때그때의 '꿈'이란 이름으로 포장돼서 나를 견인했던 것이다. 힘든 환경을 극복해야 한다는 생각에서 택했던 길 외에 다른 길을 생각할 여유가 없었다. 그렇기에 철학도, 가치도 찾아보기 힘들었던 내 꿈의 옅은 깊이를 변명하고 싶지는 않다.

'To Do' 꿈

사람마다 조금씩 다르겠지만, 되고 싶은 무엇을 위한 꿈을 달성하기 위해 열심히 살다 보면 언젠가는 회의에 부딪치는 단계가 있다. '무엇이 되고 싶다는 명사형' 꿈에 대한 회의다. 진열장에 쭉 진열되어 있는 것 중에 하나 고른 것 같은 꿈, 박제된 꿈이 주는 한계가 있기 때문이다. 또는 내가 정말 하고 싶은 일을 찾는 고민과 시도, 도전을 진지하게 하지 않아서 일 수도 있다.

내 경우 삼십대 초반에 찾아온 이 단계에서의 고민은 삶에 대한 깊은 회의로까지 이어졌다. 그때까지 가졌던 꿈, 그리고 그 꿈들을 이루기 위해 걸어온 길이 정작 내가 하고 싶은 일이었나 하는 회의가 들었다. 곰곰이 생각해보니 남이 원하는 길, 주위나 사회가 원하는 길을 내가 하고 싶은 일, 내 꿈으로 착각하고 살았다는 생각이 들었다. 그것은 그때까지 경험해보지 못한 내 인생의 '위기'였다. 이제까지는 그렇다 하더라도 앞으로 어떻게 살아야 하는지, 목표를 어디에 두어야 하는지 혼란스러웠다. 내가 무엇이 되고 안 되고를 떠나, 나를 '규정'하고 내 삶의 '의미'를 찾는 근본적인 문제였다. 이 고민은 그동안의 내 삶을 송두리째 바꿨다. 결과론적인 이야기지만, 답은 '무엇을 하고 싶다는 동사형' 꿈을 찾고 싶다는 희구로 나타났다. 어떤 직업을 택하고 어느 자리에 올라가고의 문제가 아니라, 내가 정말 원하는 일을 하고 싶다는 생각이었다. 그 전과는 전혀 차원이 다른 고민과 회의였다. 지나고 보니 이 단계가 '자신에 대한 반란'을 일으키는 단계였다. 바로 자기 스스로와의 싸움을 벌여야 할 때다.

편의상 무엇이 되고 싶다(To Be)는 '명사형 꿈'을 1단계 꿈, 무엇을 하고 싶다(To Do)는 '동사형 꿈'을 2단계 꿈이라고 한다면 대부분의 사람들은 1단계 꿈의 실천에 익숙해 있다. 그러나 각자의 인생에서 가장 의미 있는 경험은 2단계 꿈으로 넘어가는 과정에서 겪는 갈등과 고민이다. 많은 경우 1단계 꿈은 원하는 어떤 상태로 나아가는 것을 찾을 때 생기지만, 2단계 꿈은 자신에 대한 성찰과 고민을 통해 구체화된다. 2단계 꿈은 취직, 대학, 고시, 유학, 학위, 승진같이 눈에 보이는 직업이나 자리가 아니라, 하고 싶은 일을 찾고 그 일에 헌신하며 얻는 성취감과 보람처럼 눈에 보이지 않는 내면의 것들이다.

기획재정부 예산실장과 차관을 하면서 젊은 사무관들과 대화를 나눌 기회가 있어 물어봤다. 꿈이 뭐냐고. 예외 없이 이 질문에는 당황했다. 당연한 일이다. 고시에 붙어 공무원이 되어서 꿈을 이뤘다고 생각할 수도 있다. 아니면 공무원이 돼서 더 높은 자리에 올라가고 싶다는 1단계 류(類)의 꿈을 꾸고는 있지만 남에게 이야기하기가 쑥스럽기 때문일 수도 있다. 만약 그렇다면 아무도 그 꿈과 노력을 폄훼해서는 안 된다. 1단계 꿈을 실현하기 위한 청년들이 노력은 대단히 중요하고 아름다운 것이다. 그런 시도와 도전을 장려해주어야 한다. 남과 비교해서는 안 되고, 사회구조의 일정한 틀 안에서 평가받아도 안 된다. 그 자체로 인정받고 존중되어야 한다.

대체로 1단계 꿈의 실현을 위해 열심히 노력하는 단계를 지나야만 2단계 꿈에 대한 갈증을 느끼게 되는지도 모르겠다. 만약 그렇다면 그 갈증은 1단계에서 목마름을 해소시켜주었던 샘물로는 해소되지 않는다. 남들이 선망하는 직업을 갖게 되고 지위가 올라가도, 돈을 많이 벌어도 해소되지 않는 갈증은 지위나 돈으로 해결되는 것이 아니다. 그 갈증을 풀기 위해서 반드시 해야 하는 것이 바로 '자기 자신에 반란'이다. 더 높은 단계의 꿈을 갖고 그 꿈을 이루려는 더 큰 노력이 필요한 것이다.

다시 'To Be' 꿈으로

꿈은 '안주(安住)'를 거부하는 것이다. 현실에 안주하는 순간 꿈은 사라진다. 안주하고자 하는 유혹을 뿌리친다는 것은 정말 어려운 일이다. 똑똑한 많은 젊은이들이 꼭 하고 싶은 일에 '도전하고 싶은 꿈'과 편하게 살고 싶은 '현실에의 안주(安住)'를 맞바꾼다. 파우스트가 젊음과 자기 영혼을 바꾸는 계약을 메피스토펠레스와 한 것처럼 말이다.

늘 현실에 불만을 가져야 한다. 그러면 무엇인가 되고자 하는 상태를 추구하는 1단계 꿈이 나올 것이다. 더 나아가 현실뿐 아니라 나 자신에 대해서 불만을 가져야 한다. 2단계 꿈이 나올 것이다. '불만'이란 단어가 마음에 들지 않는다면 '도전'으로 바꿔보자. 그래서 일으키는 것이 '반란'이다. 경제학에서 쓰는 말을 차용(借用)한다면 자기 인생의 한계효용, 즉 마지날 유틸리티(marginal utility)를 극대화시켜야 한다. 어떤 단계에서 자기 자신을 발전시켜 다음 단계로 가는 과정에서 얻는 만족도가 '인생에서의' 한계효용이다. 이 한계효용의 합(合)이 인생에서 행복의 부피가 아닌가 하는 생각도 해본다. 그 부피를 끊임없이 늘리는 반란을 일으켜야 한다.

젊은 시절에는 되고 싶은 무엇(To Be)인가를 위해 열심히 뛰었고, 한참 지난 뒤에는 하고 싶은 무엇(To Do)인가를 위해 힘을 기울였다. 이 단계들을 넘는 다음 차원의 꿈이 있다는 생각을 해본다. 직업이나 자리(To Be)가 아니고, 무엇인가 하겠다는 것(To Do)을 넘어 어떤 사람이 되겠다(To Be)는 생각이다. 1단계에서 추구했던 직업이나 자리가 아닌 '어떤 사람'이 되겠다는 것이다. 2단계에서 추구했던 하고 싶은 무엇을 넘어, 그 일을 통해 내가 어떤 사람(What I am)이 되고 싶다는 것에 대한 것이다. 아마도 어떤 품성이나 내면을 가진 사람일 것이다. 그냥 생각나는 대로 순서도 없이 적어본다.

더 깊이 있게 세상을 관조하고 자유로운 영혼을 가진 사람. 정직한 사람. 의연한 사람. 더 가지지 않아도 된다는 검소함이 몸에 밴 사람. 남을 미워하지 않고 이해하려는 사람. 보상을 바라거나 무엇인가를 의식해서가 아니라 그 자체가 좋아서, 체화돼서 봉사나 희생을 하려고 애쓰는 사람. 포용하고 감싸주는 여유를 가지려고 애쓰는 사람. 행복은 결과나 외부적 사건이나 눈에 보이는 것에서가 아니라 내면적 덕성이나 눈에 보이지 않는 것에서 나온다는 것을 아는 사람. 굳이 말을 많이 안 해도 침묵으로 더 중요한 것을 말하는 사람.

젊은 시절 나는 언제나 마이너리티였다. 늘 그늘에 있었고 추웠다. 겁이 많아 늘 주위를 두리번거렸다. 나보다 센 사람, 주어진 환경에 이건 아니라고 당당하게 얘기할 용기가 없었다. 화를 내고 목소리를 냈을 때 벌어질 상황을 감당할 자신이 없었다. 그저 안으로 삭일 뿐이었다. '내가 더 실력을 쌓아야 돼, 더 커야 해.' 하며 나를 채찍질할 뿐이었다.

나중에 돌이켜 보니 제일 부끄럽고 화가 나는 것은 나를 힘들게 했던 사건 자체가 아니라 바로 '화를 내지 못한 나 자신'이었다. 왜 나는 화를 내지 못했을까? 왜 그들은 의식도 하지 못하면서 그렇게 말하고 행동했을까? 사회문제에 대한 관심은 그렇게 내 주위에서 벌어지는 아주 작은 일에 대한 '분노'로부터 시작됐다.

있는 자리
흩트리기
3

세상

스스로 잠든 자는
아무도 깨우지 않는다

:

그로부터 18년 오랜만에
우리는 모두 무엇인가 되어
혁명이 두려운 기성세대가 되어
넥타이를 매고 다시 모였다
회비를 만 원씩 걷고
처자식의 안부를 나누고
월급이 얼마인가 서로 물었다
치솟는 물가를 걱정하며
즐겁게 세상을 개탄하고
익숙하게 목소리를 낮추어
떠도는 이야기를 주고받았다
모두가 살기 위해 살고 있었다
아무도 이젠 노래를 부르지 않았다

(중략)
우리의 옛사랑이 피 흘린 곳에
낯선 건물들 수상하게 들어섰고
플라타너스 가로수들은 여전히 제자리에 서서
아직도 남아 있는 몇 개의 마른 잎 흔들며
우리의 고개를 떨구게 했다
부끄럽지 않은가
부끄럽지 않은가
바람의 속삭임을 귓전으로 흘리며
우리는 짐짓 중년기의 건강을 이야기했고
또 한 발짝 깊숙이 늪으로 발을 옮겼다

— 김광규, 〈희미한 옛사랑의 그림자〉 중에서

분노해야 할 의무

지금도 그렇지만 내가 중학교를 다니던 때에도 여유가 있는 집 아이들은 과외를 했다. 고등학교 입시가 있던 시절이었다. 학교 다니는 것조차 사치였던 나에게는 딴 세상의 아이들이었다. 그 아이들을 물끄러미 바라보며 쉬는 시간이면 네 칸짜리 만화를 그리곤 했다. 그중 하나가 기억난다. 네모난 상자에 기대어 있던 아이가 상자를 치우니 바닥에 꽈당 쓰러지는 모습이었다. 그 상자에는 '과외'라는 말이 적혀 있었다. 의연한 척 했지만 무의식중에 과외받는 친구들을 향한 '불편한 생각'이 있었던 모양이다.

원치 않던 상업학교에 진학했고, 은행에 취직해 본점 심사부에서 일하게 됐다. 어느 날 근무 시간 후 대리 한 분과 선임 행원이 남아서 바둑을 두었다. 두 분의 실력은 나보다 못한 편이었다. 구경을 하다 한마디 거들었는데 바둑을 두던 대리가 갑자기 벌떡 일어나더니 내 뺨을 세차게 후려쳤다. 최고 명문고와 명문대를 나오고 은행 내에서도 집안이 좋기로 소문이 자자한 사람이었다. 수치스럽고 당혹스러웠다. 그렇지만 상사인 대리에게 화를 내기는 두려웠고, 자리를 뜨자니 너무 어색했다. 결국 아무 소리도 못하고 벌게진 얼굴로 계속 그 자리에 서서 바둑 구경을 했다.

그로부터 몇 년 뒤 본점 기업분석부에서 근무하게 됐다. 동료직원들은 대부분 실력도 있고 좋은 사람들이었다. 나를 포함한 몇 사람을 제외하고는 대학을 졸업하고 들어온 중견행원 출신이었다. 나는 부서 직원 중 제일 주니어였다. 그중 나보다 두세 살 정도 많은 대졸 직원이 두 명 있었는데 은행 경력은 나보다 짧았다. 성격도 좋고 겸손한 사람들이었다. 서로 존중하며 잘 지냈지만 일 관련해서는 내가 도움을 주곤 했다. 그러던 어느 날 그 둘을 포함한 몇 사람과 함께 저녁을 하고 이어 술자리까지 옮겨 사무실 이야기를 하게 됐다. 그리 취한 상태도 아니었는데 무슨 이야기 끝에 그 둘이 나를 두고 "대학도 안 나온 친구…" "야간대학 다닌다는데 그것도 대학이라고…"라고 하는 것이다. 큰 충격을 받았다. 가깝다고 느꼈던 사람들이고 서로 존중하는 사이라고 생각했는데 일종의 배신감이 들었다. '아, 저 사람들이 속으로 저렇게 생각하고 있었구나.' 하는 생각이 정신을 번쩍 들게 해주었다. 찬물로 샤워한 것 같았다. 그 뒤 겉으로는 전과 똑같이 그 사람들을 대했지만 속은 전과 같을 수 없었다. 나중에 보니 그 직원들은 그런 이야기를 나에게 한 것 자체를 기억조차 못하는 것 같았다.

고시에 합격한 뒤 사무관 발령을 받아 동기들과 함께 선배들께 인사를 하러 갔을 때 일이다. 중참 사무관 한 명이 "학교는 어디 나왔나?" 하고 돌아가며 물었다. 대답을 하고 방을 나가는 내 뒤에서 이런 소리가 들렸다. "요새는 별 희한한 학교 나온 애들도 시험에 붙어 여기까지 오네." 얼굴이 불에 덴 듯 뜨거워졌다.

처음 발령받은 곳은 국(局) 총괄과였다. 총괄과는 같은 국 내에서도 다른 과를 통솔하는 위치에 있다. 비슷한 기수의 사무관과 같이 근무를 하게 됐다. 서울대 경제과를 나온 내 또래의 사무관이었다. 그러다 몇 달 후 나는 옆의 다른 과로 인사이동이 됐다. 얼마 뒤 새로 옮긴 과의 과장에게 들은 이야기. 총괄과장이 그 과장을 불러 나와 내 또래 사무관 둘 중에서 원하는 사람을 하나 고르면, 남은 사무관을 총괄과에 근무시키겠다고 했다는 것이다. 그러면서 나는 비록 학벌은 별로지만 전에 은행에서 근무한 경험이 있어 바로 실전에 투입할 수 있고, 다른 사무관은 학벌은 좋은데 사회경험은 없는 친구라고 했다는 것이다. 과장은 내게 친절하게 이런 이야기까지 해주었다.

"총괄과장 얘기하는 걸 보니 서울대 후배를 쓰고 싶어 하는 것 같아, 내가 자진해서 김 사무관을 데려가겠다고 양보했어."

화낼 줄 아는 용기

옛 기억들 속에는 내가 느끼는 몇 가지 공통점이 있다.

첫째, 이런 일들을 통해 나는 마음의 상처를 받았던 반면, 그런 이야기를 하거나 행동한 사람들은 별 생각 없이 그렇게 했다는 것이다. 나는 끝없는 열등감에 사로잡히기도 하고 때로는 서럽고 억울해서 밤잠을 설치기도 했는데, 상대방은 그 사실 자체도 기억하지 못했다. 왜 그들은 별 의식도 없이 그렇게 말하거나 행동했을까. 나중에는 그 사건 자체보다 상대방의 그런 무의식과 둔감함이 더 큰 상처가 되었다.

둘째, 이런 일을 겪으면서도 나는 화를 낼 줄 몰랐다는 사실이다. 젊은 시절 나는 언제나 마이너리티였다. 늘 그늘에 있었고 추웠다. 겁이 많아 늘 주위를 두리번거렸다. 열등감에 사로잡혀 있었다. 나보다 센 사람, 주어진 환경에 이건 아니라고 당당하게 얘기할 용기가 없었다. "당신이 뭔데 폭행을 하냐!"거나, "대학 안 나왔다고 못한 게 뭐냐, 그런 너는 나한테 도움을 받지 않았냐."고 말하지 못했다. 화를 내고 목소리를 냈을 때 벌어질 상황을 감당할 자신이 없었다. 그저 안으로 삭일 뿐이었다. '내가 더 실력을 쌓아야 돼, 더 커야 해.' 하며 나를 채찍질할 뿐이었다.

나중에 돌이켜 보니 제일 부끄럽고 화가 나는 것은 사건 자체가 아니라 바로 '화를 내지 못한 나 자신'이었다. 당시에는 혹시 내가 열등감이나 콤플렉스 때문에 지나치게 예민하게 받아들인 건 아닐까 하는 생각도 했다. 그러나 시간이 갈수록 이런 문제는 단순히 개인적 문제가 아니라는 생각이 들었다. 자연인 아무개와 아무개 간에 있었던 일이 아니라, 메이저리그에 속한 사람들이 마이너리티에게 괜찮다는 식으로 인식할 때 벌어지는 일이라는 자각이 든 것이다. 물론 사회생활을 한참 더

하고 난 뒤의 생각이다.

왜 나는 화를 내지 못했을까? 왜 그들은 의식도 하지 못하면서 그렇게 말하고 행동했을까? 원래부터 그들이 속한 리그에서 살아왔기 때문일까? 눈에 보이지 않지만 자신이 몸담은 조직과 환경 속에서 사회화(socialized)됐기 때문일까? 그들 역시 우물 안 개구리고 확신범들은 아닐까? 그런 그들에게 마이너리티의 세상까지 보고 이해해달라고 하는 것이 애초부터 무리였을까? 생각은 꼬리에 꼬리를 물었다. 더 큰 문제는 그런 사람들이 그렇지 않은 사람들보다 더 영향력 있고, 우리 사회의 중요한 의사결정을 할 위치에 있을 가능성이 높다는 것이다. 우리 사회를 움직이는 게임의 룰이 그렇게 그들로부터 만들어지면 마이너리티에게는 어떤 영향을 주게 될 것인가? 사회문제에 대한 관심은 그렇게 내 주위에서 벌어지는 아주 작은 일에 대한 '분노'로부터 시작됐다.

지금 내가 있는 곳에서, 나부터

1947년 5월 14일. 미국 프로야구 브루클린 다저스 팀은 신시내티 레즈 팀과 원정경기를 갖는다. 지난 시즌까지 한 명도 없었던 흑인선수가 1회 초 수비에 나왔다. "그만두고 목화밭으로 돌아가라."는 등 온 관중이 야유를 퍼부었고 곧 '니그로(negro)'라는 말을 합창하기 시작했다. 상대 선수들마저 폭언을 퍼부으며 경기를 거부하려는 움직임까지 보였다. 도저히 경기를 진행할 수 없는 분위기였다. 그때 다저스 유격수가 자기

수비 위치를 떠나 1루수인 흑인선수 옆에 가서 글러브를 벗고는 흑인선수를 끌어안았다. 적대적인 분위기에 휩싸였던 운동장은 순간 얼음물을 끼얹은 듯 조용해졌다. 그리고 경기는 진행되었다.

미국 프로야구 첫 흑인선수인 재키 로빈슨(Jackie Robinson) 이야기다. 데뷔하던 1947년 신인왕에 올랐고 세 번째 시즌에서는 MVP에 뽑혔다. 통산타율 0.311이라는 대기록도 가지고 있다. 더 놀라운 것은 로빈슨 데뷔 50주년이 되던 해 미국 프로야구 30개 모든 팀이 다 같이 그의 등번호를 영구 결번시킨 것이다. 지금도 그렇지만, 앞으로도 로빈슨이 달았던 42번 등번호는 미국 프로야구에서 어떤 선수도 사용할 수 없는 번호가 됐다. 유일한 예외가 있다. 오직 1년 중 하루, 로빈슨이 첫 출전했던 4월 15일에는 모든 선수와 코치, 심지어는 심판까지도 42번을 달고 경기한다. 그날은 야구장에 온통 42번 등번호만 넘쳐나는 날이다.

로빈슨을 끌어안았던 유격수 피 위 리즈(Pee Wee Reese)는 인종차별이 특히 심했던 켄터키 출신이었다. 이 사건으로 그는 고향에서 엄청난 비난을 받지만 당시 미국 사회에 큰 충격파를 던졌다. 이날의 작은 사건은 흑인선수들이 미국 프로야구에 진출하는 중요한 계기가 됐다. 리즈가 로빈슨에게 다가가 끌어안은 것은 그날 자기가 할 수 있는 '아주 작은 일'이었다. 선수로도 뛰어났던 리즈는 훗날 명예의 전당에까지 입성하지만, 대부분의 사람들은 그의 '포옹'을 먼저 떠올린다. 그의 묘비에 '메이저리그가 첫 흑인야구를 받아들이는 데 동의한 선수'라는 문구가 있을 정도다. 리즈의 그날 포옹은 결국 자신의 삶에 대한 평가뿐 아니라 미국 야구의 역사를 바꾼 것이다.

의식하지 못해도 우리는 삶의 순간순간 늘 사회가 던지는 질문을 받으며 산다. 그러나 대부분 나 하나쯤이야 하는 생각에, 혹은 귀찮거나 용기가 없어서 그 질문을 회피하거나 묵과하곤 한다. 그렇게 서로서로 회피한 순간들이 누적되어 지금까지의 악습과 적폐를 만들어왔다. 그 질문에 대한 답은 '지금', '나부터' 해야 한다. 리즈는 1947년 5월 14일 신시내티 야구장에서 답을 찾았다. 바로 그 순간에, 남이 아닌 자신이 찾은 것이다. 리즈가 로빈슨을 끌어안을 기회는 바로 그 순간뿐이었다. '바로 지금'이었던 것이다.

'삶은 순간의 연속, 그 이상도 이하도 아니다'라는 말은 매 순간이 얼마나 중요한지를 웅변한다. 이때의 매 순간이 바로 지금이다. 우리는 '지금에만' 산다. 바로 지금만이 유일하게 내가 영향을 미칠 수 있는 시간이다. '지금'이 아니면 아무것도 하지 못한다. 다른 일로 바쁘다는 것은 핑계다. 지금 하지 않겠다는 것은 결국 할 생각이 없거나 우선순위에서 밀린다는 뜻이다. 겁이 나서 뒤로 미루고 싶은가. 그것 역시 좋은 생각이 아니다. 나중에도 겁나기는 마찬가지다. 부딪쳐야 할 일을 앞에 두고 항상 가장 좋은 방법은 지금 정면으로 부딪치는 것이다. 톨스토이의 '세 가지 질문'에서 왕이 찾아낸 "인생에서 가장 중요한 순간은 언제인가?"라는 질문의 답이 바로 '지금'인 이유다.

마찬가지로 사회가 던지는 질문에 대한 답은 '나부터'해야 한다. 누군가 해주겠지 하는 생각은 남들도 똑같이 한다. 거창하게 생각할 필요가 없다. 우선 내가 있는 자리에서 시작하라. 자기 주위, 몸담은 조직이나 커뮤니티 일부터 관심을 갖고 지켜보라. 지금 있는 위치에서 아주 작은 것부터 잠자코 침묵하지 말고 자기 목소리를 내는 것이다. 내가 먼저 움직이는 것이다. 사회가 내는 문제는 우리 주위에 얼마든지 널려 있다. 조금만 의식을 하면, 조금만 관심을 가지면 내가 풀려는 시도를 할 수 있는 문제들 말이다. 그런 시도가 쌓여 사회가 변한다. 그리고 아주 가끔은 작은 일 하나가 큰 파장을 일으키기도 한다. 다저스 유격수였던 리즈가 수만의 관중들 야유 속에서도 이름 없는 흑인선수를 끌어안았던 것처럼 말이다.

프랑스 레지스탕스 출신으로 나치에 체포되어 사형선고까지 받은 이력이 있는 스테판 에셀(Stéphane Hessel)은 2009년 어느 레지스탕스 연례 모임에서 "젊은이들은 '분노할 의무'가 있다."는 내용의 즉흥연설을 한다. 그의 나이 92세 때였다. 에셀은 현대의 젊은이들이 '분노할 수 있는 힘'을 잃으면 안 된다고 하면서, 젊은이들이 가질 수 있는 최악의 태도는 사회문제에 대한 '무관심'이라고 지적한다.

> 나는 여러분 모두가, 한 사람 한 사람이, 자기 나름대로 분노의 동기를 갖기 바란다. 이건 소중한 일이다. 내가 나치즘에 분노했듯이 여러분이 뭔가에 분노한다면, 그때 우리는 힘 있는 투사, 참여하는 투사가 된다. 이럴 때에 우리는 역사의 흐름에 합류하게 되며, 역사의 이 도도한 흐름은 우리들 각자의 노력에 힘입어 면면히 이어질 것이다. 이 강물은 더 큰 정의, 더 큰 자유의 방향

으로 흘러간다.

'사회에 대한 반란'은 사회가 낸 문제를 푸는 것이다. 그리고 그 첫걸음은 사회문제에 관심을 갖고 화낼 줄 아는 용기를 갖는 것이다. 우리 사회의 불합리한 구조나 시스템, 관행 등 마음에 들지 않는 것들이 사회가 낸 문제들이다. 그 문제들을 풀어 사회를 건전하고 건강하게 바꿔야 한다. 나 살기도 바쁘고 내 앞가림도 힘든데 왜 그리 피곤하게 살아야 하느냐고? 롱(wrong)! 만약 이 질문을 던진다면 여러분은 틀렸다.

첫째, 이런 노력이 모여 우리 사회를 건강하게 만든다. 시계(視界)를 조금만 길게 보면 결국은 우리 모두에게 돌아오는 혜택이다.

둘째, 사회문제에 늘 깨어 있으면서 바꾸려는 시도를 하는 태도와 적극성이야말로 우리 자신을 계발시키고 성숙하게 만든다.

셋째, 주위를 둘러보는 눈을 갖고 의미 있는 일을 하는 과정에서 느끼는 보람이라는 부수적인 과실(果實)을 얻을 것이다.

넷째, 후대에 지금 사회의 모습을 그대로 물려주고 싶은가? 대답이 노(no)라면 답은 이미 나와 있다. 현실에 고민하라, 그리고 우리 사회에 대한 '유쾌한 반란'을 일으켜보자.

어느 식료품 가게에서 얻은 교훈

미국에 유학 간 지 얼마 지나지 않았을 때 생긴 일이다. 공부하는 시간을 조금이라도 더 확보하기 위해 일주일에 한 번씩 몰아서 먹을거리를 사곤 했다. 첫 학기 어느 주말, 여느 때와 다름없이 늘 가던 큰 슈퍼마켓에서 일주일치 식료품을 한꺼번에 사서 돌아왔다. 사온 물건과 영수증을 대조하다가 문득 고기 한 덩어리를 샀는데 영수증에는 두 개 산 것으로 계산되어 있는 것을 발견했다. 돈을 받는 슈퍼마켓 직원이 실수로 스캔기 계산대를 두 번 통과시킨 듯했다. 사지도 않은 물건을 계산한 것이 억울하기도 했고, 단돈 1불이 아쉬운 유학시절이어서 속이 쓰리기도 했다. 당장 가서 항의하고 싶었지만 이미 매장을 떠난 터라 다시 가서 이야기한다 해도 믿어줄 것 같지 않아 체념하는 수밖에 없었다.

일주일 뒤 다시 그 슈퍼마켓에 가게 됐다. 계산을 마치고 나오는데 '고객서비스(Customer Service)'라는 팻말이 붙은 카운터를 봤다. 지난 주사지도 않은 물건 값을 낸 불쾌한 기분이 남아 있었기에 영수증을 갖고 가서 항의조로 따졌다. 돈을 돌려받거나 물건을 더 받을 생각은 아니었고, 그저 작은 분풀이라도 하고 싶은 마음이었다. 그런데 내 불평을 가만히 듣던 직원이 영수증을 달라고 하더니 고기 한 덩어리 값을 빨간 볼펜으로 지우고는 미안하다며 한 개 값을 되돌려주는 것이었다. 정작 놀란 것은 나였다. 망치로 뒤통수를 한방 맞은 느낌이었다. 어떻게 내 말을 믿고 선뜻 돈을 내주었을까? 도저히 이해가 되지 않았다. 처음부터 두 개를 사고 나중에 한 개만 샀다고 떼를 쓸 수도 있겠다는 나쁜 생각(?)까지 들었다.

이 조그만 사건은 내게 큰 충격이었다. 유학 중 내내 이 일이 뇌리에서 떠나지 않았다. 식료품 가게 종업원은 왜 내 말을 믿고 돈을 돌려줬을까? 서로 옥신각신하다가 큰소리가 날 수도 있었는데 아주 '평화롭게' 해결된 이유는 무엇일까? 미국 사회가 특별히 도덕적이거나 성인군자들이 많아서 그런 것이 아님은 분명했다. 신문이나 방송에서는 연일 범죄사건과 각종 사회문제 기사가 넘쳐났다. 그렇다고 내가 특별히 믿을 만한 사람으로 보일 만한 증거가 있을 리도 없었다. 그렇다면 그 직원은 뭘 보고 내 말을 믿었을까? 일단 고객의 말을 믿고 보는 걸까? 이런 것이 일종의 사회구성원 간 신뢰라는 것일까? 만약 그렇다면 그 신뢰는 어디서 나오는 것일까?

슈퍼마켓 직원이 돈을 돌려준 사건과 이유는 나를 오랜 시간 생각에 빠지게 한 '질문'이었다. 생각 끝에 돈을 환불해준 이유를 나름 두 가지로 추론해보았다. 첫 번째는 '거래비용의 최소화'였다. 내 항의가 맞는지 식료품 가게에서 판단하기 위해서는 여러 방법들을 동원해야 할 것이다. CCTV에 찍힌 물건 살 때의 내 모습을 확인하거나, 아니면 내 신용이나 평판, 과거 거래기록을 조사하는 방법들일 것이다. 어떤 방법이든 비용이 드는 일이다. 돈일 수도, 시간일 수도, 사람의 노력일 수도 있다. 이른바 '거래비용(transaction costs)'이다. 사회 구성원 간 신뢰도의 정도에 따라 이 비용의 크기가 달라질 수밖에 없다. 나와 거래한 식료품 가게의 경우 이런 비용을 지출하는 것보다 고객을 신뢰하고 거래하는 것이 보다 좋은 전략이라고 생각할 수 있었을 것이다. 신뢰를 배반한 사람에게는 사회적으로 엄한 응징이 따르는 시스템이 구축되어 있다면 더더욱 그럴 것이다.

시간이 조금 지나 유학생활이 익숙해질 무렵 가족과 며칠 여행을 한적이 있었다. 거의 집에 다 도착할 즈음 경찰이 사이렌을 울리며 내 차를 세웠다. 밤이었는데 차 전조등 두 개 중 하나가 꺼져 있다며 교통티켓을 발부했다. 일주일 내에 전조등을 고쳐 경찰서에 와서 확인을 받으면 티켓은 무효가 되고, 그렇지 않으면 벌금이 부과된다는 것이었다. 밤에 전조등이 작동하지 않으면 위험하기 때문이라는 친절한 설명도 곁들였다. 다음 날 직접 전조등을 교체한 다음 경찰서에 갔다. 창구에 있는 여경에게 전조등 교체한 것을 확인받으러 왔다고 했다. 여경은 알았다며 "됐다."는 것이었다. 나는 당황스러워하며 밖에 나와 전조등 교체한 것을 확인해야 되지 않느냐고 반문했다. 그러자 여경은 나를 쳐다보며 이렇게 이야기했다. "전조등 갈았다고 방금 나에게 이야기하지 않았나요?" 생각해보니 그랬다. 분명 교체했다고 이야기했고, 교체하지도 않고 와서 확인해달라고 할 리도 없었다. 교체했다는 내 말을 믿고 서로의 수고를 던 것이다.

슈퍼마켓 직원이 내 말을 듣고 돈을 돌려준 이유에 대한 두 번째 추론은 그 가게와 내가 한 번에 끝나는 게임(one-shot game)이 아닌 연속게임을 하고 있기 때문이라는 생각이었다. 그 식료품 가게는 비록 차로 운전해 가는 거리에 있지만 인근 지역 내의 주민들이 많이 이용하는 큰 슈퍼마켓이었다. 주로 고정고객을 상대로 하는 가게였다. 슈퍼마켓의 입장에서 보면 다수의 불특정 인근주민과 끝이 없는 연속게임을 하고 있는 셈이다. 한 번으로 그치는 거래인 단발(單發)게임이라면 단기간에 걸친 자기이익 극대화가 목표가 될 것이다. 다시 볼 상대가 아니라면 내 이익만 챙기면 그만이다. 상대에 협조할 동기유인이 생기기 어렵다. 그러나 연속게임이라면 게임의 룰이 달라진다. 상대와 협조하는 것이 자신에게 돌아올 이득을 극대화하는 경우가 많다. 초단기 이익이 목표가 아니라 길게 보고 이익을 올리는 전략을 짜야 할 것이다. 뜨내기손님이 주로 오는 역 근처 식당과 단골손님이 대부분인 동네식당 음식 맛이 다른 것과 같은 이치다. 인근 주민이 주 고객인 식료품 가게가 역 근처 식당처럼 할 수는 없을 것이다.

깨어 있지 않으면 보지 못한다

내가 슈퍼마켓에서 겪었던 일이 우리 사회에서 벌어졌다면 어땠을까? 우선 종업원은 내 말을 믿기 어려웠을 것이다. 환불을 거절하거나, 여러 방법을 통해 내 말이 맞는지를 따져보려 했을 것이다. CCTV 기록을 보려 했을지도 모른다. 만약 그렇다면 매장에 고가의 검색장비가 설치되어 있어야 한다. 이 과정에서 종업원과 내 시간을 제법 써야 했을 거고 서로 그다지 유쾌하지 않았을 것이다. 실랑이가 벌어졌을 수도 있고 심하면 언쟁이 벌어질 수도 있다. 결과에 상관없이 서로 스트레스를 받았을 것이고, 어쩌면 기분이 상해 그 가게와의 거래를 끊고 다른 슈퍼마켓으로 옮겼을 지도 모른다.

내 경험과 추론을 한 귀로 꿰는 공통점은 '신뢰'다. 개인적 차원에서 누구를 믿고 안 믿고의 문제가 아니라 사회 시스템으로서의 신뢰 문제다. 사회구성원 간의 신뢰와 약속, 예측 가능성, 일관성, 투명성이 낮은 사회는 거래관계에서 모두가 보이지 않는 비용을 더 치를 수밖에 없다. 고(高)비용사회가 되는 것이다. 반면 신뢰가 높은 사회에서는 사회적 거래비용(social transaction costs)이 낮아지고 사회 전반의 효율성이 높아진다. 인간관계에서도 마찬가지다. 신뢰하는 사이에서는 소통이 잘 되지만, 그렇지 않은 경우는 별도로 신경을 써야 하는 '비용'을 치러야 한다. 사회적 거래비용이나 연속게임이란 복잡한 개념에 대한 의식을 할 필요도 없이 관행적, 문화적으로 형성된 신뢰에 관한 문제다.

행복지수 1위 국가인 덴마크 국민이 꼽는 행복의 비결 첫 번째는 '신뢰'다. 정부, 정치인, 주위 사람뿐 아니라 심지어는 처음 만나는 사람에게도 신뢰를 갖는다. 사회 전체적으로 형성된 신뢰관계가 구성원 간의 유대를 강화시키고 결속을 가져온다. 인간관계와 사회구성원 간의 거래에서 사회 전체적으로 거래비용을 낮추는 것이다.

문제는 신뢰에 배반하는 사람이 나왔을 때다. 게임이론에서 나오는 '죄수의 딜레마 게임'에서 동료를 배반하는 경우다. 많은 경우 신뢰를 배반한 사람에게 단기적으로 이익이 되는 경우가 많이 있다. 이때에 이런 '배반'에 적절한 사회적 페널티가 주어지지 않으면 신뢰나 규칙을 지켜봐야 '나만 손해'란 생각을 구성원들이 하게 된다. 결국 신뢰에 배반하는 경우 사회적 조치를 어떻게 취할 것인가가 중요한 문제로 등장한다. 미국에서 생활할 때 현금보다 개인 수표(personal check)가 더 많이 쓰여 대체 뭘 믿고 이런 지급수단이 통용될까 궁금해 한 적이 있다. 개인수표가 은행잔고 부족으로 지급이 되지 못할 경우 수표를 발행한 개인은 그 사회에서 거의 경제활동이 불가능하게 된다는 것을 나중에 알게 되었다. 약속은 지켜져야 하고 깨뜨릴 경우 돌아오는 응징이 크다는 이야기다. '약속'은 결국 사회 구성원 간에 서로 기대하는 '신뢰'의 바깥 모습이었다.

젊은 시절 식료품 가게에서의 작은 사건은 내게 많은 것을 생각하게 해주었다. 얻은 교훈 중 하나는 사회가 내게 던지는 질문이 넘치도록 많이 있다는 것이었다. 궁금한 것들, 잘 이해가 되지 않는 것들, 문제의식을 불러일으키는 것들…. 사소해 보이지만 이런 것들이 사회가 우리에게 던지는 질문들이다. 동시에 우리가 사회를 바꾸는 시도를 할 수 있게 하는 것들이다.

그런 질문에 우리는 깨어 있어야 한다. 어떻게 하면 볼 수 있을까? 우선 우리 주위를 둘러 보는 눈을 가져야 한다. 거창한 것이 아니라 소소한 것에서부터 봐야 한다. 우리 일상에서 조금만 보려 하고, 조금만 귀 기울이면 보이고 들리는 문제나 질문들이 많이 있다. 어떤 사람은 보고 어떤 사람은 보지 못한다. 깨어 있지 않으면 그런 문제가 있는지도 모르고 지나간다. 그리고 그런 마음의 게으름이 쌓이면 사회문제를 보는 '민감도'가 현저히 떨어져서 나중에는 의식도 하지 못한 채 살게 된다. 주위의 작은 것부터 보기 시작하면 나중에는 더 큰 것들이 보이게 마련이다. '아는 만큼 보인다.'는 말을 원용하자면, 관심을 가진 만큼 사회가 던지는 질문이 보인다. 그래서 우리 모두가 작은 것부터 시작해서 깨어 있어야 한다.

덧셈의 합, 틀려가는 답

야구 경기장 앞줄에 있는 사람들이 더 잘 보기 위해 일어선다면 뒷줄의 관중들도 일어나야 한다. 모든 사람이 우르르 일어나면 결과적으로 앉아서 보는 것보다 더 잘 관람하기 어렵게 된다. 한 사람이 조금 더 빨리 가기 위해 깜박이는 노란 불에 진입하여 꼬리물기를 하면 교차로는 교통이 꼬이고 난장판이 된다. 너도 나도 더 빨리 가기 위해 규칙을 어기면 오히려 다 같이 늦어진다. 농민들이 열심히 농사를 지어 수확이 좋아지면 농산물 공급이 늘어 오히려 가격과 농가소득이 떨어질 수도 있다.

개인의 입장에서 보면 자기의 이익을 극대화하기 위해 취한 행동들이지만, 전체를 모아놓고 보면 결코 바람직하지 않은 결과가 나온다. 부분으로 맞는 것과 전체로 맞는 것이 달라 모순이 되는 경우들이다. '구성의 모순(fallacy of composition)'이라고 부르는 현상들이다.

과거에는 개개인의 결정과 행동이 모여 만들어진 사회의 집합적인

(collective) 결정이나 행태가 합리적인 경우가 많았다. 덧셈의 합이 비교적 잘 맞아왔던 것이다. 개발연대 '잘살아 보자'는 구호에 맞춰온 국민이 노력한 결과 이뤄낸 경제발전이나 새마을운동, 경제위기 때의 금 모으기 운동, 어떻게든 가난만은 대물림하지 않겠다는 앞 세대의 희생과 교육열에 따른 교육성과 같은 것들이다. 그런데 언제부터인지 덧셈의 합이 틀려지기 시작했다. 개개인이 자신의 합리성을 기초로 내린 결정이나 취한 행동이 모아졌을 때 사회 전체적으로는 바람직하지 않은 결론으로 가는 경우가 많아진 것이다. 덧셈의 합이 틀려가는 사례가 점점 더 눈에 띄고 있다. 몇 가지를 보자.

고령화 사회로 접어들고 미래소득이 불안정한 상황에서 개인이 소비를 줄이고 절약하는 것은 자연스러워 보인다. 경기가 불투명한 상황에서 기업이 투자를 하지 않고 내부에 자금을 쌓아두는 것도 합리적인 의사결정일 수 있다. 그러나 이런 결정들이 모이면 결국 시장 전체적으로는 수요가 줄어 돈이 돌지 않고 경제는 불황으로 갈 수밖에 없다. 특히 지금과 같은 공급과잉 시대에서는 더욱 문제가 심각하다.

누구나가 자기에게 오는 복지혜택을 늘려달라고 주장한다. 그 소리가 점점 커지고 있고 정치권에서는 포퓰리즘(populism)에 빠져 복지예산을 늘린다. 자칫 재정건전성을 해치고 국가채무를 늘려 경제위기에 봉착하기도 한다. 남유럽이나 남미 여러 나라에서 흔히 보는 광경이지만 우리도 이런 시나리오에서 자유로운 입장은 아니다.

국가적으로 필요하지만 자기 지역에는 혐오시설이 오면 안 된다고 머리를 삭발하거나 머리띠 두르고 시위하는 눈 익은 광경들. 전체 근로자의 10%대에 불과한 노조 구성원과 전체 근로자의 이익 간의 충돌. 단기 경기 관리 정책과 중장기 구조 고도화 정책과의 모순. 우리가 많이 봐온 모습들이 도처에 있다.

 이런 문제들은 결국 '나'를 넘어 '우리'에 대한 것들이다. 사회문제에 대해 각자가 깨어 있는 것 못지않게 공동의 목표를 향해 함께 나아가는 것도 중요하다. 공동체 의식을 가져야 하는 것이다. 이런 맥락에서 '사회적 자본(social capital)'의 중요성이 커지고 있다. 사회구성원들이 공동의 목표를 효율적으로 달성하는 데 필요한 신뢰와 협력, 투명성 등을 의미한다.

 스위스 국제경영개발원(IMD)에서 발표하는 국가경쟁력지수를 보면 우리의 사회적 결속지수는 최근 몇 년 새 절반으로 떨어졌다. 신뢰, 투명성, 성숙한 시민의식의 결여가 심각하다는 의미다. 사회적 갈등해소를 위한 비용으로 GDP의 27%나 쓰고 있다는 통계도 있다. 프랜시스 후쿠야마(Francis Fukuyama) 교수는 자신의 책 《트러스트(Trust)》에서 사회적 자본을 나타내는 사회의 신뢰수준이 국가경쟁력을 결정한다고 하면서 한국을 '저(低)신뢰사회'라고 했다. 최근 논쟁이 뜨거운 경제민주화, 갑을(甲乙)문화, 양극화, 상생, 기업의 사회적 책임들도 '사회적 자본'의 하위 카테고리에 속하는 개념으로 봐도 크게 틀린 말이 아니다. 사회적 자본의 축적이 덜 돼서 이런 것들에 문제가 생기기도 하고, 거꾸로 이런 것들에 문제가 많아 사회적 자본의 축적을 방해하기도 한다.

그렇다면 사회 구성원 간의 신뢰 또는 사회적 자본은 어떻게 형성되는 것일까? 고(高)신뢰사회의 구성원들은 원래 그렇게 타고난 것일까? 도덕적이며 인격적으로 고매해서일까? 단연코 아니다. 그렇게 하는 것이 사회의 효율을 높이고, 그것이 결국 내게 도움이 된다는 것을 오랜 기간 체득했기 때문이다. 수많은 시행착오를 겪으면서 축적된 경험에서 나온 것이다. 그러면서 제도적으로 또는 관행적으로 사회적인 합의가 이루어진 것이다. 상대방에게 내가 무기를 갖고 있지 않다는 것을 증명하기 위해 악수라고 하는 '의식(儀式)'이 나온 것처럼.

단발게임이냐 연속게임이냐

정부에 있을 때 어떻게 하면 '사회적 자본'을 정책적으로 다룰 수 있을까 하는 생각을 골똘히 한 적이 있다. 국장 때 국가의 장기발전전략을 만드는 실무 책임을 맡아 작업을 할 때였다. 발전전략을 뒷받침하는 25년간의 재정투자계획까지 포함시켰다. '비전 2030' 보고서였다. 국가가 나아갈 비전과 이를 구현하기 위한 다섯 가지 핵심전략을 제시했는데, 그 중 하나로 '사회적 자본'이란 개념을 처음으로 넣었다. 사회적 자본의 축적은 정부 정책만으로 될 문제가 아니라 사회 전체적으로 노력해야 될 일이지만, 정부에서 해야 할 일을 여러 갈래로 고민했다. 오죽하면 이런 생각까지 해봤다. 계약직으로라도 경찰을 대폭 증원시켜 교통신호 위반자를 다 잡는다. 예외 없이 말이다. 운전자들이 아우성치고 불평하겠지만 강행한다. 언제까지? 운전자들이 강제적으로라도 교통규칙을 지키고, 모두가 신호를 지키니까 위반할 때보다 더 빨리 가고 사고도 훨씬 줄어든다는 경험을 할 때까지 말이다. 그래서 결국에는 교통경찰이 굳이 잡지 않아도 누구나가 교통규칙을 지키자는 무언의 약속을 하고 행동으로 옮길 때까지 말이다.

거래나 인간관계에서 어떤 게임이 벌어지고 있는가도 중요한 문제다. 단발게임이냐 연속게임이냐에 따라 인센티브가 달라지고 그에 따른 게임의 룰이 바뀐다. 앞장에서 본 것처럼 연속게임일 때 사회의 건강한 인센티브가 더 많이 주어진다면 사회구성원의 거래를 가능하면 연속게임으로 만들어야 할 것이다. 선거 때 정치인들이 무분별한 약속을 남발하는 것은 유권자와 단발게임을 하고 있다고 생각하기 때문이다. 그때가 지나면 그만이라고 생각하기 때문이다. 공약의 이행을 객관적으로 검증하는 제도적 장치를 만들거나 공약(空約)이 된 공약(公約)을 유권자가 기억하고 다음 투표에서 심판한다면 선거라는 정치적 거래관계도 연속게임으로 만들 수 있다. 정부나 기업, 가계도 마찬가지다. 정책고객인 국민에게 투명하고 일관된 모습을 보여야 하고, 고객과의 거래를 단발이 아닌 계속적인 관계로 만들어야 신뢰가 쌓이고 사회적 비용을 전체적으로 낮춘다.

사회구성원 간의 관계가 전체적으로 연속게임화되는 방향으로 간다면 '나 혼자 잘사는 것'이 좋은 것만이 아니라는 것을 알게 된다. '함께 잘사는 것'이 결국 내게 주어질 인센티브를 더 크게 한다. 힘든 사람이 당하는 억울한 일과 어려움에 주위에서 같이 공분(公憤)하고 도와주어야 내가 같은 일을 당할 때 거꾸로 응원을 받는다. 이런 과정을 통해 우리 사회에 무형의 공공재(公共財)가 형성되는 것이다.

　누구든 어느 영역에서나 자신의 이익을 보호하고 추구하는 것은 당연한 일이다. 문제는 그런 행위나 노력에 주어지는 보상이 합리적이지 않을 때다. 그런 경우가 많아지면 개인의 의사결정이나 행위의 합(合)이 사회 공통의 답으로 연결되기가 어려워진다. 남, 주위, 사회보다는 개인의 이익을 추구하는 현상이 두드러지면서 갈등의 골이 깊어진다. 공동체 의식이 사라지게 되는 것이다. 이런 식으로 사회가 굴러가면 점점 덧셈의 답을 틀리게 하는 생태계가 만들어질 수밖에 없다. 여기에다 한번 경쟁에서 밀리면 끝이라는 구도까지 얹어지면 문제가 더 악화될 수밖에 없다.

　자꾸만 틀려가는 덧셈의 합을 다시 맞춰야 할 때다. 부분과 전체 간의 모순을 어떻게 극복하느냐에 우리 사회의 많은 것이 달려 있다. 개개인이 내리는 결정과 하는 행동의 합이 사회 발전을 위해 합리적인 모습으로 나타나도록 해야 한다. 무조건 나보다 사회의 공동이익을 먼저 챙기는 성인군자가 되라는 이야기가 아니다. 주위와 사회를 둘러볼 줄 아는 성숙한 의식을 조금씩 갖자는 말이다. 너, 나가 아니라 우리 모두가 우리 사회가 나아갈 방향에 대해 무언의 합의를 하고 사회를 움직이는 게임의 룰을 고쳐나가야 한다. 덧셈의 합이 틀리지 않게 하는 이런 슬기를 모으는 것이야말로 '사회에 대한 반란'의 핵심 내용 중 하나다.

우리 사회의 '킹 핀(king pin)'

볼링에 핀이 열 개 있다. 한 번에 열 개의 핀을 다 쓰러뜨리려고 맨 앞에 보이는 1번 핀을 정면으로 맞추면 대부분의 경우 실패한다. 맨 뒷 열양끝 쪽 핀들이 쓰러지지 않고 남아 있거나 쓰러뜨리기 힘든 핀들이 스페어로 남게 된다. 전문가들은 1번과 그 뒤쪽 옆 3번 핀 사이 뒤에 숨어 있는 5번 핀을 겨냥해야 열 개의 핀을 다 쓰러뜨리는 스트라이크가 나올확률이 가장 높다고 한다. 그래서 뒤에 숨어 있는 5번 핀을 볼링에서는 '킹 핀(king pin)'이라고 한다. 이 킹 핀을 '급소'라고도 하고 '문제의 핵심'이라고도 한다.

킹 핀은 원래 볼링 용어가 아니었다. 아마존이나 인도네시아 밀림에서 벌목한 나무를 강물에 띄워 수송할 때 나무들이 서로 뒤엉켜 내려가지 못하는 경우가 생긴다. 이때 엉키는 원인이 되는 나무 한두 개를 건드려주면 다시 내려가는데 이 나무를 킹 핀이라고 불렀다. 문제는 1번이나 3번 핀과 달리 5번 핀은 다른 핀들 뒤에 숨어 잘 보이지 않는다는 점이다. 마치 밖으로 나타난 현상은 잘 보이는데 그 속에 숨은 근본원인이라는 뿌리는 잘 보이지 않는 것처럼 말이다.

문제의 핵심을 건드려야 문제를 풀 수 있다. 손가락으로 달을 가리키는데 달은 잊어버리고 손가락을 쳐다보는 경우가 많다. 이른바 '견지망월(見指忘月)'이다. 사안의 본질이나 핵심을 보지 못하고 겉으로 나타난 현상만을 보는 경우다. 그러다 보니 문제의 근본적 원인 해결이 아니라, 현상의 치료에 매달리는 우(愚)를 많이 범하게 된다. 이 경우 문제가 해결되기는커녕 오히려 더 왜곡되기도 한다. 우리가 이미 여러 번 경험한 일들이다. 왜 이런 일이 생길까? 진짜 문제의 핵심이 무엇인지 모르거나, 또는 알더라도 해결방법을 모르기 때문이다.

대학을 예로 들어보자. 대학이 위기라고 한다. 우리 사회 인재를 기르는 시스템이 위기라는 뜻이다. 무엇이 문제의 핵심일까? 흔히들 이야기한다. 학생 수가 줄어들고 수년간의 등록금 동결 등으로 재정이 어렵다고. 교육당국의 재정지원에 의존할 수밖에 없고 그러다 보니 학문과 대학운영의 자율성이 위협받는다고. 조금 다른 각도에서 보자. "스티브 잡스가 한국에서 태어났다면 대학도 가지 못한 낙오자가 됐을 것이다. 청년들이 공무원이 되거나 대기업 취업을 꿈꾸는 나라는 희망이 없다." 얼마 전 한국에 온 '실패학의 대가'라는 시드니 핀켈스타인(Sydney Finkelstein) 다트머스대 교수의 말이다. 나는 후자에 보다 근본적인 문제의 단초가 있다고 생각한다. 학생 숫자가 늘고 재정에 여유가 생겨도 우리 대학의 문제는 해결되지 않을 것이다. 아니, 지금의 대학 교육시스템이 계속된다면 급한 불 껐다는 생각에 위기의식마저 사라져 문제가 더 곪을 가능성이 크다. 결국 청년들을 일정한 길로 가도록 내모는 우리 사회의 보상체계와 거기에 순응하는 대학 자체에 더 큰 문제가 있다.

지난 20년 동안 겪었던 두 번의 경제위기도 좋은 시사점을 준다. 우리는 1997년 IMF 외환위기와 2008년 국제금융위기를 모두 신속하게 극복했다고 자화자찬했다. 그러나 근본문제를 해결하기 위해 '킹 핀'을 찾아 쓰러뜨리기보다는 밖으로 나타난 현상과 증세의 치료에 급급했던 것은 아닌지 반성해봐야 한다. 얼굴에 분칠하는 정도의 개혁을 추진하며 해결하는 시늉만 내지는 않았는지 말이다. 대외여건의 호전이나 단기 정책적 대응으로 어려움을 일시적으로는 풀 수 있을지 모르겠지만 근본문제를 해결하지 않고서는 더 심각한 위기가 다시 올 수밖에 없다.

우리 사회의 킹 핀은 무엇일까? 복잡하게 얽힌 우리 사회 문제들의 핵심은 무엇일까? 우리 사회문제를 볼링의 '핀'이라 가정한다면 핀이 열 개일 리는 만무하다. 아마도 마지막 줄 네 개의 핀 뒤에 더 많은 핀들이 발산(發散)하는 모습을 보일 것이다. 우선 눈에 잘 보이는 맨 앞의 1번 핀을 '저성장'이라고 생각해보자. 그리고 그 뒤의 2번 핀을 '청년실업', 그 옆의 3번 핀을 '저출산'이라고 가정해보자. 1번 핀을 넘어뜨리면 2번, 3번 핀도 같이 쓰러뜨릴 수 있을까? 아니다. 고용 없는 성장시대에 성장률이 올라간다고 청년실업이 해결되거나 출산율이 올라가지 않는다. 그렇다면 우리 사회에 산적한 문제의 급소나 핵심은 무엇일까? 이 핀들을 가급적 많이 넘어뜨릴 수 있는 킹 핀은 과연 무엇일까?

우리 사회의 '킹 핀'을 찾기 위해서는 최근의 시대상황과 앞으로의 변화에 대해 먼저 생각해봐야 한다. 우리는 전에 한 번도 경험하지 못한 엄청난 변화 흐름 두 개가 교차하는 지점에 지금 서 있다.

변화의 첫 번째 새 흐름은 '4차 산업혁명'이다. 기계에 지능이, 현실세계에 가상세계가 얹어지고 있다. 인공지능 알파고와 이세돌 9단의 바둑 대결을 통해 우리에게도 이미 피부로 느껴질 만큼 성큼 현실로 다가왔다. 지금 초등학교에 입학하는 아이들이 사회에 나와 갖게 될 일자리 세 개 중 두 개는 현재 존재하지도 않는 직업일 것이란다. 4차 산업혁명의 전개 속도는 과거 변혁기의 선형적(線型的) 속도와 달리 상상을 초월할 만큼 기하급수적이다. 디지털 혁명을 기반으로 다양한 기술 간 융합을 통해 개개인뿐 아니라 경제, 기업, 사회의 패러다임을 바꿀 것이다. 한마디로 이 변화의 흐름은 멀지 않은 장래에 우리 삶을 송두리째 뒤바꿀 태세다. 그럼에도 4차 산업혁명을 주창한 다보스 포럼 창시자 슈밥(Schwab)은 "우리는 아직도 새 혁명의 속도와 깊이를 완전히 이해하지 못하고 있다."고 술회할 정도다.

사회보상체계와 거버넌스

이제까지 없던 새로운 산업의 혁명을 이끄는 것은 결국 '사람'과 '투자'

다. 인적 자원인 사람과 물적 자원인 돈의 투자에 의해 혁신이 이루어지고, 이러한 혁신은 끊임없는 변화를 만들어낸다. 결국 사람과 돈의 흐름의 문제로 귀결되는데, 이 흐름을 결정하는 것이 사회보상체계다. 어떤 사고와 행태에 사회가 더 보상해주며, 누구에게 얼마를 더 주고 덜 주느냐의 문제다.

왜 대부분의 사람들이 명문 대학에 가려 하고 대기업이나 공공기관에 취직하려 할까? 왜 그런 길에 자기의 시간과 금전적 투자를 아끼지 않는 것일까? 그것은 그런 트랙을 갈 때, 그 길에 투자를 했을 때 돌아오는 리턴(return)이 컸기 때문일 것이다. 그것이 우리 사회의 보상체계였기 때문이다. 그러므로 사회구성원의 사고와 행태를 다른 방향으로 바꾸려면 바로 이 사회보상체계를 건드려야 한다.

변화의 두 번째 새 흐름은 '다수 대중의 분노와 초(超)갈등사회'의 출현이다. 가진 자, 기득권층, 사회 시스템, 사회를 움직이는 게임의 룰에 대한 대중의 분노가 임계점(臨界點)을 넘어서고 있다. 이런 분노들은 안에서 내연(內燃)하다가 어떤 계기가 도화선이 되면 폭발한다. 이른바 '티핑 포인트(tipping point)'를 넘는 것이다. 이런 예를 특히 최근에 많이 보게 된다. 2016년 미국 대통령 선거에서 많은 사람이 예상하지 못한 트럼프(Trump) 후보의 공화당 후보 지명과 대통령 당선. 민주당 경선 과정에서의 샌더스(Sanders) 전 상원의원의 돌풍. EU를 탈퇴하겠다는 영국의 브렉시트(Brexit) 결정. 2016년 4월 우리나라 20대 총선에서 예기치 않은 여당의 참패. 2016년 겨울 민중 촛불집회로 촉발된 대통령 탄핵.

모두 다수 대중의 분노가 티핑 포인트를 넘어선 예들이다. 앞으로 어떤 계제로 이런 분노가 다시 폭발할지 아무도 모른다.

최근 다수 대중이 분노하는 공통적인 이유는 무엇일까? 바로 기울어진 '사회구조'에 있다. 승자가 독식하는 경쟁판, 가진 자들만의 리그, 넘볼 수 없는 기득권 카르텔, 부와 사회적 지위의 대물림, 점점 심해지는 양극화. 이같이 불평등의 정도가 점점 커져 불공정의 문제로까지 확산되면 많은 사람들이 경쟁의 결과에 승복하지 못하고 사회갈등과 불만이 쌓이게 된다. 이런 맥락에서 우리 사회의 또 다른 킹 핀은 '거버넌스(governance)'다. 앞서 누가 더 받고 덜 받고의 문제를 보상체계라고 했다. 거버넌스는 그 보상체계를 누가, 어떤 절차와 규칙에 따라 결정할 것인지의 문제다. 즉 사회를 움직이는 게임의 룰을 결정하는 주체와 절차, 방법에 관한 문제다.

사회를 움직이는 중요한 의사결정은 그동안 소수의 정치인, 고위관료, 경제적 강자 등에 의해 탑다운(top-down) 방식으로 이루어져 왔다. 그런 의사결정자들이 기득권 카르텔을 형성하면서 현재의 사회보상체계가 계속 유지되는 방식으로 흘러왔다. 만약 이런 사회구조에서 사회갈등과 대중의 분노가 촉발된 것이라면 현재의 거버넌스 시스템의 문제와 개선방안에 대해 심각하게 고민할 때가 된 것이다.

하지만 이런 맥락에서 간과해서는 안 될 문제가 있다. 불평등 문제 때문에 경쟁 자체를 터부(taboo)시해서는 안 된다는 점이다. 시장경제에서 경쟁은 당연한 것이다. 경쟁을 통해 시장이 작동하고 사회 전체의 효율이 올라간다. 물론 시장이 늘 완벽한 것도, 경쟁이 늘 최선인 것만도 아니다. 요컨대 핵심은 '건전한 경쟁 생태계'를 만드는 데 있다. 그런 면에서 최소한 다음 두 가지 징후가 두드러지게 나타날 경우 사회구조적인 문제의 해결에 각별히 신경을 써야 한다.

첫 번째는 개인이 아무리 노력해도 넘을 수 없는 벽이 생기는 경우다. 이렇게 되면 계층이동이 불가능해져 사회적 이동의 기회가 단절된다. 양극화가 극도로 심해지면서 계층구조가 고착화되면 지속 가능한 경쟁 생태계를 유지하기 어렵다.

두 번째는 경제적 힘을 가진 소수의 사회적 강자가 사회를 움직이는 게임의 룰 결정에까지 막대한 영향력을 미치는 경우다. 그렇게 되면 다수 대중은 목소리를 내지 못하고 사회 의사결정 시스템에서 소외된다. 이런 현상이 심화되면 많은 사람들이 게임의 룰이 만들어지는 방식에 동의하지 못하게 되고 언젠가는 그 분노가 폭발하게 된다.

우리 현실을 냉철하게 보자. 두 가지 중 하나 또는 두 가지가 동시에 작용하고 있지는 않은지. 경쟁 생태계를 교란시켜 지속 가능한 발전을 저해하는 이런 문제들로부터 우리는 어느 정도 자유로운지.

달을 가리키는 손가락을 쳐다보는 일은 쉽다. 볼링을 하면서 앞에 보이는 1번 핀을 겨냥하는 것도 쉬운 일이다. 마찬가지로 나타난 현상만을 보고 대증적인 해결책을 찾는 것은 그다지 어려운 일이 아니다. 그러나 깊이 뿌리박힌 문제의 근본 원인은 찾기도 어렵거니와 뽑아내는 것은 더욱 어렵다. 뿌리가 깊은 것은 물론이고, 그 위에 오랜 기간 굳건히

서있던 나무부터 저항하기 때문이다. 우리 사회의 킹 핀이 무엇인지 찾기도 어렵지만, 찾았다 하더라도 오랫동안 쌓인 문제들이 화석(化石)화 되다시피한 구조적인 것들이어서 바꾸기 여간 힘이 드는 게 아니다. 현재의 사회체제하에서 공고하게 기득권을 형성하고 있는 층의 반발까지 감안한다면 더욱 그렇다. 그러나 밑동이 이미 썩어가고 있는 것을 안다면, 그래서 나무도 이파리도 모두 공멸할 수밖에 없다는 것을 안다면 이제는 모두가 그 썩은 뿌리를 캐내는 노력을 해야 하지 않겠는가!

누가 더 가져가는가
_ 사회보상체계

얼마 전 학위수여식이 있었다. 졸업생이 주인공이 되도록 식을 바꿨다. 마지막 순서는 교수들과 함께 졸업생들을 위해 불러준 노래였다. 선곡 (選曲) 과정에서 별다른 이견 없이 고른 노래가 '걱정말아요 그대'였다. 격려와 응원의 뜻뿐 아니라, 험한 세상으로 나가는 졸업생에 대한 위로의 의미까지 담아서였다.

젊은이들이 점점 더 힘들어지고 있다. 어깨에 얹어지는 짐들은 더 늘고 취업난은 점점 심해지고 있다. 청년 일자리 문제를 해결하기 위해 여러 대안들이 나오고 있다. 크게 두 부류다. 첫째는 일자리를 늘리는 것이다. 노동시장 수요측면의 접근이다. 공공 일자리 확충이나 한국판 뉴딜(New Deal) 등이다. 둘째는 공급 측면의 접근이다. 교육개혁, 4차 산업혁명에 맞는 인재육성 등 노동력의 질 개선에 대한 것이다. 다 맞는 이야기들이다. 그러나 이 접근들만으로는 부족하다. 이런 것들에 얹어

노동시장 자체를 역동적으로 만드는 것이 필요하다. 비정규직 문제, 대기업 중소기업 간 임금격차 해소, 고용과 임금구조의 유연성 등을 해결해야 한다. 이러한 문제들은 앞에서 우리 사회의 킹 핀 중 하나로 꼽았던 '사회보상체계'와 직결되는 문제들이다.

사회보상체계는 누가 더 가져가고 덜 가져가느냐의 문제다. 우리 사회의 인센티브 시스템인 것이다. 인센티브에 따라 사람들은 반응한다. 의식하든 못하든 사람의 생각과 행태가 바뀌고 사람과 돈의 흐름이 결정된다. 이런 우리 사회의 보상체계에 문제가 없는지 대대적인 점검과 리빌딩(rebuilding)이 필요하다. 이를 위한 중요한 체크 포인트 두 가지를 짚어본다. 첫째는 사회 구성원이 하는 일이나 쏟는 노력, 기여에 따른 보상이 과연 적정한가 하는 문제이다. 둘째는 어느 사회건 구성원들에게 돌아가는 보상에서 차이가 나는 것은 자연스러운 일이지만 그 격차가 얼마나 합리적인가 하는 문제다.

이런 점에 착안한다면 사회보상체계를 점검하는 데 유용한 대표적인 질문들이 있다. 우리 사회에서 초과이윤이 과대하게 발생하는 부문이 있지는 않은가? 경쟁의 결과를 승자가 독식하지는 않는가? 끼리끼리 문화인 순혈주의가 만연하면서 동종교배의 폐해가 나타나지는 않는가? 이런 행태로 인해 기득권과 보이지 않는 카르텔이 형성되어 자신들의 이익을 끊임없이 확대재생산하고 있지는 않는가? 만약 답이 "그렇다."라면 '보상의 적정성'이나 '합리적인 격차'의 원칙이 무너지면서 우리 사회의 보상체계에 이상이 생겼다는 의미다.

초과이윤 _철밥통 구조

몇 가지 예를 보자. 조기 교육 열풍, 주입식 교육, 사교육비 지출. 모두 명문대에 진학하기 위한 노력들이다. 학교 성적, 어학점수, 해외연수, 인턴 경험, 각종 스펙을 쌓으려는 시도들. 대체로 대기업이나 공공기관에 취업하려는 노력들이다. 왜 이런 길로 몰릴까? 이제까지는 이러한 방식과 경로에 더 많은 보상이 주어졌기 때문이다. 그 공식에 따라 가정교육, 제도권 교육 등 젊은이들에 대한 사회화(socialization)가 이루어졌다.

조금 더 나아가보자. 사회에서 흔히 볼 수 있는 '하는 일'과 '처우' 간의 괴리다. 일자리 시장에서 어떤 직종이나 부문에서는 '초과이윤'이 발생한다. 하는 일이나 노력에 비해 과도한 보상을 받는 경우다. 공공부문, 규제나 면허사업, 독과점 대기업의 성(城)에 있는 사람들에게는 상대적으로 더 큰 보상이 간다. 시험 한 번 붙은 것으로, 자격증 하나로, 특정 직종에 들어왔다는 것 자체로 평생을 우려먹고 사는 '철밥통'이 되기도 한다. 사범대나 교육대를 나와야만 교사가 되고, 한 번 교사는 영원한 교사다. 반면 그런 성 밖에서는 피 튀기는 경쟁과 저임금, 불안정한 고용에 시달린다.

그뿐인가? 비정규직의 임금은 정규직의 60%에도 못 미친다. 대기업 정규직, 그들과 같은 공장에서 같은 일을 하는 하청기업 파견자, 비정규직 간의 임금구조 차이는 퇴적암이 쌓여 형성된 색색깔의 암석구조 같다. 정규직 간의 임금 차이도 그렇다. 중소기업 정규직 연봉 3,363만

원, 대기업 정규직은 그 두 배 이상, 그리고 100대 기업 등기 임원의 연봉은 8억 8천만 원이 넘어 대기업 정규직의 13배에 달한다(통계청, 경총). 정반대의 문제도 짚을 필요가 있다. 비슷한 근무연수의 교사나 공무원은 자기의 기여나 노력의 정도와 아무 상관없이 동일한 보수를 받는다. 성과급 제도를 도입한 곳도 있지만 상당수는 '눈 가리고 아웅'하는 격이다. 어떤 곳은 성과에 따라 나눠줬더니 자체적으로 걷은 뒤 다시 1/n로 나눠준 곳도 있다.

이런 사회보상체계 아래에서는 당연히 '초과이윤'이 발생하는 곳으로 사람과 자원이 몰린다. 경제학 이론에 따르면 초과이윤이 발생하면 공급이 증가하면서 가격이 떨어져 다시 정상이윤으로 복귀해야 하는데 이 구조는 그렇지 않다. 공급을 늘리는 방법을 제도적으로 막는 경우가 많기 때문이다. 정부 규제나 기득권이 만든 진입장벽들이다. 결과적으로 사람과 돈의 흐름이 왜곡된다. 누구나 명문대를 가려고 애쓰고, 특정 직종이나 대기업으로 가려 한다. 컨베이어 벨트 위에 청년들을 올려놓고 같은 트랙을 가도록 몰아넣고 있다. 그 길에서 걷는 인생의 궤적은 짐작하는 그대로다. 초등학교 때부터 취업시험을 볼 때까지 정답을 찾는 구조, 내용보다는 포장에 더 신경 쓰는 스펙 쌓기, 남과의 경쟁에서 이겨야 한다는 강박관념, 주위를 둘러보기보다는 나 챙기기에만 바쁜 이기주의. 더 나아가 창의적, 생산적인 부문으로 흘러가야 할 사람과 돈까지도 빨아들인다. 우리 사회가 만든 일그러진 보상체계가 청년들을 얼마나 엉뚱한 길로 가게 만들고 있는지 다같이 반성해야 한다.

이런 문제를 해결하기 위해 가장 먼저 해야 할 일은 초과이윤에 대한 완전하고 투명한 정보공개다. 그늘에 가려져 있던 실상을 햇빛 아래로 끄집어내는 것이다. 경제적 혜택뿐 아니라 보이지 않는 특혜와 영향력까지도 상세하게 공개하는 것이다. 구린 것은 햇빛 아래로 나오면 어떤 식으로든지 정화(淨化)가 된다. 이를 바탕으로 특정부문에서 누리는 초과이윤을 점차 정상 수준으로 낮춰나가야 한다.

자기들만의 리그 _승자독식 구조

승자독식 구조도 큰 문제다. 승자가 계속해서 이기는 구조, 패자부활전이 인정되지 않는 구조로 인해 사회보상체계의 문제가 커진다. 한 번 경쟁에서 밀려나면 다시 경쟁대열에 참여하기 어렵다. 초등학교 때부터 대학에 이르기까지 줄곧 상위그룹에 속하지 않으면 명문 대학 진학이나 안정적인 직장을 구할 가능성이 현저히 줄어든다. 직장인들도 사내 경쟁에서 한 번 밀려날 경우 지속적인 낙오상태를 경험할 가능성이 높다. 자영업자나 기업의 경영자도 다르지 않다.

정치구조는 특히 더하다. 5년 단임 대통령제와 소선거구 단순 다수대표제는 한 표라도 더 얻은 일등만 당선되고 나머지 후보의 표는 죽은 표가 된다. 당선자에 투표한 유권자의 의사는 정치적으로 과잉 대표되고, 그렇지 않은 유권자의 의사는 무시되거나 과소 대표된다. 결국 기득권의 의사가 과도하게 반영될 위험성이 크다. 실질적 민주주의를 구현하지 못하고 사회격차를 벌릴 가능성이 많아진다. 우리 정치제도에 대한 일대 수술이 필요한 이유다.

견제받지 않는 권력은 자기들만의 리그를 만들 가능성이 크다. 법조계, 의료계, 관계, 언론계, 학계 등 곳곳이 그렇다. 권력 카르텔, 기득권 카르텔이 만들어지는 것이다. 시장에서도 마찬가지다. 대기업과 중소기업의 관계, 사학재단과 대학과의 관계, 거의 모든 거래의 갑을 관계에서 흔히 볼 수 있는 모습들이다. 사회 각 부문에서 견제와 균형이 이루어지도록 제도와 관행을 바꿔야 한다.

승자독식 사회의 폐해는 생각보다 심각하다. 이기지 못한 사람들의 절대적, 상대적 박탈감도 그렇지만, 사회 전체적 자원이 비효율적으로 소비되는 문제가 있다. 학벌 경쟁이 대표적인 예다. 개인의 적성에 따른 다양한 교육기회가 아니라 일류 대학 진학을 목표로 일률적인 학습에 매몰되고 있다. 인적자원의 다양성 부족으로 국가경쟁력이 떨어진다. 가계는 사교육비 부담으로 휘청거린다. 과다한 사교육비 지출로 가계의 구매력이 떨어져 내수 부진의 중요한 원인이 된다. 그뿐만 아니라 사회 구성원들은 불필요하게 과다한 스트레스에 노출된다. 치열한 경쟁과 한 번 낙오하면 끝이라는 사회 현실이 그렇게 만든다. 경쟁 상대를 이기는 것만이 목표가 되어 사회공동체가 가져야 할 다양한 형태의 협력이 나오지 못하고, 실패에서 얻는 창의의 싹을 자르게 된다. 승자독식 구조 때문에 치르는 사회적 비용을 줄이는 전방위 노력을 기울여야 한다.

끼리끼리 _순혈주의 구조

카르타고와 싸운 1차 포에니 전쟁을 승리로 이끈 로마의 지도자 크라수스는 로마 출신이 아니다. 로마와 40년간 전쟁을 벌이며 제국을 괴롭혀온 삼니움 족 평민 출신이다. 이렇듯 로마의 지도자 중에는 피정복국 출신들이 많았다. 몽골도 비슷하다. 전성기 몽골군 병력은 불과 10만에 불과했지만 피정복민과 이방인을 거리낌 없이 받아들이고 그들을 대우하고 활용했다. 인류 역사상 가장 강성했던 나라들을 분석한 《강자의 조건》에서는 순혈주의야말로 몰락한 국가들의 공통점이라고 한다. 반면 강대국이 되기 위한 필요조건의 하나로 '다양성의 수용과 관용'을 꼽았다. 애스모글루(Daron Acemoglu)와 로빈슨(James A. Robinson)이 쓴 《국가는 왜 실패하는가(Why Nations Fail)》에서의 결론도 동일하다. '포용적 제도'가 실패한 나라와 성공한 나라를 가른다는 것이다.

우리 사회에 만연되어 있는 끼리끼리 문화는 어떨까. 각 부문에서 순혈주의를 조장하는 제도와 관행이 너무 많고, 고쳐야 할 게 한둘이 아니다. 아무리 전문성이 필요하다 하더라도 공무원과 법조인 임용제도, 각종 자격증 제도, 사관학교나 경찰대 운영 등을 통해 같은 직종 내에서 동종교배하며 자기들만의 리그가 만들어지곤 한다. 고시제도를 손보고 민간에서 경쟁력이 입증된 인재를 선발하는 등 임용 제도부터 바꿔야 한다. 법조인이나 자격증 소지 직업인과 같이 직역(職域)이기주의에 빠지기 쉬운 분야에 대한 인력 공급도 크게 늘려야 한다.

교수와 교사의 채용과 평가방식도 다양화할 필요가 있다. 박사학위

소지자뿐 아니라 다양한 사회경험을 가진 전문가들이 교수가 되는 길을 열고, 사범대나 교육대 출신만이 교사가 되는 진입장벽을 낮추어야 한다. 그런 출신보다 더 실력 있는 사람, 다양한 경험과 열정을 가진 사람들도 많다. 필요하다면 이런 사람들에게 교사로서의 소양을 훈련시키면 될 것이다. 충원채널을 넓히면 교직 사회에 건전한 경쟁을 불어넣을 뿐 아니라 교육소비자에게도 다양한 기회를 제공하게 된다.

고질적인 순혈주의에는 '관피아'도 있다. 금융권에는 경제 관료 출신들이, 교육계에는 교육부 퇴직 관료가 포진하고 있다. 이런 촉수는 민간부문에도 뻗쳐 있다. 대형 법무법인이나 회계법인에는 공정거래위원회, 국세청 출신 관료와 고위 검사 출신들이 있고 재벌 계열사 사외이사 자리도 꿰차고 있다. 이런 순혈주의와 동종교배 구조를 바꿔야 건전한 보상체계가 만들어진다.

사회보상체계를 바꾸는 것은 어려운 일이다. 사회를 움직이는 게임의 룰을 바꾸고 기존의 이해 구조를 건드리기 때문이다. 이해당사자의 엄청난 반발과 갈등을 불러일으킬 것이다. 우리 사회가 기득권 카르텔로 촘촘하게 짜여져 있기 때문에 더욱 그렇다. 그러나 이 '킹 핀'을 건드리지 않고는 구성원들의 사고와 행태를 바꾸고 우리 사회를 변화시키는 일은 요원하다. 꼼꼼하게 준비해야 한다. 비전을 제시할 수 있어야 하고, 사회보상체계를 바꾸는 콘텐츠를 채워야 한다. 그리고 그런 콘텐츠를 실행에 옮길 수 있는 정책 어젠다들을 개발해야 한다. 재정, 금융, 세제, 산업, 부동산, 중소기업, 복지, 교육정책 분야의 정책 어젠다들이다. 사회가 나아갈 큰 방향을 정한 뒤, 실천을 돕기 위해 이런 정책 어젠다들을 패키지로 만들어 뒷받침해야 한다. 그렇게 사회보상체계를 건전하게 리빌딩(rebuilding)하여 일자리를 포함해 우리 젊은이들을 힘들 게 하는 많은 문제들이 해결되면 좋겠다.

총장과 교수들이 졸업생에게 노래를 불러준 졸업식은 작은 감동을 주고 끝났다. 참석자들이 즐거워했다. 식을 마친 뒤에 앞으로 졸업식에서 노래를 합창하는 전통을 만들자는 의견도 나왔다. 만약 그런 결정이 난다면 다음에는 위로가 아니라 축하와 격려의 뜻만 담은 노래를 졸업생들에게 불러주고 싶다.

누가 결정하는가
_ 거버넌스

대학 총장으로 오면서 가능한 한 많은 학생들을 만나고자 했다. 그들의
생각과 고민, 어려운 현실과 희망, 꿈과 좌절에 대한 이야기를 듣고 같
이 느끼고 싶었다. 첫 프로그램은 점심시간을 이용해 샌드위치나 피자
를 먹으며 학생들을 만나는 '브라운 백 미팅'이었다. 2년 넘게 이 미팅
을 가지면서 만나는 학생들에게 주제에 상관없이 무슨 이야기든 하도록
했다. 씩씩하게 자기 목소리를 내도록 북돋았다. 자기와 관련된 사안이
나 학교 운영에 대하여 관심을 갖고 의사결정 과정에 적극 참여하게 하
기 위해서였다. 지금 몸담고 있는 '사회'인 학교에서부터 이런 경험을 쌓
아야 나중 '바깥 사회'에 나가서도 그렇게 할 수 있기 때문이다. 역시 가
장 많이 제기한 주제는 학교에 대한 건의였다. 교과목 개설이나 선택과
목 변경 등 수업에 대한 내용, 동아리나 소학회와 같은 학생활동, 인턴
이나 창업 등 진로 문제, 그리고 기숙사, 식당, 실험실, 기자재 같은 시

설에 대한 건의들도 있었다. 회차가 거듭될수록 의견 개진이 늘고 활발해졌다.

　예산실장으로 있을 때 '정책고객과의 대화'라는 프로그램을 만든 적이 있다. 정책의 고객인 일반 국민들의 이야기를 듣기 위해서다. 한번은 보육에 대한 새로운 제도를 만들고 나서 피드백을 듣고 싶었다. 아이를 시설에 보내지 않고 집에서 돌 볼 경우에도 생후 24개월까지 양육수당을 지급하기로 결정한 직후였다. 그 나이가 지나 아이를 시설에 보내면 보육비를 지원해주는 시스템이었다. 어린 아동의 어머니들과 어린이집 운영자, 보육교사들과 만났다. 한 어머니가 이런 이야기를 했다. 자기 아이는 장애가 있는데 24개월 지난 후 찾아보니 집 근처에 장애아동을 받는 시설이 없다는 것이었다. 제도를 만들 때 미처 생각하지 못했던 사례였다. 바로 제도를 고쳐 장애아동의 경우는 초등학교에 입학할 때까지 양육수당을 지원토록 했다. 그리고 젊은 어머니에게 본인의 케이스를 정책고객의 대화를 통해 제도를 고친 사례로 소개해도 되겠느냐고 물었다. 흔쾌히 허락해주었고 자료집 표지에 사진과 함께 소개가 됐다. 그분은 자신의 건의로 정책이 실제 바뀌었다는 사실에 대단히 보람 있어 했다.

　앞에서 우리 사회의 킹 핀 중 하나로 '거버넌스'를 꼽았다. 거버넌스는 누구에게 더 주고 덜 주고를 포함한 사회보상체계를 누가, 어떤 절차와 규칙에 따라 결정할 것인가의 문제라고 했다. 우리 사회를 움직이는 게임의 룰을 결정하는 주체와 방법에 대한 것이다.

한번 살펴보자. 현재 우리의 거버넌스 시스템은 어떤가? 우리 사회의 중요한 의사결정은 누가, 어떤 절차와 방법으로 해왔는가? 단적으로 IMF 경제위기 이후 지난 20년 동안 위로부터의 변화와 개혁은 늘 실패해왔다. 항상 국민에게 실망을 안겨줬다. 국가지도자나 국민대표 뽑을 때 거창한 담론과 공약이 난무했지만 사회문제를 해결하는 데는 모두 실패했다. 어떤 때는 새 인물이 나와 눈길을 끌고 지지를 받기도 했지만 시간이 지나고 보니 그들 역시 마찬가지였다. 사회와 국가발전을 생각한다고 했지만 실상은 개인과 지역, 당파의 정치적 이익을 우선했거나, 실력이 부족했다. 우리가 지향해야 할 사회가 어떤 모습인지 비전과 철학이 없었다. 우리 사회의 뿌리 깊은 문제와 그 원인이 무엇인지 잘 알지 못했다. 그런 것을 풀 문제해결 능력 역시 부족했다. 따지고 보면 지도자나 국민대표자만의 문제가 아니라 우리 사회의 총체적인 실력이 그 정도라는 생각도 든다.

국가지도자는 너나 할 것 없이 뽑힌 지 얼마 안 돼 욕을 먹기 시작해 결국은 만신창이가 되는 구조적인 악순환이 거듭되고 있다. 1987년부터 20년 동안 국회를 통과한 3천 개가 넘는 법안이 행정부 실무자를 떠나 국회 의결을 거쳐 집행단계에 이르기까지 평균 35개월이 걸렸다. 새 정부 임기 초에 시작하면 레임덕이 시작될 쯤에나 실행에 옮기게 되는 것이다. 정부나 반대정파가 하려고 하는 일을 안 되게 하는 것은 용이한 반면, 정작 시대가 요구하는 결정과 추진은 어렵다. 국회에서 통과하지 못하고 있는 수많은 쟁점법안들이 그 예다. 그뿐만 아니라 행정, 사법, 검찰과 경찰, 교육, 금융, 의료, R&D, 방송통신 등 거의 모든 기능과 시스템을 대통령, 국회, 중앙정부, 중앙당이 틀어쥐고 있다. 거버넌스 시스템을 지배하고 있는 것이다.

더 큰 문제는 거버넌스 시스템에 있는 의사결정자들에 대한 국민의 신뢰수준이 낮다는 것이다. 국회의원이나 고위 관료에 대한 신뢰도는 거의 최하위다. 언론보도도 믿기 어렵다고 생각한다. 사법부 판결에도 '유전무죄 무전유죄'라는 말이 나온다. 많은 국민은 약속을 지키고 정직하게 살면 손해라고 생각한다. 거버넌스를 포함한 시스템 개혁 문제는 구성원 간의 사회적 합의를 통한 해결이 시급하지만, 상호 신뢰가 떨어지면 오히려 이념이나 선악 쟁점이 이슈화되고 갈등이 증폭된다. 한 발짝도 나아갈 수가 없게 되는 것이다.

그러다 보니 문제를 남에게서 찾고 비판하는 행태가 넘쳐난다. 정치는 관료와 재벌에, 관료는 정치와 여론에, 재벌은 정치와 관료와 노조에, 보수는 진보에, 진보는 보수와 신자유주의에. 그러면서 내가 누리는 권리나 이익, 주장은 당연한 것으로 간주하고 다른 사람의 권리나 논리는 부당하다고 생각한다. 다른 사람을 짓눌러야 내가 생존할 수 있다는, 경쟁을 넘어선 투쟁의 정서가 팽배해 있는 것이다.

이제는 우리 사회의 거버넌스 시스템에 진정한 변화를 주어야 한다. 그렇지 않으면 어떤 문제도 해결되지 않는다. 거버넌스의 변화를 통한 '근원적 새로움'을 만들어야 한다. 지금까지의 거버넌스 구조에서 빠져 있던 아래로부터의 반란이 필요하다. 청년, 자영업자, 중소기업인, 농민, 학부모 등이 자신들에게 영향을 미치는 정책의 결정과정에서 목소리를 내야 한다. '아래로부터의 참여'가 광범위하게 일어나야 한다. 아래에 있는 사람들이 사회문제에 눈 감고 귀 닫으면 안 된다. 특히 청년이 그렇다. 우리 사회를 움직이는 힘이 그들, 그리고 미래의 그들로부터 나와야 하기 때문이다. 청년 때에 그런 의식을 하지 않으면 시간이 지나면서 생각이 굳어져 나중에는 사회문제에 눈 감고 귀 닫게 된다. 이것은 청년들이 취할 옳은 태도가 아니다. 비겁한 짓이다. 이런 것들이 쌓이면 사회가 고인 물이 되어 발전할 수 없게 된다. 김광규 시인은 4·19 혁명 때 패기만만했던 젊은이들의 18년 뒤 변한 모습을 '희미한 옛사랑의 그림자'라는 시에서 이렇게 읊었다.

(중략)

그로부터 18년 오랜만에
우리는 모두 무엇인가 되어
혁명이 두려운 기성세대가 되어
넥타이를 매고 다시 모였다
회비를 만 원씩 걷고
처자식의 안부를 나누고
월급이 얼마인가 서로 물었다
치솟는 물가를 걱정하며
즐겁게 세상을 개탄하고
익숙하게 목소리를 낮추어

떠도는 이야기를 주고받았다
모두가 살기 위해 살고 있었다
아무도 이젠 노래를 부르지 않았다

(중략)

우리의 옛사랑이 피 흘린 곳에
낯선 건물들 수상하게 들어섰고
플라타너스 가로수들은 여전히 제자리에 서서
아직도 남아 있는 몇 개의 마른 잎 흔들며
우리의 고개를 떨구게 했다
부끄럽지 않은가
부끄럽지 않은가
바람의 속삭임을 귓전으로 흘리며
우리는 짐짓 중년기의 건강을 이야기했고
또 한 발짝 깊숙이 늪으로 발을 옮겼다

　더 이상 고개를 떨구면 안 된다. 그러기 위해서는 아래에 있는 다수의
사람들이 참여할 수 있는 과정과 방법을 만드는 것이 중요하다. 밑에서
부터 올라오는 에너지가 사회변화의 동력이 되도록 해야 한다. 취업을
걱정하고 연애와 출산을 꺼리는 젊은이, 우리 교육의 틀에서 인질로 잡
혀 있는 학생과 학부모, 취약한 사회안전망과 노후가 걱정인 중장년 시

민, 경력단절을 걱정하는 영유아의 부모, 평범한 시민과 시민사회. 이런 사람들로부터 목소리가 나와서 우선은 가깝고 쉬운 문제부터 시작해서 사회의 근본문제에 이르기까지 의제화가 되도록 해야 한다. 이것이 킹 핀의 하나인 거버넌스를 바꾸는 과정의 출발점이다.

아래로부터의 반란

얼마 전 대통령 탄핵을 요구하는 촛불시위는 이런 움직임이 구체화되고 있는 것을 보여준다. 이런 아래로부터의 반란을 제도적으로 보장하는 노력이 필요하다. IT 기술의 발달로 직접민주주의까지 가자는 논의도 있지만, 우선은 문제가 있는 현행 대의제를 보완하는 방법을 생각할 수 있을 것이다.

"국민은 투표할 때만 주인이고 선거가 끝나면 노예가 된다." 장 자크 루소의 말이다. 현재 지방자치단체장이나 지방의원은 주민의 투표로 파면할 수 있지만 중앙정부 차원의 선출직은 아무리 못마땅해도 임기를 채우게 되어 있다. 국민소환제 도입을 검토하면 어떨까. 선출직 공직자가 헌법이나 법률을 위반하거나 공익을 현저히 침해할 경우 국민이 파면하는 제도다. 논란이 있기는 하지만 적어도 '당선만 되면 그만'이라는 생각을 하는 선출직에 경종이 될 것은 틀림없다. 비슷한 맥락에서 일정 수의 선거권자들이 연대 서명을 통해 법률이나 조례의 제개정을 요구하는 국민발안제도 검토할 수 있을 것이다.

제대로 된 지방분권도 중요한 과제다. 자치입법권, 자치기구 자율권, 국가위임사무 재정립, 자치재원 확보 등에 있어 자치제도도 본래 취지에 맞는 방향으로 나아가야 한다. 지역 커뮤니티에서부터 거버넌스 구조에 실질적인 변화를 주는 것이다. 전국적인 단위가 아닌 지역단위에서 먼저 시행해볼 수도 있다. 처음에는 보육, 교통, 치안 등 직접 실생활과 관련된 사안을 중심으로 시작하여 확대해나갈 수 있을 것이다. 이런 과정을 통해 한 지방정부가 변화하면 그 옆의 지방정부도 바뀌는 선순환 구조가 만들어질 것이다.

기업 거버넌스를 의미하는 기업지배구조도 중요하게 생각해볼 거리다. 경영진으로부터 독립된 사외이사제도나 제대로 된 주주소송제도의 도입 등 제도적 개선이 필요한 것들이 많다. 대기업과 중소기업, 대기업과 자영업자들과의 관계도 눈여겨볼 대목이다. 더 나아가 정치권력을 능가하는 경제권력이 사회경제적으로 중요한 게임의 룰을 결정하는 데 영향을 미치는 것도 늘 견제해야 한다.

거버넌스 시스템에서 제 역할을 충분히 하지 못하는 지도층, 의사결정그룹의 반성과 변화도 중요하다. 관료, 지식인, 사회 지도층들이 자기 역할을 찾도록 해내야 한다. 우리는 OECD 국가 중 근로시간이 가장 많으면서도 1인당 GDP는 10년 넘게 2만불대에 머물러 있다. 자살률, 청년실업, 사회 갈등 등 사회문제는 점점 심각해지고 있다. 우리 사회 시스템의 생산성에 문제가 있다는 뜻이기도 하고, 한편으로는 여기에 크게 영향을 미치는 사회 지도층에 문제가 있다는 증거다. 관료는 책임성과 전문성이 떨어진다. 현재의 정형화된 임용제도나 순환근무 같은 인사나 조직 관리제도가 그렇게 만들고 있다. 교수를 비롯한 지식인 사회에서 학문이나 영역 간 칸막이에서 비롯되는 경직성이나 자유로운 토론과 비판을 하기 어렵게 만드는 권위주의 분위기도 문제다. 논문 수 같은 양적 잣대에 의한 평가, 지나친 정부위원회나 정부용역에의 참가로 인한 정책 당국과의 공조화 내지는 내부화(internalization)도 고쳐야 할 문제점들이다. 지식층과 지도층이 자성해야 할 일이고 그들이 제대로 된 역할을 하게끔 찾아 고쳐줘야 한다.

  아래로부터의 반란은 기득권, 중심, 순종(純種)이 아니라 서민, 변방, 잡종(雜種), 청년들이 자기가 있는 자리에서부터 시작하는 것이다. 거창하게 국가나 우리 사회를 변화시키자는 내용이 아니다. 자기 주위, 몸담은 조직이나 커뮤니티 일을 가지고 목소리를 내는 것이다. 이제 삶의 정치와 일상의 정치가 필요하다. 좁은 의미의 정치판에서의 정치가 아니라 우리 사회 전반에 걸쳐 있는 경제, 사회 활동의 정치다. 깨어 있는 사람 한 명 한 명이 모이고 또 그들을 수직적 관계가 아닌, 수평적 관계로 묶어내는 것은 짧게는 수개월, 길게는 수년이 걸리는 일일 수도 있다. 가끔은 세상을 단번에 바꿀 수도 있다. 그러나 깨어 있는 시민의 조직된 힘이야말로 세상을 근본적이고 지속적으로 바꿀 수 있는 유일한 방법이다. '아래로부터의 반란'이 주는 가장 큰 매력이다.

멀지만 가야 할 길

대학에 와서 만든 '파란학기'는 커리큘럼 결정에 대한 일종의 '반란'이었다. 학교와 교수들이 과목을 제시하는 기존의 틀에서 벗어나 학생들이 하고 싶은 공부나 활동을 과목으로 제시하도록 한 것이다. 일정한 기준을 통과한 내용들은 과목으로 만들어주고 학점을 주었다. 초기부터 당초 목표를 뛰어넘는 성과가 보이기 시작했다. 파란학기에 참여한 학생들은 같은 학점의 정규 과목보다 세 배의 시간을 투자했다고 했다. 그런데 힘들어하면서도 자신들이 주도한 변화를 즐거워했다. 처음에 걱정했던 교수들도 변화에 놀라며 긍정적인 반응을 보였다.

이런 변화는 어떻게 가능했을까? 앞에서 이야기한 '킹 핀'들을 건드려 주었기 때문이다. 학생들에게 하고 싶은 일을 하는 '인센티브'를 주고, 과목을 결정하는 과정을 주도하도록 거버넌스(governance)를 바꿨기 때문이다.

흔히들 혁명보다 개혁이 어렵다고 한다. 혁명은 그 과정에서 반대 세력을 제거하지만 개혁은 현 시스템을 유지하면서 해야 하기 때문이다. 반대하는 세력이 건재하고 있어 그들의 기득권을 건드리면 저항하기 마련이다. 명분과 총론에서는 찬성하다가도 각론에 들어가서는 반대한다.

가깝지만 안 가도 되는 길도 있는가 하면 멀어도 꼭 가야 하는 길이 있다. 힘들어도 가야 할 길이다. 우리 사회의 난맥상을 해결하기 위해 사회보상체계와 거버넌스 같은 '킹 핀'을 찾는 일, 그리고 그것들을 쓰러뜨리는 일은 반드시 가야 할 길이다. 가지 않으면 우리 사회에 미래가 없기 때문이다. 멀고 험난한 이 길을 한마디로 이야기한다면 '사회를 변화시키는 것'이다. 이 길을 가는 곳곳에서 힘든 과정을 거쳐야 한다.

우선 인식단계에서의 애로. 오랫동안 우리 사회가 그럭저럭 굴러왔기 때문에 문제가 있더라도 많은 사람들은 이를 인식하기가 어렵다. 김영란법에 저촉되는 여러 유형의 접대나 회식, 선물문화가 사회생활에 필요한 관행이라고 생각하는 사람이 꽤 있다는 것이 좋은 예다. 다음, 조직화 단계에서의 애로. 변화와 개혁이 성공하더라도 자신에게 돌아올 이익을 체감하기가 어렵다. 설령 알더라도 자기에게 오는 이익이 간접적이거나 크지 않다. 또는 무임승차(free ride)할 수 있는 것이라 생각한다. 이런 이유로 변화를 지지하는 세력을 조직화하는 것이 어렵다. 불특정 다수 주민에게 전기 공급을 확대한다는 밀양 송전탑 설치가 지지를 얻기 어려운 것과 같은 경우다. 다음, 저항단계의 문제. 변화로 인해 자신들의 기존 이익이 침해를 당할 것으로 예상하는 사람들은 민감하게 반대한다. 빠른 시간 내에 조직화하면서 격렬하게 저항한다. 사드

(THAAD) 배치나 혐오시설 설치를 반대하는 인근 지역주민들의 시위 같은 경우다.

이게 끝이 아니다. 다음으로는 흔들기 단계가 출현한다. 설령 어렵게 정책이 결정되어 추진된다 하더라도 새로운 변화가 일어나 의도한 효과를 보기까지 여러 문제가 생길 가능성이 많다. 약(藥)도 효과를 보려면 제법 시간이 필요하듯이 단기간에 변화의 긍정적인 효과가 나오기보다는 그 과정에서 오히려 불편함과 문제점이 드러나는 경우가 많다. 즉, 약효가 바로 나오지 않거나 일부 부작용이 있는 기간을 극복하지 못하고 좌초되는 경우도 있다. 변화와 개혁은 적대세력을 '그대로 둔' 상태일 뿐 아니라 잠재적인 적대세력이 계속해서 확장될 수밖에 없는 환경에서 이루어지기 때문에 더욱 그렇다.

최근 우리 현실은 사회나 경제문제 해결을 더 어렵게 하고 있다. 소득분배와 양극화의 심화로 갈등의 골이 더욱 깊어져 가고 있다. 금수저, 흙수저 논쟁은 부와 사회적 지위가 대물림되고 우리 사회의 계층이동이 얼마나 어려운지를 넘어 계층 간 갈등으로 번지는 양상을 보여준다. '기득권 카르텔'은 더욱 견고해지고 있으며, 젊은이들 사이에서는 '헬조선' 주장까지 나오고 있다. 자기의 이익이 침해받는다고 생각하면 조그마한 인내도 없이 바로 반발한다. 이런 상황에서 사회보상체계나 거버넌스에 대한 논의는 이념논쟁으로 이어지고 정쟁(政爭)의 대상이 될 가능성이 높다. 합리성보다는 비합리성과 집단이기주의가 발호될 가능성이 높다.

어렵더라도 이제는 시스템을 고쳐야 한다. 기존의 정치세력은 이미 기득권 구조에 함몰되어 있어 새로운 사회보상체계나 거버넌스 시스템을 만들 수도, 운영할 수도 없는 지경에 이르렀다. 그렇다면 어떻게 해야 할까? 무엇보다 우리 사회에서 신뢰와 연대의 관점이 필요하다. 사회구성원들 사이의 관계, 구성원과 국가와의 '동등한 동반자 관계'인 사회를 조성하고 그런 사회가 유지되도록 운영하는 것이 중요하다. '멀지만 가야 할 길'이다. 이를 위해서는 두 가지가 꼭 갖춰져야 한다.

사회적 합의와 싱크 홀 메우기

첫 번째는 '사회적 합의'다. 킹 핀으로 제시한 '사회보상체계'와 '거버넌스' 문제를 해결하기 위해 사회 구성원들이 함께 머리를 맞대고 고민하며 길을 찾아야 한다. 이 주제들은 성장과 분배, 경제 활성화와 경제민주화, 보편적 복지와 선택적 복지같이 그동안 주요 논쟁거리보다 훨씬 근본적인 문제다. 그래서 이 문제에 대한 사회적 합의를 모으는 과정은 험난할 수밖에 없다. 그러나 사회적 합의가 전제되지 않고 난마(亂麻)처럼 얽힌 문제를 풀려는 것은 마치 발사된 두 로켓이 출발선상의 작은 오차로 인해 조금만 지나도 큰 차이로 거리가 벌어지는 것과 같은 일이다. 문제의식이나 해결방안을 놓고 사회갈등이 점점 증폭될 것이다. 바로 딱 지금 우리의 모습이다.

사회적 합의는 이제까지와 달리 탑다운(top-down) 방식이 아니라 바텀업(bottom-up) 방식으로 이루어져야 한다. 그 과정에서 가장, 그리고 절실하게 필요한 전제조건이 있다. 바로 사회 지도층, 기득권의 자기반성과 희생이다. 사회문제 해결에 대한 진정성과 솔선하는 모습을 우리 사회 지도층이 먼저 보여줘야 한다. 이 전제조건이 충족되지 않으면 사회적 합의를 위한 긴 여정은 첫 걸음조차 떼기 힘들 것이다.

사회 지도층과 기득권이 자기반성을 한다는 것은 쉬운 일이 아니다. 억울하다고 느낄 수도 있다. 그동안 우리 경제나 사회 발전을 위해 나름 기여와 희생을 했다고 생각할 수 있기 때문이다. 힘들게 일하거나 치열한 경쟁에서 이긴 결과라고 생각할 수도 있다. 틀린 이야기는 아니다. 그렇지만 꼭 맞는 이야기도 아니다. 냉정하게 생각해봐야 한다. 지금의 우리 사회구조에 문제가 있다면 누가 먼저 책임을 느끼고 자기성찰을 해야 할 것인지. 어떻게 그 자리에 와 있는지. 그 노력과 결과는 정당했는지. 그런 노력의 합으로 우리 사회의 게임의 룰이 공정하게 작동하게 했는지. 힘든 사람, 어려운 계층의 희망을 간접적으로나마 꺾지는 않았는지. 자리를 유지하거나 확장하기 위해 어떤 식으로 노력했는지. 자기도 모르는 사이에 기득권 카르텔을 만들어 계층 이동을 어렵게 만들지는 않았는지. 부와 사회적 지위를 대물림하게 하면서 지속 가능하게 발전하기 어려운 사회구조를 만들지는 않았는지. 이러한 문제의 시정을 위해 진정성 있게 어떤 솔선을 했는지. 지금의 사회구조를 만든 일원으로서 지도층의 진정성 있는 반성이야말로 사회적 합의를 이루기 위한 가장 시급한 필요요건이다.

반성으로 그쳐서는 안 된다. 한걸음 더 나아가야 한다. 사회 지도층 인사들이 솔선하고 자기희생을 하는 모습을 보여주어야 한다. 지금의 자리에서 누리는 것이 자신의 노력과 경쟁에서 이긴 전리품이라는 오만한 자세를 가져서는 안 된다. 주위와 사회에 감사하는 마음으로 자기 몫을 기꺼이 나누고 솔선해야 한다. 그동안 여러 형태로 누려왔던 초과이윤을 나누는 노블레스 오블리주를 보여줘야 한다. 그래야 사회적 합의로 가는 첫걸음을 뗄 수 있다.

남에 대한 봉사나 노블레스 오블리주 바이러스는 확산성이 빠르다는 특징이 있다. 어려운 학생들을 해외로 보내는 아주대의 '애프터 유' 프로그램은 철저히 외부 지원금으로 운영되도록 했다. '100만 원의 기적'이란 슬로건으로 1구좌당 100만 원씩 기부를 받는 모금 캠페인을 했다. 참여한 분들은 학생들이 보낸 감사의 손편지를 받고 감동하거나 직접 만나 멘토링을 하면서 큰 보람을 느낀다고 했다. 대다수 분들이 다음 해 캠페인에 다시 참여하거나 주위에 권하기도 했다. 참여한 사람들을 통해 확산되는 패턴을 보이고 있는 것이다. 남과 사회를 위해 자기가 먼저 손을 내미는 희생과 헌신들이 확산될 때 힘들게만 보이는 사회적 합의로 가는 길이 조금씩 열릴 것이다.

사회적 합의를 위해 또 강조할 것 중 하나는 국가 지도자들의 리더십과 역할이다. 국가운영의 철학과 비전의 제시는 물론, 사회 문제의 근본원인과 해결책의 맥이 무엇인지 알고 이를 해결하는 실천력을 갖춰야 한다. 책임 있는 결단과 실천의 리더십이 있어야 한다. 기득권의 반성과 희생을 이끌어내면서, 국민에게 '해줄 것'이 아니라 '해야 할 것들'을 요구하는 인기 없는 먼 길을 갈 용기와 뚝심도 필요하다.

사회적 합의 과정에서 정치지도자, 관료, 학자 등 일부 사회 지도층이 했던 그동안 잘못된 사회 관행에서 비롯된 잘못이나 실수는 어느 정도 용서하더라도 거짓말은 절대 용납하지 않는 문화를 만들어야 한다. 또한 작은 합의라도 성공모델을 계속 만들어나가야 신뢰가 쌓이고, 그 신뢰를 바탕으로 더 큰 타협이 가능하다. 엄청난 노사분쟁에 시달렸던 스웨덴에서 사회적 대타협이 가능했던 것도 모든 조건이 갖춰져서가 아니라 상호신뢰가 있었기 때문이다.

또한 사회적 합의를 해나가는 과정에서 지나치게 효율성을 강조하지 말아야 한다. 다양한 의견이 표출되고 빠른 의사결정이 이루어지지 않으면 비효율적인 것으로 간주하는 사고를 바꿔야 한다. 긴 토론과정이 비효율적으로 보일 수도 있지만, 다수 참여자들의 공감대가 형성됨으로써 결정에 대한 이해와 수용가능성이 높아진다는 측면에서 실제 더 효율적일 수도 있다. 인간사회의 이해관계를 제로섬 게임으로 이해해 토론이나 합의 과정에서 지면 경쟁에서 낙오돼 모든 것을 잃게 된다고 생각하는 분위기도 바꿔야 한다. 정부와 여야, 학계, 언론, 시민사회 모두가 가슴 터놓고 이야기해야 한다. 토론과 논쟁이 치열할수록 해법은 분명하게 잡힐 수 있다. 정확한 사실에 근거한 논거로 책임 있는 공론의 장을 만들어야 한다.

두 번째로 필요한 것은 '싱크 홀(Sink Hole)'을 메우는 준비다. 사회보상체계와 거버넌스를 바꾸는 개혁은 필연적으로 변화를 수반한다. 변화의 과정에서 일시적 또는 상당 기간 어려움이 있을 수 있다. 길을 가다가 땅이 푹 꺼지는 것 같은 싱크 홀이 생기는 것이다. 정부의 정책으로 이야기하자면 개혁의 일환으로 부실기업이나 특정 산업에 대한 구조조정을 추진함으로써 일시적으로 경기가 어려워지거나 실업이 늘어나는 문제가 생기는 경우다. 이런 과정에서 그나마 여유가 있는 계층은 버틸 수 있지만 문제는 어려운 계층이다. 이런 싱크 홀을 예상하고 메우기 위한 방안을 미리 만들어놓을 필요가 있다.

경제학에 'J커브 효과'라는 것이 있다. 환율이론에서 나온 내용인데 정책의 의도한 효과가 나오기에 앞서 일시적으로 오히려 부정적인 영향이 나타나는 것을 의미한다. 영어의 J자를 조금 뉘여보면, 아래로 움푹 들어간 밑부분을 지나야 위로 올라가는 모습을 보이기 때문에 J커브라는 이름이 붙여졌다.

개혁을 위한 정책도 마찬가지다. 움푹 파인 부분을 지나야 긍정적인 효과가 나타나는데 여기에는 시간이 걸린다. 그리고 많은 경우 이 움푹 파인 부분을 지나는 동안 힘든 고통의 시간을 겪게 된다. 즉 변화와 개혁은 필연적으로 고통을 수반하는 것이다. 김영란법이 성공을 거두고 우리 사회에 정착되기 전까지 식당이나 축산물, 화환 공급자들의 매출이 줄어든다든지, 이로 인해 내수 감소가 우려되는 것들이 J커브에서 움푹 파인 부분의 예들이다.

개혁이 J커브의 궤적을 따라 하강 커브를 탈 때 불만과 저항이 예상된다. 심지어는 이 저항이 너무 커서 아예 개혁을 시도하지 않은 것만도 못할 수 있다. 그래서 개혁이 성공하려면 이 움푹 파인 부분, 즉 많은 사람이 힘들게 느낄 이 과정을 어떻게 처리할 것인가에 대해 대비해야 한다. 예를 들어 구조조정에 따른 경제, 사회적 어려움이 J커브가 하강곡선을 그릴 때 생기는 싱크 홀이라면 이 홀을 메우기 위한 대책을 미리 만드는 것이다. 총수요를 늘리면서 일자리를 만들고, 취약계층에 대한 사회안전망을 늘리는 정책대안을 미리 준비하는 것 등이 될 것이다. 이런 것들을 통해 개혁이 좌초되지 않도록 관리해야 한다. 특히 국민 삶속에서 고비용을 초래하는 교육, 보육, 주거 등 부문에서 질 높은 공공재를 제공하고 양질의 일자리를 만드는 것들이 싱크 홀을 메우는 후보들이 될 것이다. 움푹 파이는 부분을 지나면 J커브는 상승 커브를 그리며 올라가는 기울기를 보인다. 싱크 홀을 메우는 방안들을 잘 준비하여 있을 수 있는 하강커브기(期)를 극복한다면 사회의 변화와 발전을 가져오는 해피엔딩을 충분히 만들어낼 수 있다.

나부터 페어해야 한다

사회문제에 관심을 갖고 반란을 일으키기 전에 꼭 마음에 새겨두었으면 하는 것이 있다. 사회문제를 보는 '관점'에 대한 것이다. 문제의 핵심을 정확히 보는 것 못지않게 균형 잡힌 시각이 중요하다. 어떤 안경을 끼고 사회현상이나 사회문제를 보느냐 하는 문제다. 누구나가 내 입장이나 이익에 따르고자 하는 본능이 있다. 그러나 이것이 지나치면 내 눈의 안경이 한 가지 색깔밖에 없는 선글라스가 되기도 하고 바늘구멍같이 작은 렌즈가 되기도 한다. 그런 안경이나 렌즈로 보면 사물이 왜곡되거나 굴절된 모습으로 보인다. 그래서는 안 된다. 폭넓은 시야와 균형 잡힌 시각을 갖는 것이 중요하다.

우리 사회가 공정하지 않다는 목소리를 내고 행동에 옮기기 전 우선 나부터 페어(fair)해야 한다. '페어함'에 대한 자신만의 균형점을 찾아야 한다. 예를 들어보자. 비정규직으로 있을 때는 동일노동 동일임금을 주장하지만, 정규직이 된 뒤에는 비정규직과의 임금이나 노동조건의 차이가 당연하다고 생각한다. 세입자일 때는 집값이 오르면 전월세가 따라 오른다고 불평하다가 집을 사고 나서는 집값이 올랐으면 좋겠다고 생각한다.

상황의 변화에 따라 변할 수 있는 입장을 제대로 이해하고 다른 생각을 인정하는 것에서 균형점을 잡아야 한다. 균형 잡힌 시각을 갖고 내 안의 공정성을 세우는 일이 그 시작이다. 복잡다단한 세상의 문제 앞에서 이분법적 사고는 힘이 없다. 오히려 문제해결을 어렵게 만든다. 이분법은 생각에 벽을 쌓게 만들어, 내 생각과 다른 것은 틀린 것이고 다른 생각을 하는 사람은 적으로 몰고 간다. 다른 생각, 그리고 다른 생각을 하는 사람을 인정하지 않는 것이다. 선과 악, 상식과 몰상식, 이익과 불이익으로 대립각을 세우게 만든다. 이렇게 사고가 편협해지면 사회 문제를 바라보는 자신만의 균형점과 내 안의 '공정성(fairness)'을 잃게 된다. 어느 한 쪽에 치우치는 좁은 사고의 함정에 빠져서는 안 된다. 자기가 있는 위치에서뿐 아니라 사회 전체를 생각해 균형 있는 관점에서 봐야 한다. 자기의 입장만 생각하는 의견들의 합(合)이 사회의 중요한 의사결정을 만들게 해서는 안 된다. 넓은 시야를 가지고 융통성 있게 역지사지(易地思之) 할 수 있는 '공정성'의 지혜를 갖춰야 한다.

사회를 건전하게 발전시키기 위해서는 나부터가 사회가 낸 문제를 풀어야 한다. 우리는 내 이익의 침해에는 분노하면서 사회적 불의나 잘못에는 무관심하기 쉽다. 나나 내가 속한 집단의 작은 이익에는 철옹성 같은 방어벽을 치면서 사회의 큰 이익에는 눈을 감는다. 내 이익의 확장을 위해서는 엄청난 자기 합리화를 하면서 사회 전체의 이익을 늘리려는 시도에는 방관자가 되곤 한다. 그러나 한번 따져보자. 그나마 우리가 누리고 있는 이 모든 것이 누군가의 분노 덕이 아닌지. 환경, 세금, 소비자 권리, 인권, 규제, 사람다운 삶, 정의, 형평…. 이런 모든 문제에 이의를 제기하고 고치려 노력했던 사람들이 있었기 때문은 아닌지.

이런 분노는 나 자신만을 위해서가 아니라 다른 사람과 더불어 함께 살기 위해 내는 것이다. 그래서 잊어서는 안 된다. 언젠가는 '내 차례'가 있다는 것을. 언젠가는 그런 '의무'를 이행해야 할 '내 순서'가 있다는 것을. 누군가가 나로 인해서 조금 더 누리는 좋은 세상을 만들 책임이 내게 있다는 것을. 그 의무와 책임을 이행하는 것이 바로 사회가 낸 문제들을 푸는 길이다.

이런 '의무'를 이행하는 사람들이야말로 우리 사회의 진정한 영웅들이다. 앞 장에서 얘기했던 로빈슨 등번호를 모든 구단이 결번시킨 이야기의 압권은 당시 동료선수들에게조차 냉대받았던 한 흑인선수를 50년이 지나서도 기리는 사회 분위기다. 존경받는 인물을 만들어 사회에 희망과 긍정에너지를 불어넣고 생산적인 메시지를 주고 있는 것이다. 우리 사회도 대단한 업적을 남긴 사람, 높은 자리에 있는 사람보다도 각자의 위치에서 최선을 다해 자기 임무를 다하는 사람들을 '작은 영웅'으로 기리는 분위기를 만들면 좋겠다. 우리 사회를 건전하게 발전시키기 위해 내가 먼저, 있는 자리에서 '사회에 대한 반란'을 일으키는 사람들 말이다. 그래서 우리 모두가 사회 각 분야에서 번호를 등에 달고 뛰는 선수들이라면 부문별로 이런 사람의 등번호는 영구 결번시키는 것처럼 기렸으면 좋겠다. 따지고 보면 우리 주위에 소박하게 존경받거나 존중해야 할 사람들이 얼마나 많은가. 티 안 내고 사회에 대한 작은 반란을 일으키고 있는 분들 말이다.

우리 사회의 킹 핀, 사회보상체계와 거버넌스 개혁, 사회적 합의, 사회에 대한 반란. 모두 멀리 있는 것들처럼 느껴지기 쉬운 말들이다. 손에 잡히게 잘 와닿지 않는 말들이다. 높은 위치나 책임 있는 자리에 있는 사람들에게만 해당되는 말처럼 들릴 수도 있다. 하지만 그렇지 않다. 보는 눈과 용기만 있다면 누구나 바로 행동에 옮길 수 있는 일들이다. 지금 자기가 있는 위치에서, 작지만 할 수 있는 일을 하는 것이 바로 사회에 대한 반란을 일으키는 것이다. 사회가 우리에게 던지는 질문에 답을 하는 길이다.

새로운 미래를
여는 답,
유쾌한 반란

지금까지 없던 세상으로의 항해

최근 교육과 청년문제에 대한 강연을 한 적이 있었다. 파워포인트 두 개의 화면에 열 명의 사진을 보여주고 가벼운 퀴즈를 내는 것으로 말문을 열었다.

"지금부터 유명인사 열 명의 사진을 보여드릴 텐데 이 분들의 공통점이 무엇일까요?"

첫 화면의 다섯 명은 유명한 창업자들이었다. 스티브 잡스, 마크 저커버그, 빌 게이츠, 폴 알렌, 래리 엘리슨. 잘 알려진 것처럼 애플, 페이스 북, 마이크로 소프트, 오라클 창업자이다. 다음 화면에는 방송인과 연예인 다섯 명의 사진을 보여줬다. 디즈니사 창업자인 월트 디즈니, 방송인 오프라 윈프리, 토크 쇼 호스트 래리 킹, 앵커 피터 제닝스, 영화배우 톰 행크스였다. 재미있는 답들이 나왔다. 외국인, 돈 많이 번 부자. 다 맞는 답이었다. 그러나 내가 원했던 답은 이들 중 대학을 제대로 나온 사람이 한 명도 없다는 사실이다. 일곱 명은 대학을 중퇴했고 세 명은 고졸 또는 고등학교 중퇴자들이다.

틸 장학금(Thiel Fellowship)이라고 있다. 페이팔(Paypal)을 창업했고, 스타트 업을 하려는 젊은이들의 멘토인 피터 틸이 만든 장학금이다. 선 발이 되면 연간 10만 불의 장학금을 지원한다. 가장 경쟁률이 높은 장 학금 중 하나다. 그런데 이 장학금에 지원을 하려면 조건이 하나 있다. 자기가 하고 싶은 일을 하기 위해 대학을 '중퇴'해야 한다는 것이다. 여 러분 같으면 어떻게 하겠는가? 하고 싶은 일에 확신이 있다면 대학이나 직장을 그만두겠는가? 지금까지 가보지 않은 길을 가는 항해를 시도해 보겠는가? 기존의 틀을 벗어나는 도전을 해보겠는가?

세상이 무섭게, 그리고 빠르게 변하고 있다. 이제까지와는 전혀 다른 모습의 세상이 전개될 것이다. 엄청난 도전과제를 안겨줄 것이다. 미래 학자들은 예측한다. 현재 직업의 60%는 앞으로 10년 내에 없어진다. 초등학교 신입생의 65%는 지금은 있지도 않은 새로운 직업이나 직종에 종사할 것이다. 2030년에는 전 세계 대학의 절반이 문을 닫을 것이다. 날 세워 이야기하면 이렇다. 앞으로 5년 뒤, 10년 뒤에 대학 졸업장은 어떤 의미가 있을까? 명문 대학을 나왔다는 것이 고작해야 정해진 틀에 순응했다는 성실성에 대한 증거, 그러다보니 다양한 경험이나 새로운 도전을 그만큼 하지 못했다는 증표 정도가 되지는 않을까.

이런 상황에서 우리 청년들이 찾아야 할 돌파구는 지금까지 없던 세 상으로 가는 항해다. 기존의 틀에서 벗어나려는 저항이다. 환경과 자기 자신, 사회에 대한 반란이다. 자기만의 블루오션을 개척하는 것이다. 가야 할 몇 개의 큰 길만 있다고 착각해서는 안 된다. 샛길까지 합친다면 청년 수만큼의 갈 수 있는 길이 있다. 청년들에게 자기만의 블루오션을 개척할 기회와 분위기를 우리 사회와 대학, 기득권을 가진 이들이 만들어주는 것이 필요하다. 청년들 스스로가 블루오션을 개척하려는 용기를 내고 도전하는 것이 중요하다. 이런 노력들이 정해진 길, 순탄할 길을 가는 루틴보다 훨씬 장려되고 평가받아야 한다.

정착민에서 유목민으로

새로운 항해는 안전지대를 벗어나는 용기로부터 출발한다. 편안한 길, 남들이 다 가는 길, 쉽게 선택할 수 있는 길이 아니라 새로운 길, 다른 길, 어려운 길을 선택할 수 있는 용기 말이다. 그런 의미에서 '안전지대'를 정착민과 유목민의 시각에서 보는 것도 흥미롭다. 정착민은 안전지대에 머물기를, 유목민은 벗어나려는 경향이 있기 때문이다. 우리 청년들은 현재 어느 쪽에 가까울까? 과거와 현재의 공부하는 청년들 풍속도를 보자.

우선 과거의 모습. 일찍 도서관에 가서 자리를 잡는다. 외진 자리, 칸막이가 있는 열람석이면 더욱 좋다. 심지어 칸막이 옆에는 신문지 같은 종이를 덧붙여 가급적 옆 사람과 단절되려 한다. 형편이 된다면 같은 도서관, 같은 자리를 앉는 게 마음이 편해져서 공부가 잘된다. 책을 여러

권 쌓아놓고 칸막이 안에 푹 파묻힌다.

현재의 풍속도. 카페에 가서 자리를 잡는다. 형편껏 커피나 음료수 한 잔 산 뒤에 랩탑 컴퓨터에 전원을 연결하고 켠다. 컴퓨터를 보면서 혼자 작업하기도 하고 친구가 옆에 있어도 좋다. 필요하면 서로 이야기도 나누고 토론도 한다. 때로는 앞에 친구가 앉아 있어도 서로 상관하지 않고 각자 할 일을 한다. 카페는 여러 곳을 옮겨 다녀도 전혀 문제없다. 매장마다의 특징에 잘 적응한다.

과거 풍속도에서는 정착민 성격의 문화가, 요즘 풍경에서는 유목민 문화의 일단이 보인다. 어쩌면 우리 젊은이들이 두 문화의 경계에 있는지도 모르겠다. 이 둘은 역사와 자연환경의 산물이다. 정착민과 유목민은 커다란 문화적 차이를 보인다. 정착민은 담을 쌓고 경계를 긋지만, 유목민의 공간은 열려 있다. 정착민은 땅에 뿌리 내리듯 안정을 추구하지만, 유목민에게 환경은 도구일 뿐이고 직업이나 이데올로기에 얽매이지 않는다. 정착민은 시간과 계절의 바뀜에 순응하지만, 유목민은 시간의 개념에서 자유롭다.

자크 아탈리(Jacques Attali)는 미래에는 '유목민적 가치관'을 가진 새로운 류(類)의 인간들이 대거 출현할 것이라 전망했다. 한 가지 가치관에 안주하지 않고 끊임없이 새로운 변화와 도전에 부딪쳐 모험을 하는 사람들이다. 디지털 세계를 거의 아무런 제약 없이 서핑하고 정보를 구하면서 새로운 가치를 창출하는 패턴이 크게 늘어난다. 심지어 '국가'는 신유목민 행렬이 지나가는 '오아시스'가 될 것이고, '기업'은 제한된 시간에 주어진 역할을 맡은 사람들이 모였다가 흩어지는 '유랑극단'이 될 것이라고까지 했다. 이런 신(新)인류 정신의 핵심은 다양성의 수용, 도전과 변화 그리고 창조와 가치창출이다.

　자, 앞에서 우리 청년들이 공부하는 풍속도는 점차 유목민적 성격으로 옮아간 것처럼 보인다. 그렇다면 그들의 사고방식이나 행태도 그러할까? 우선 우리 사회와 청년들에게 선망의 대상이 되는 직종을 보자. 판사, 검사, 공무원, 변호사, 의사, 교사, 대기업이나 공공기관. 좋은 대학을 나와 안정된 직장을 얻는 것이나, 시험 한 번 붙은 것으로 평생을 우려먹는 패턴이다. 이들의 특징은 평생고용이란 개념으로 대표되는 직업안정성이다. 이른바 안전지대에 있는 전형적인 정착민 류(類) 직업군이다. 아직도 많은 우리 젊은이들이 바로 이 '정착민 트랙'으로 가기 위해 땀을 흘리고 있다. 취업준비생의 40% 가까이가 공시생(公試生)이라는 통계가 이를 여실히 말해준다. 물론 우리 사회가 그런 길로 가도록 청년들을 몰아세운 탓이 크다. 하지만 이제는 그런 틀에서 과감히 벗어나야 할 때다.
　새로운 시대가 열리고 있다. 과거 정착민들이 누리던 안정과 특혜는 머지않아 신화가 될 것이다. 평생직장이란 허상에도 현혹되지 말자. 그런 개념은 사라질 것이다. 평균수명이 길어진 탓도 있지만, 지식과 기술의 사이클이 짧아지면서 인생의 긴 라이프 사이클에서 몇 번씩 자신의 업(業)을 바꾸는 일이 앞으로는 빈번히 일어날 것이다. 집 장만하려고 무리하게 고생하는 것을 권하고 싶지 않다. 부동산 불패 신화에 젖은 윗세대의 패러다임을 계승할 이유가 없다. 젊어서부터 뿌리를 깊이 내리려고 애쓸 필요가 없다. 오히려 몸을 가볍게 하는 것이 순발력을 키울 것이다. 젊었을 때 최소한 10개국에 발을 내딛기를 권한다. 인턴도 좋고 배낭여행도 좋다. 선진국도 좋지만 개발도상국이나 오지도 좋다. 다른 세상을 가급적 많이 경험할 것을 추천한다. 심지어는 해외에서 직업을 구하는 잡 노마드(job nomad)도 적극 권한다. 미래에는 국적이 아니라 하는 일에 따라 세계를 다닐 것이기 때문이다.

성을 쌓는 자 망할 것이다

물론 안전지대를 벗어나는 결심을 한다는 건 쉬운 일이 아니다. 나도 때론 안전지대에 머물고 싶다는 생각에 새로운 도전을 포기한 적도 많았다. 그러나 인생은 참 아이러니하다. 지나고 보니 망설이다 머물렀던 경험은 '가보지 않은 길'에 대한 미련과 후회를 남겼고, 오히려 안전지대를 벗어나는 힘든 결정들은 인생의 새로운 전환점이 되어주었다.

국장 초임 시절 심각한 위기의식을 느꼈다. '안전지대' 너무 깊숙한 곳에 와 있다는 생각이었다. 국장은 일반직 공무원의 꽃이라고 불린다. 단독 사무실을 쓰고 비서도 있다. 하고자 하는 일은 과장과 그 밑의 서기관, 사무관들에게 시킬 수 있다. 그러나 현실에 안주하려는 마음이 나올 것 같은 생각이 들면서 오히려 위기감을 느꼈다. 편하고 안전한 자리를 흩트려야 한다는 생각이 본능처럼 들었다. 도전과제를 찾아 세계 부딪치는 것이 필요했다. 그 돌파구로 생각한 것이 국제기구였다. 국제적인 전문가들과 근무하며 경쟁을 해보자는 생각이 들었다. 세계은행에 지원해 직원으로 고용이 됐고 '찬바람 부는 벌판에 발가벗겨져서 내동댕이쳐진' 상태라고 나 스스로를 몰며 성을 벗어났다. 상당기간 고전을 면치 못했다. 영어로 해야 하는 일처리, 동료들과의 커뮤니케이션, 생소한 업무관행 모든 것이 힘들었다. 계약기간은 정해져 있었고 일의 성과에 따라 냉정한 근무평가가 나왔다. 그에 따라 보수와 계약 연장 여부가 결정되었다. 철저한 '비(非) 안전지대'였다. 안전지대에 있었더라면 겪을 수 없는 귀한 경험들을 했다.

이후에도 안전지대를 벗어나려고 했던 용기, 있는 자리를 흩트리고자 했던 시도는 늘 좋은 계기를 만들어주었다. 앞으로도 그런 결정을 하게 되는 기로에 선다면 주저하지 않고 안전지대를 벗어나는 시도를 할 것이다.

현대판 유목민을 군이 직업으로 이야기하자면 창업가, 연예인, 게임 프로그래머, 프리랜서, 새로운 업을 만드는 창직자(創職者)들일 것이다. 그러나 나는 이 분류에 동의하지 않는다. 직업을 가지고 정착민과 유목민으로 나누는 이분법적 생각은 청년들에게 '유목민이 되라.'는 권고를 오해하게 만드는 것이다. 직업으로 나누는 것 자체가 이미 정착민 사고의 틀이다. 같은 직업이나 직장 내에서도 얼마든지 정착민이 있고, 유목민이 있을 수 있다. 공간의 개념으로 나눌 문제가 아니다. 직업으로 나눌 일도 아니다. 블루오션은 남이 안 가본 새로운 분야만을 의미하지 않는다. 남이 많이 간 길에도 얼마든지 블루오션이 있다. 전통 산업이나 사양 산업에도 블루오션은 있다. 여러 분야를 묶는 융합도 훌륭한 시장이다. 어디에 있든 자기의 성을 높이 쌓으려 한다면 창업가든 프리랜서든 정착민이다. 반대로 다양성을 수용하는 오픈 마인드가 있고 도전과 변화를 추구한다면 직업이 무엇이든 유목민이다. 몽골의 수도인 울란바토르 근교에는 돌궐제국을 부흥시킨 톤유쿠크(Tonyuquq) 장군의 비문(碑文)이 있는데 이런 문구가 있다.

성을 쌓고 사는 자 반드시 망할 것이며
끊임없이 이동하는 자만이 살아남을 것이다

우리 주위에 자기 성을 쌓는 수많은 사람들이 있다. 특히 안정적인 위치에 있을수록 더하다. 주위에서 청년들에게 피 튀기는 경쟁을 뚫고 이런 성 안에 들어가라고 권하고, 또 들어간 뒤에는 성을 더 높게 쌓으라고 할 것이다. 물론 그런 길이 꼭 나쁜 것만은 아니다. 그러나 청년기 때부터 일찌감치 안전지대로 가거나 머무르고자 하는 관성에 도전해야 한다. 자기가 있는 자리를 흩트리는 위험을 감수해야 한다. 유쾌한 반란을 일으키는 것이다.

결국 돌파구는 '자기다움'

로맹 가리(Roman Gary)라는 프랑스 작가가 있다. 세계대전에 참전해 무공훈장을 받았고 직업 외교관 생활을 오래 하기도 했다. 《하늘의 뿌리》란 작품으로 프랑스에서 가장 권위 있는 문학상인 공쿠르 상을 받는다. 한 번 수상한 작가에게는 다시 주지 않는 상이다. 그만큼 인정받은 작가였다.

19년 뒤 에밀 아자르(Emile Ajar)라고 하는 신예 작가가 나타나 《자기 앞의 생》이란 작품으로 같은 상을 받는다. 아자르는 수상을 거부하는데, 공쿠르 아카데미는 "우리는 특정 후보가 아니라 한 권의 책에 투표한 것이다. 탄생과 죽음이 그렇듯이 공쿠르 상은 수락도 거절할 수도 없는 것이다. 수상자는 여전히 아자르이다."라고 답한다. 그즈음 TV 프로그램에서 한 평론가는 로맹 가리의 작품을 혹평한 뒤, 아자르를 격찬하기도 한다.

프랑스 문학계가 경악을 금치 못한 일은 그로부터 6년 뒤 벌어진다. 66세에 생을 스스로 마감한 로맹 가리가 유서에서 자신과 아자르가 동일인이란 사실을 밝힌 것이다. 동시대의 평론가와 문학계에 대한 비판과 함께. 유서와 함께 남긴 글에서 로맹 가리는 "나는 이미 '어떤 어떤 작가'라는 고정관념 속에 위치한 기성작가일 뿐이었다."라고 고백한다. 《자기 앞의 생》 작품 말미에 한국인 소설가 한 분은 이런 취지의 해설을 달았다. "자기 자신으로 살아오지 못했던 지난 삶에 대한 싫증을 느꼈던 것이다. 새 이름을 만든 것은 그에게 새로운 탄생을 의미하는 것이었고 모든 기회를 다시 한 번 갖게 했다."

우리는 자기 이름 석 자에 대해 어떤 생각을 할까? 내가 부를 기회는 없이 남이 부르기만 하는 내 이름말이다. 마치 로맹 가리가 아자르가 됐듯이 나를 완전히 리셋해 새로운 사람이 되고 싶다는 생각을 해본 적이 있지는 않은가? '타인의 시선에 갇힌 내'가 아니라 '진짜 나'의 목소리를 찾기 위한 절실함으로 새로운 자아(自我)를 만들 수도 있겠다는 점에서 공감이 가기도 한다. 과연 나는 내 이름에 걸맞은 '진짜 나'로 살고 있는 것일까?

'나는 누구이고, 내가 하고 싶은 것이 무엇인지를 찾는 끊임없는 시도.'
이것이 지금까지 없던 세상으로 새로운 항해를 하려는 이유다. 새로운 항해를 통해 많은 경험을 쌓고 자기만의 시장을 개척할 수 있을 것이다. 좋은 결과나 성과가 나올 수도 있다. 그러나 그 항해의 가장 중요한 목적이 무엇이냐고 묻는다면 답은 심플하다. '자기다움'을 찾는 것이다. 무섭게 변하는 미래의 특징을 한마디로 요약하면 불확실성이다. 앞으로 불확실성은 일상화될 것이고 청년들은 불안하고 답답할 것이다. 이런 변화와 불확실성의 시대에서 가장 강력한 무기는 '남과 다른 자기'다. 이 것이 세상을 살아가는 데 필요한 진짜 실력이다. 내가 갖고 있는 유일한 지문(指紋)처럼 특별한 '나'다. 정답이 아닌 내 답을 찾는 '나'다.

자기만의 답은 '자기다움'에서 나온다. 그런데 이 자기다움은 쉽게 생기지 않는다. 남이 가는 길을 따르거나 사회가 만든 틀에 순응해서는 결코 나오지 않는다. 마음에 들지 않는 무언가를 뒤집는 도전과 시도를 하는 과정에서 형성된다. '유쾌한 반란'은 마음을 일으키는 것이다. 환경과 자기 자신의 틀을 깨고, 사회를 변화시키는 노력이다. 그러기 위해서는 자기가 있는 자리를 흩트려야 한다. 여러 긍정적인 변화가 뒤따를 것이다. 그러나 가장 중요한 변화는 반란의 과정을 통해 형성되는 '자기다움'이다. 새로운 항해에 대한 용기와 열정, 수많은 시행착오와 실패, 그러면서 생기는 자기중심이다. 이것이 '유쾌한 반란'의 요체다. 신나는 일이다. 문제지 뒤에 이미 붙어 있는 정답이 아니라, 내가 정의하는 답을 찾는 일이기 때문이다. 추상적으로 생각되기 쉬운 '자기다움'은 유쾌한 반란을 통해 구체화되어진다.

첫째, 자기다움은 '있는 그대로의 내 모습'을 받아들이는 것이다. 원래 나는 만들어진 존재가 아니라 주어진 존재다. 외모, 성격, 부모, 체질. 심지어는 나를 나타내는 내 이름도 주어진 것이다. 나다움은 내 마음대로 사는 것이 아니다. 나답게 사는 삶은 자신을 있는 그대로 받아들이는 것에서부터 시작한다. 자기 자신을 바치는 노력의 과정에서 남을 탓하거나 무엇인가를 원망하는 것도, 핑계대지도 않는 것이다. 쉬운 일은 아니지만, 환경과 자기 자신에 대한 반란의 과정을 통해 있는 그대로의 나를 받아들이게 된다. 나를 부인해서는 할 수 없는 일이다. 그러면서 나 자신에게 점점 진실해진다. 나를 속이는 '나', 스스로에게 익스큐즈(excuse)를 구하는 '나'로부터 벗어나게 된다. 남이나 주위로부터 인정받으려는 '나'의 가면을 벗어버리는 용기를 갖게 한다.

유쾌한 반란을 일으키고 성공하려면 내 약점과 실수를 빨리 인정해야 하고, 내 특성과 강점도 잘 파악해야 한다. 내가 갖고 있는 모든 부분의 의미와 가치를 생각해야 한다. 동시에 나의 내면에 스스로 냉정한 비평가를 하나 만들어 그가 하는 비판에 귀 기울이고 때로는 도전해야 한다. 자기중심적이 돼서는 안 되지만, 자기로부터 친절과 연민의 대상이 되기도 해야 한다. 때로는 나에 대한 스스로의 기대도 수정되어야 한다. 이런 것들은 나를 수용하는 노력이자 몸짓들이다. 세 가지 질문에 대한 답을 찾는 과정에서, 남이 하고 싶은 일이 아니라 내가 하고 싶은 일을 찾는 과정에서 이 자기다움은 점점 구체화되어 갈 것이다.

둘째, 자기다움은 자기 주체적인 '의사결정과 선택'을 의미한다. 내가 하는 의사결정과 선택들이 모여 내 인생을 만들고 비로소 내가 내 인생의 주체가 되기 때문이다. 유쾌한 반란을 일으키는 과정에서 수많은 어려운 의사결정의 장(場)을 만나게 될 것이다. 어떤 길이나 대안을 선택한다는 것은 선택하지 않는 다른 모든 길과 대안을 포기하는 과정이다. 그만큼의 기회비용을 치르는 것이다. 결정을 남에게 미루지 말라. 내 인생의 항로에서 남의 결정을 따른다면 그것은 남의 인생일 뿐이다. 대리(代理) 인생을 사는 사람으로 전락하게 된다. 결정과 선택은 힘든 일이다. 가끔 생각해보자. 내 선택은 과연 내 생각과 마음이 말한 대로 따른 것인지, 아니면 다른 사람의 의견이나 사회가 만들어 놓은 틀에 따라 한 것인지.

청년 시절부터 작은 의사결정부터 시작해 경험을 쌓아나가야 한다. 그리고 자기 결정에서 나오는 결과에 대해 책임지는 습관을 길러야 한다. 결정에 대한 책임을 남과 나눠가질 것이라는 착각을 하지 말아야 한다. 좋은 결과에서도 그렇지만, 내가 내린 결정의 나쁜 결과를 통해 더 많이 깨달아야 한다. '자기다움'은 결정과 선택을 남에게 미루지 않고 내가 함으로써 구현된다. 환경이나 자신, 사회에 대한 반란을 통해 이런 것들이 만들어질 것이다.

셋째, 자기다움은 '있는 자리에서의 나'와 '진짜 나'를 구별한다. 내가 있는 자리, 또는 내가 있고 싶은 자리의 '나'를 정의 내려보자. 다니는 대학의 학생, 어느 직장의 직원, 어떤 사회 조직의 일원으로서의 나는 누구일까? 혹시 명함이 있으면 꺼내서 들여다보자. 그리고 다음에 내가 갖고 싶은 내 명함을 상상해보자. 승진한 자리의 나일 수도 있고, 다른 곳으로 옮겨 갖게 될 더 화려한 명함 속의 나 일수도 있다. 그 명함 속의 나는 누구일까? 그러고 나서 그런 외형적인 자리에서 완전히 나를 떨어뜨려놓고 '나는 누구인지' 생각해보자. 명함 속의 나는 내가 '달성하려고' 생각했던 나일 것이다. 그 명함의 내가 진짜 나일까? 아니면 그것을 이루고자 노력했던 내가 진짜 나일까? 유쾌한 반란을 일으키는 과정에서 '내가 되고 싶은 그 무엇'에서 점점 '무엇이 되기 위해 노력하는 나'로 생각의 무게가 옮겨지는 것을 느끼게 된다. 있는 자리를 흩트리며 성숙되어져 가는 것이다.

로맹 가리가 유서와 함께 남긴 글은 이렇게 끝난다. "그동안 즐거웠다. 안녕. 그리고 감사한다." 작가다운 멋진 마무리 글이기는 하지만, 새 이름까지 동원하면서 인생을 리셋한 것을 본받을 필요는 없다. 그러기 위해서는 자기 이름에 걸맞은 '자기다움'을 만들어야 할 것이다.

진짜 엘리트를 기다리며

있는 자리를 흩트리는 유쾌한 반란은 필연적으로 나를 변화시킨다. 자기중심이 잡히고 자기다움이 있는 '어떤 사람'으로 만들어질 것이다. 그런 사람은 자신이 가진 것과 지금의 나에게 감사할 줄 아는 사람이 될 것이다. 내면의 진정성과 초심을 잃지 않으면서 정직하고 겸손한 사람일 가능성이 높다. 남을 배려하고 포용할 줄 아는 사람일 가능성이 높다. 이런 사람 중에서 우리 사회의 진정한 엘리트가 나온다. 많은 것을 갖고 있으면서 겉으로 어떻게 포장하든 결국은 자기 것을 지키고 더 늘리려는 데 힘 쏟는 사이비 엘리트와 구별되는 진짜 엘리트 말이다.

"우리 사회의 진짜 엘리트는 누구일까?"

소설이나 영화에서 다루는 재미있는 소재 중 하나는 주인공의 처지가 바뀌는 것이다. 일란성 쌍둥이같이 똑같이 생겼지만 전혀 다른 환경 속에 있던 두 사람이 각자 위치가 바뀌는 이야기들이다. 우연이든, 플롯에 의해서든 바뀌는 에피소드나 다시 제 자리로 돌아오는 줄거리도 재미있지만, 이런 이야기들의 백미(白眉)는 바뀐 주인공이 원래 인물 이상으로 그 역할을 잘 수행한다는 내용에 있다.

마크 트웨인의 《왕자와 거지》는 영국왕 에드워드 6세를 모델로 한다. 물론 스토리는 픽션이다. 왕자인 에드워드와 거지인 톰이 우연히 옷을 바꿔 입고는 역할이 바뀌게 된다. 톰이 왕자의 옷으로 바꿔 입는 순간 왕자로 대접을 받고 에드워드 왕자는 거지 옷을 바꿔 입고 병사를 만나는 순간 뺨을 얻어맞는다. 이와 비슷한 소재의 영화로 관객 천만 명을 넘는 인기를 끌었던 '왕이 된 남자 광해'도 있다. 비천한 신분의 광대가 꼭 닮은 왕 노릇을 한다. 이처럼 어떤 옷을 몸에 걸치느냐에 따라 같은 사람이 왕자도 되고 거지도 되고, 왕이 되고 광대가 된다. 의복과 같은 '외부조건'이 사회적 신분을 결정하는 것이다.

우리 사회의 모순된 모습이 이들 작품 속에 그대로 풍자된 것은 아닐까. 생각해보자. 우리 사회의 진짜 엘리트는 누구인가? 몸에 걸친 의복 같은 외부조건을 가진 사람, 가령 사회적으로 높은 위치, 좋은 가문이나 학벌, 풍요로운 경제력을 가진 사람? 아니라고 부정하고 싶지만 우리 사회에서 특정 자리나 직업 또는 가계(家系)에 속한 사람들을 보면 아주 틀린 말은 아니라는 생각이 든다.

옷과 같은 외부조건이 아니라면 개인의 능력이나 자질이 엘리트를 가르는 요건일까? 비전, 열정, 판단력, 변화에의 민감성, 문제해결능력,

소통이나 조직관리 능력 같은 출중한 능력을 가진 사람들이 엘리트일까? 외부조건이 몸에 걸치는 '의복'이라면 개인의 능력은 잘 훈련해서 '가꾼 몸'과 같다. 이런 '능력'들이 의복 같은 '외부조건'과 결합하여 보다 완전한 엘리트를 만드는 것일까? 멋진 의복과 탄탄한 몸을 갖추면 '진짜' 엘리트일까?

아니, 다른 각도에서 접근해본다. 소설이나 영화에서 비천한 위치에 있던 사람이 역할이 바뀌면서 한 일 중 가장 큰 박수를 받는 대목은, 어려운 사람들의 처지를 진정으로 이해하고 취한 행동들이다.《왕자와 거지》완역판을 보면 가짜 왕자 톰은 죄인을 산 채로 끓는 물에 집어넣어 죽이는 법을 폐지하고 억울한 사형수의 무죄를 지혜롭게 입증하고 방면한다. 억눌린 사람들을 옹호하는 자신의 행동을 따지고 드는 악명 높은 '피의 메리(Bloody Mary)' 공주에게 "가슴속에 박힌 돌멩이를 빼내고 그 대신 사람의 심장을 넣으라."고 호통을 친다. 가슴이 시원해지는 대목이다. 영화 '광해'에서 광대 하선은 사대주의에 물든 신하들을 꾸짖으며 명(明)나라에 당차게 맞서기도 하고 광대로 겪은 힘든 서민생활의 체험 때문에 궁녀나 주위사람에게 따뜻한 마음을 베푼다. 막판에는 이 연극을 연출한 도승지 허균이 "진정한 왕이 꿈이라면 내가 이뤄드리리다." 라고까지 한다. 이런 대목에서 관객이나 독자는 힘찬 박수를 친다.

힘든 처지에 있는 사람들을 진정으로 이해하고 배려하는 따뜻한 가슴과 이를 실천에 옮길 용기가 없다면 진정한 엘리트가 될 수 없다. 따뜻한 가슴과 용기야말로 '의복'이 감싸고 있는 '몸'을 움직이는 '정신' 같은 것이다. 누구나 이런 엘리트가 될 수 있다. 거창한 일을 통해서가 아니라, 자기가 있는 위치에서 할 수 있는 작은 일을 통해 누구나가 우리 사회의 작은 영웅이 될 수 있다. 그런 엘리트, 영웅들이 많이 나와야 우리 사회가 밝아지고 발전한다. 그렇게 우리 젊은이들 모두가 우리 사회의 진정한 엘리트가 됐으면 좋겠다. '진정한 용기'와 '따뜻한 마음'을 가진 진짜 엘리트 말이다.

'유쾌한 반란'은 남이 낸 문제, 내가 낸 문제, 사회가 낸 문제에 대한 답을 찾는 긴 여정이다. 있는 자리를 보전하는 것이 아니라 흩트리는 과정이기도 하다. 나를 기본과 중심이 세워진 '어떤 사람'으로 만드는 과정이라고 결론 내려도 좋을 것 같다. 그런 사람들 중에 우리 사회의 엘리트가 나올 것이다. '바람직한 어떤 사람'의 상(像)은 사람마다 같을 필요가 없다. 꿈을 추구하는 과정에서 미리 정해져 있지도 않다. 유쾌한 반란을 통해 스스로가 성숙되면서 변하기도 할 것이다. '어떤 사람'이 되는 데 공통적으로 필요한 몇 가지를 생각해볼 수는 있을 것이다. 책을 마무리하면서 몇 가지 제안해본다.

첫째는 내면(內面)의 진정성에 대한 이야기다. 어떤 인생의 목표를 갖든, 그 목표를 달성하기 위해 어떤 노력을 기울이든 내면의 '진정성'을 잃어서는 안 된다. 오염되고 탁해지거나, 정당하지 못한 방법으로 목표를 달성하고 성과를 낸들 무슨 소용이 있겠는가. 자기 마음속에 애초 갖고 있었던 초심과 진정성을 잃게 되면, 작은 이(利)를 탐하다 큰 것을 잃는 것과 같다. 출세 지상주의자들, 돈을 많이 벌지 못해 안달인 사람들을 주위에서 수도 없이 많이 보아왔다. 그런 것 자체가 목적이 된 사람들은 목적을 이뤘건, 이루지 못했건 한결같이 아름다워 보이지 않았다. 주위로부터 존경을 받는 모습은 더더욱 보기 힘들었다. 스스로 행복해하지도 않았다. 내 마음의 '진정성'을 인생을 살아가는 전략으로 생각해도 좋을 것 같다. 인생의 긴 승부는 이런 것에서 결정되기 때문이다.

내면의 진정성은 목표의 달성에도 도움이 된다. 진정성을 갖고 간절히 바랄 때 열정이 생기고 최선을 다할 수 있기 때문이다. 백보 양보해서 설령 목표를 이루지 못하더라도 그보다 더 가치가 있는 것을 얻게 된다. 살다보면 꽤 자주 있는 일이다. 빅터 프랭클(Viktor Frankl)은 나치 치하 죽음의 수용소에서 생사를 넘나드는 체험을 바탕으로 삶의 깊이에 대해 이야기했다. 그중 성공의 비결을 역설적으로 이야기한 구절이 있다.

> 성공을 목표로 삼지 말라. 성공을 목표로 삼고, 그것을 표적으로 하면 할수록 그것으로부터 더욱 더 멀어질 뿐이다. (중략) 성공에 무관심함으로써 저절로 찾아오도록 해야 한다. 나는 여러분이 양심의 소리에 귀를 기울이고, 그것이 원하는 대로 확실하게 행동할 것을 권한다. 그러면 언젠가는 - 단언컨대 언젠가는! - 정말로 성공이 찾아온 것을 보는 날이 올 것이다. 그것은 여러분이 성공에 대해 생각하는 것을 잊어버렸기 때문에 오는 것이다.

둘째는 인성(人性)에 대한 것이다. 사람마다 성품이나 성격이 다르기 때문에 어떤 특정한 인성을 강조하기는 어렵다. 위험하기까지 하다. 그러나 누구라도 꼭 갖췄으면 하는 공통의 덕목이 있다. '정직'과 '겸손'이다. 너무 귀 아프게 들어온 말일 수도 있다. 하지만 동서고금의 현인과 긴 인생을 살아온 어른들이 그렇게 누누이 강조하는 데는 다 이유가 있다. 그만큼 중요하고 또 어려운 일이기 때문이다. 정직하고 겸손해지는 것은 말처럼 쉽지 않다. '내면의 진정성'과 똑같은 말을 하고 싶다. 정직과 겸손을 인생의 전략으로 삼아라. 사람들이 다른 수많은 전략과 편법을 구사하더라도 꿋꿋이 그리 하라. 인생의 긴 승부에서 이기는 길이다.

중학교 3학년 때 담임이었던 영어선생님이 영어 격언을 하루에 하나씩 외우라는 숙제를 내주셨다. 그중 하나가 '정직이 최선의 정책이다(Honesty is the best policy).'라는 말이었다. 속으로 콧방귀를 뀌던 기억이 난다. '저게 뭐 대단한 말이라고. 나도 할 수 있는 뻔한 말이잖아.' 그러나 나이가 들면서 곱씹어 볼수록 그 참뜻을 알게 되었다. 진리에 가까운 말이었다. 돌이켜보니 살기 힘들어 정직하지 못한 때가 더러 있었다. 정정당당하지 못한 때도 꽤 있었다. 두고두고 후회되는 일들이다. 그때는 영악하게 굴어서 이익을 보는 것 같았는데 나중에 돌아오는 셈은 달랐다. 내 양심이 치르는 값까지 얹으면 더욱 그랬다.

겸손도 마찬가지다. 겸손하고 싶은 사람은 거의 없다. 누구나 남에게 인정받고 싶고 자랑하고 싶어 한다. 마음속 밑바닥까지 진심으로 겸손해지는 것은 거의 성인의 경지여서 우리 같은 범인(凡人)들은 감히 도달하기 어렵다. 그래서 의도적으로, 전략적으로라도 겸손해져야 한다. 겸손하고 싶지 않은 유혹을 억누르면서 겸손하려고 최대한 노력하는 것이다. 그런 노력을 계속하다 보면 어느덧 스스로 동화가 돼서 정말 겸손한 사람이 될 수도 있다. 거기까지 안 가더라도 겸손하려고 애쓰는 것이 인생을 살아가는 데 큰 도움이 되는 좋은 전략이라는 걸 깨닫게는 될 것이다. 그 정도까지만 가도 성공이다.

셋째는 남과의 관계에 대한 이야기다. 이 역시 누구에게나 적용되는 보편적인 이야기를 하기는 힘들지만, '배려'와 '의리'에 대한 이야기를 힘주어 말하고 싶다.

우선 '배려'다. 나는 우리 청년들이 옆에 있는 사람, 주위에 있는 사람들을 이해하려고 노력하고, 마음을 넉넉하게 쓰는 훈련을 하면 좋겠다. 고백하자면 나는 그렇게 하지 못했다. 하는 일에 대한 절실함 때문에 늘 주위 사람들에게 높은 수준의 요구를 하고 푸시(push)를 하는 편이었다. 그러면서 조직을 위해서도 그렇고, 일을 통한 강도 높은 훈련을 통해 자기계발과 능력 함양이 되는 것이라고 생각했다. 내 생각도 틀린 것은 아니지만 사람에 대한 배려가 부족했다는 반성을 해본다.

'의리'라는 표현이 어떤지 모르겠다. 사람 관계에서의 참맛은 처지가 바뀌어도 변치 않는 마음에서 나온다. 실행하기 어려운 일이다. 돈을 벌거나, 사회적 지위가 상승하면 목에 힘이 들어가고 그 전에 알던 사람과의 관계를 변화시키는 사람들이 많다. 의리를 지키려면 자기희생이 있어야 한다. 하다못해 자신의 시간이라도 내야 한다. 그래서 쉽게 지켜지지 않는 것이 의리다. 상대가 전보다 힘들고 어려운 처지에 있거나, 내가 잘나가고 있을 때에도 전과 다름없이 똑같은 나로 있으려는 노력이 필요하다. 처변불경(處變不驚) 인생도처유청산(人生到處有靑山)이다. 처지가 바뀌었다고 놀랄 것 없다. 인생 가는 곳마다 푸른 희망이 있다는 뜻이다. 잘나간다고 다른 사람에 대한 마음 변하지 말고, 잘 안 나간다고 기죽을 것도 아니다.

돌이켜보면 있는 자리를 흩트리는 '유쾌한 반란'의 과정에서 가졌던 순간순간의 꿈들은 인생의 단계 단계에서 이루고자 하는 목표처럼 보였던 신기루였다. 인생에서의 성공을 각자가 정의(定義)하는 것이라면, 내 경우 성공은 목표의 달성이나 이룬 성과가 아니었다. 유쾌한 반란을 일으키는 노력과 그 과정 자체가 훨씬 더 의미 있는 일이었고 성공의 가늠자였다.

그 결과 나는 단언할 수 있다. 우리 청년들은 유쾌한 반란의 결과를 두려워할 필요가 없다. 노력하는 과정이 더 가치 있고 아름답기 때문이다. 그런 속에서 성숙되어가는 '내'가 결과보다 훨씬 더 중요하기 때문이다. 그러니, 우리 청년들이 용기를 내면 좋겠다. 씩씩하게 반란을 일으키고, 누구나가 다 그 반란에 성공하면 좋겠다.

세상의 모든
'덕환'에게

때늦은 참회록

한 청년이 있었습니다. 건장한 체격에 선한 눈매를 가진 청년이었습니다. 정직한 젊은이였습니다. 중학생 때 집에서 친구 몇 명과 과외를 한 적이 있습니다. 첫 수업시간에 과외선생이 학생들에게 교재로 쓰는 문제집 뒤에 있는 답안지를 다 뜯으라고 했답니다. 숙제를 하다가 혹시 뒤편 답을 보고 쓰려는 유혹을 느낄까봐 그랬던 것이지요. 다 뜯은 답안지를 모아 중학생이던 그 청년에게 주고 보관하라고 했답니다. 그만큼 정직했다고, 그 청년의 친구들이 두고두고 하는 얘기 중 하나랍니다.

따뜻한 마음씨를 가진 청년이었습니다. 하는 말을 믿을 수 있는 청년이기도 했습니다. 책임감이 강했습니다. 자기가 해야 할 일에 대해서는 힘들어도 피하지 않았습니다. 그러다보니 친구 부모들로부터 무척 인기가 좋았지요. 자기 아들이 이 친구와 어울리는 것을 퍽 좋아했습니다.

이 청년과 어디를 가거나, 뭘 한다고 하면 믿었답니다. 배려심이 많은 청년이었습니다. 힘든 투병생활을 할 때 고생한다고 고모부가 적지 않은 용돈을 줬던 모양입니다. 그런데 옆에 있던 고모가 이런저런 힘든 상황을 이야기했답니다. 그 청년은 아무도 안 보는 곳에서 "고모 저는 돈이 필요 없어요."하며 용돈으로 받은 돈을 그대로 고모 손에 쥐어주었다더군요. 미국에서 공부하다 방학 때 귀국해서 할머니나 고모, 이모 등 친척을 오랜만에 만나면 다가가 그냥 안아주었습니다. 키 커다란 녀석이 허리 구부정한 작은 할머니를 만날 때마다 안아드리는 모습이 지금도 눈에 선합니다. 그리고는 매번 친근한 '멘트'를 꼭 날리곤 했습니다. 오늘따라 더 젊어 보인다든지, 옷 색깔이 잘 어울린다든지, 머리 커트해서 좋아 보인다든지 뭐 그런 것들이지요. 오랜만에 보는 반가운 인사를 아주 자연스럽게 하는 거지요. 친구들도 비슷한 이야기를 많이 합니다. 여러 명의 친구와 있어도 각자에게 맞는 배려를 하고 작지만 그에 걸맞은 행동을 하곤 했답니다. 그래서인지 인기가 좋았지요. 누구나가 좋아하는 청년이었습니다. 잘 생기기도 해서 중학교 다닐 때는 옆 여자 중학교 학생들이 이 친구를 보기 위해 학교 근처를 오곤 할 정도였다고 하네요.

아주 어렸을 때는 장난감 자동차를 퍽 좋아했답니다. 손바닥만 한 모형자동차를 사달라고 많이 조르곤 했지요. 한때는 당시 3천 원 정도했던 미니어처 자동차 수십 대를 보유한 '부자'이기도 했답니다. 크면서는 농구를 무척 좋아했습니다. 미국 NBA 농구선수가 되는 것이 꿈일 정도

로요. 중학교 때는 친구들과 경기도 길거리 농구시합에 나가 3위 입상을 하기도 했습니다. 미국에 근무하게 된 아버지를 따라 워싱턴 근처에서 고등학교를 다니게 됐는데 한국 학생이 거의 없는 학교여서 초반에는 왕따 비슷한 것을 당했답니다. 그렇지만 체육시간에 농구 실력을 본 급우들이 서로 친구하자고 했답니다. 미국 학교에서도 농구 잘하는 학생은 특히 인기가 좋거든요.

한국에 있는 친구들 때문에 미국 가는 것을 싫어했지만 간 뒤에는 새 환경에 적응하려고 애를 많이 썼습니다. 어렸을 때 유학 온 부모를 따라 미국에서 산 적이 있었기 때문에 영어는 금방 원어민 수준으로 따라갔지만 공부는 힘들어했습니다. 그래도 나름 열심히 해서 서부에 있는 꽤 괜찮은 대학에 갈 수 있었습니다. 전공은 국제관계를 택했는데, 나중에 고백하기를 아버지가 세계은행에 근무하는 등 해외 쪽 일을 하는 것에 영향을 받았다고 하더군요. 부모와 떨어져 혼자 4년 동안 대학을 다녔습니다. 그러고는 동부에 있는 대학원에 진학했습니다. 전공은 대학 때와 마찬가지로 국제관계를 했는데 공부를 많이 시키는 학교여서 첫 일년은 아주 힘들어했습니다. 둘째 해에는 훨씬 나아져서 공부하는 것을 즐거워했고, 인도네시아 오지에 가서 인턴을 하기도 했습니다.

석사 학위를 받고는 워싱턴에 있는 국제기구에 자리를 얻었습니다. 자기 전공과 딱 맞는 자리였지요. 신나서 일을 했습니다. 일주일에 며칠은 퇴근 후 YMCA 체육관에 가서 농구경기를 하는 것을 즐겼고요.

그러다가 힘든 병을 얻었습니다. 급성 림프구성 백혈병이란 것이었습니다. 혈액암이지요. 평소 건강상태나 건장한 체구로 봐서는 도저히 믿을 수 없는 일이었습니다. 가족이나 주위 사람들에게 마른하늘에 날벼락 같은 일이었으니 본인은 어떠했을까 생각하면 그저 기가 막힐 뿐입니다. 하나님께서 혹시 잘생기고 농구 잘하는 착한 청년이 옆에 필요하셨다면 거기에도 좋은 후보들이 많이 있을 텐데 왜 굳이 이 청년을 이렇게 빨리 데려가셨는지 모르겠습니다. 겨우 스물일곱 해 다섯 달밖에 이곳에 머물지 않게 하고 말입니다.

이 청년의 아버지에 대한 이야기를 좀 하려 합니다. 너무나 이 청년을 사랑했습니다. 자신에게 주어진 가장 큰 복이 바로 이 청년과 청년의 동생이라고 생각했습니다. 역설적이지만, 그래서 퍽 엄하게 키웠습니다. 공부, 정직, 예의, 약속 지키기, 규칙적 생활, 검약. 많은 것을 요구했습니다. 어렸을 때는 혼을 내기도 하고 매를 든 적도 있습니다. 이런 생각이었던 것 같습니다. 자식을 너무나 사랑해서 할 수 있는 모든 것을 다해주고 싶지만, 자신이 젊었을 때 경험했던 '힘든 환경이나 어려움'의 일단(一端)을 경험하게 해주는 것이 좋겠다고 말입니다. 그런 것들이 '위장된 축복'이 된다고 생각한 것이지요. 그런 과정을 통해 절제와 남에 대한 이해가 깊어지고 인간적으로 성숙해진다고 믿으면서요. 미국서 대학과 대학원을 다닐 때 일부러 생활비도 여유 있게 주지 않았습니다. 돈이 아까워서가 아니라 근검하게 사는 습관을 길렀으면 해서였지요. 젊어서 고생, 돈 주고도 못 사는 것이라 생각한 것이지요.

워싱턴 대학 졸업식에서. (사진_정우영)

 그래서 그 청년이 세상을 떠난 뒤 통한의 눈물을 흘리곤 합니다. 공부할 때 조금 더 나은 기숙 환경, 조금 더 좋은 음식을 먹었더라면 혹시 아프지 않았던 것은 아닐까 하는 생각을 하면 견딜 수 없는 죄책감이 든답니다. 그 청년이 워싱턴에 있는 대학원을 다닐 때 숙소 방을 다녀온 청년의 어머니로부터 들은 이야기입니다. 건물 에어컨이 잘못돼 세기를 약하게 할 수 없어 여름에도 파커를 입고 지내더라고요. 그냥 한 귀로 듣고 흘렸답니다. 나중 병을 얻은 뒤 체온이 1℃ 떨어지면 얼마나 면역력이 떨어지는지 아냐고, 청년의 병이 결국 면역력이 약해져서 생긴 일이라는 이야기를 청년의 어머니로부터 듣고는 내색은 하지 않았지만 가슴을 잡아 뜯으며 속으로 울었답니다. 자기가 겪었던 힘든 경험의 조각들이 뭐 그리 대단한 것이었다고 자식에게까지 강요했나 하는 죄책감으

세상의 모든 '덕환'에게 279

로 말입니다.

제가 바로 그 아버지입니다. 제가 바로 그 청년을 오지 못할 길로 멀리 보내고 뒤늦은 참회를 하는 나쁜 아버지입니다. 왜 그리 엄하게 했을까 후회합니다. 지나고 보니까 그 청년을 백 퍼센트 믿고 하고 싶은 대로 하라고 해도 됐는데 하는 후회가 물밀 듯 밀려옵니다. 그냥 그 자체로도 아름다운 청년이었는데, 젊은 시절 그 나이 때의 저보다 훨씬 더 정직하고 착한 청년이었는데 제가 무슨 잘난 게 있다고 그랬을까 하는 회한입니다. 그 청년 나이 때가 아닌 다 큰 어른으로 대하고 기대했던 욕심을 자책합니다. 근엄하게 대하기보다는 더 자주 사랑한다고 말하고, 더 많이 안아주고, 더 많이 칭찬해주지 못했다는 생각에 많이 아픕니다. 과거형이 아니라 현재형으로 아픕니다. 미래형으로도 그럴 것 같습니다.

다른 부자(父子)들보다 대화를 많이 나눴다고 생각은 하지만, 훈계조였고 주제도 주로 꿈과 열정, 세상 살아가는 방법, 성공같이 눈에 보이는 것들이었습니다. 젊은 나이에 맞는 주제들이라고 생각했기 때문이었습니다. 그러고는 바보 같은 생각을 했답니다. 사랑, 행복, 가치, 배려, 보람, 마음의 평화와 같이 눈에 보이지 않는 것들에 대한 이야기들은 조금 뒤에 해도 되지 않겠느냐고요. 우선은 더 급한 게 있지 않느냐고 생각하면서요. 그 청년을 보내고는 끝없이 후회합니다. 왜 그때 이런 이야기는 하지 않았을까 하고요. 너무 공부에 스트레스받지 마라, 그만하면 됐다. 일류 대학 안 나오면 어떠냐, 성적 너무 신경 쓰지 마

라. 네 착한 마음씨가 더 소중하구나. 눈에 보이는 것보다 보이지 않는 것들이 훨씬 소중한 게 많단다. 네가 하고 싶은 것을 찾아라. 네가 사랑하는 사람을 만나라. 왜 이런 이야기들은 아껴두었는지 하는 후회가 물밀 듯이 듭니다. 그때는 몰랐습니다. 이렇게 빨리 이별이 올 줄을요. 이렇게 잔인한 이별이 기다리고 있을 줄을요. 저는 눈에 보이지 않는 것들을 보지 못했습니다. 말로는 눈에 보이는 것보다 보이지 않는 것이 중요하다고 하면서 정작 마음속으로는 그러지 못했습니다. 본다고 하면서 정작 보지 못했습니다. 그저 보이는 것만 봤습니다. 참회합니다. 그 미련함, 그 바보스러움, 그 고집을요.

그 청년은 아버지를 굳게 믿었습니다. 누구보다 능력 있다고 생각했고, 한 약속은 꼭 지킨다고 믿었습니다. 아버지는 어떻게든 낫게 해주겠다고, 누가 뭐래도 지켜주겠다고 약속을 했습니다. 할 수만 있다면 제가 대신 그 길을 가게 해달라고 기도했습니다. 결국 그 약속을 지키지 못했습니다. 그래서 그 청년에게 너무 미안합니다. 그 청년이 먼 길 떠나기 며칠 전 산소마스크를 쓰고 힘들어할 때 아버지는 그 청년에게 울면서 이야기했습니다. 미안하다고. 아버지가 잘못했다고. 용서하라고. 사랑한다고. 그 청년은 말하기도 힘든 상태였는데 분명히 이야기했습니다. 아니라고. 아버지가 최고였다고. 그리고 자기도 사랑한다고요. 그 청년에게 너무나 미안합니다. 이 책을 쓰면서 저는 여러 번 눈물을 흘렸습니다. 아무리 흘러내려도 마르지 않는 샘이 있다는 것을 알았습니다. 그 청년을 생각하면 미안한 생각, 그리운 마음에 늘 눈가가 흐릿해집니다. 이런 때 늦은 참회가 무슨 소용이 있을까 하는 생각을 하면 더욱 그렇습니다. 아, 저는 정말 세상에 둘도 없는 못난 아버지입니다. 어디엔가 가서 만날 수만 있다면 그곳이 어디든 바로 가고 싶습니다. 지금은 그 길을 모르니 어쩔 수 없습니다만, 훗날 어디에선가 그 청년을 만나면 부둥켜안고 이야기하렵니다. 미안하다고. 사랑한다고. 그리고 내 아들이어서 정말 고마웠다고.

혜화역 3번 출구

혜화역 2번 출구는 늘 설레는 마음으로 걸었던 길이다. 꽤나 좋아하는 일 중 하나인 대학로 소극장에서의 뮤지컬이나 연극을 보러 가는 길목이어서였다. 뮤지컬 '지하철 1호선' '빨래'나 연극 '라이어' 시리즈 무대도 이 길을 따라 찾곤 했다. 그 젊음의 동네에서 가끔 시간 보내기를 좋아했다.

같은 혜화역에 전혀 다른 세상이 있다는 것을 알게 된 것은, 갑자기 힘든 병을 얻은 큰 아이가 서울대병원에 입원하면서부터였다. 2번 출구 반대편, 병원 가는 길인 혜화역 3번 출구는 가슴 찢는 고통을 안고 걷는 길이 되어버렸다. 찻길 하나를 사이에 두고 마주보는 두 길이 이렇게 다를 수가 있나 탄식이 저절로 나오곤 했다. 빛과 어둠, 희망과 절망, 삶과 죽음이 과히 넓지도 않은 행길을 사이에 두고 함께 공존한다는 것이, 또 때로는 교차한다는 것이 슬프게도 신기했다.

항암 치료로 안 되자 내 골수를 큰 아이에게 이식하기로 했다. 한 번의 자가이식과 또 한 번의 타인 이식이 실패한 뒤였다. 내게 주어진 그 기회에 진정으로 감사했다. 부모와 자식의 골수는 원래 잘 맞지 않지만, 나는 처음부터 내 골수를 이식했으면 했다. 큰 아이에게 왠지 내 골수가 이식되면 기적이 벌어질 수도 있지 않을까 생각했다. 골수이식은 힘든 작업이었다. 굵은 주사바늘을 몸 여기저기에 꼽고 한 번 하면 다섯 시간에 걸쳐 진행됐다. 우선 계속해서 많은 양의 피를 뽑아내고 그 피에서 골수를 추출한 뒤 남은 피를 다시 내 몸에 넣는 작업이었다. 침대에 누워 꼼짝할 수 없었지만 첫날 골수를 채취하는 긴 시간 내내 내 몸에서 가장 건강한 골수가 뽑히게 해달라고 쉬지 않고 기도했다.

첫날 시술 끝에도 골수가 충분히 나오지 못해 다음 날 똑같은 시술을 받아야 했다. 문제는 그날 대통령이 주재하는 정례 국무회의에 참석해야 했고, 국무회의 마친 뒤에는 총리와 함께 대통령께 정기 보고를 하는 날이란 점이었다. 병원을 나와 오전 내내 숨 가쁘게 일정을 다 소화했다. 그러고는 병실에 돌아와 점심도 거른 채 다섯 시간여 시술을 다시 받았다.

큰 아이가 투병 중일 때 아내는 초인적인 힘을 발휘했다. 입원해 있는 동안 단 하루도 병실을 떠난 적이 없었다. 셀 수 없이 수많은 밤과 낮을 꼬빡 병원에서 큰 아이와 지냈다. 원래 있었던 신장병이 재발됐지만 개의치 않고 온 정성을 기울이고 몸을 던졌다. 어렸을 때 밥 끓여먹기 어려운 시절 채석장에서 무거운 돌까지 나르던 어머니의 철인 같던 모습이 오버랩되곤 했다. 몸의 아픔을 관장하는 신이 계셔서 병간호하는 사람의 정성으로 회복시킬지 여부를 결정한다면 큰 아이의 쾌차를 걱정하지 않아도 될 정도였다.

큰 아이가 혈액암과 사투를 벌이고 있던 초기 작은 아들은 미국에서 대학을 다니고 있었다. 방학 때 귀국했는데 우리를 모두 깜짝 놀라게 만들었다. 머리를 빡빡 깎고 온 것이었다. 그냥 그렇게 하고 싶어서 했다며 씩 웃었지만 우리는 금방 알 수 있었다. 항암 치료로 머리가 빠진 형과 같은 모습을 하고 온 것이었다. 힘이 돼주고 싶었던 모양이다. 방학 중 큰 아이 옆에 내내 있던 작은 아이는 출국을 이틀 앞두고 미국에 돌아가지 않겠다는 폭탄선언을 했다. 말렸지만 막무가내였다. 형이 어떻게 될지 모르는데 공부가 대수냐는 것이었다. 결국 작은 아이는 휴학을 하고 큰 아이가 다른 곳으로 가는 모습을 끝까지 지켜보며 곁에 있어주었다.

2013년 10월 7일. 내 삶의 시계가 멈춰버린 것 같은 날이다. 큰 아이 생일이 1986년 5월 5일이니, 만 나이로 스물일곱 다섯 달 이틀 되는 날, 2년 1개월의 투병 끝에 큰 아이는 그렇게 먼 길을 떠났다. 이렇게 가슴을 후벼 파는 아픔도 있나 싶었다. 나중 내가 죽는 날, 남기고 갈 사랑하는 사람들을 생각하면서 느낄 것 같은 아픔보다 더 큰 아픔이었다. 그저 따라서 함께 가고 싶은 생각뿐이었다. 부모가 세상을 뜨면 남은 자식을 '고아'라 부르고, 남편이 죽으면 '과부', 부인이 죽으면 '홀아비'라고 부르는데, 자식을 앞세운 부모는 부르는 호칭조차 없다. 상정하기도 싫은 인간사(人間事)여서일까. 내가 죽는 것보다 더 아픈 가슴이 이런 걸까.

큰 아이가 세상을 뜨고 이틀 뒤 발인날은 한글날 휴일이었다. 서울대 병원에서 경기도 오포의 장지까지 운구차가 가는 내내 하늘에는 수놓은 것처럼 작은 구름들이 옹기종기 모여 걷는 큰길을 만든 풍경이 계속됐다. 맑은 하늘에 바닷가 조약돌보다 조금 큰 구름들이 모여 넓은 길을 낸 것 같은 그림이었다. 그동안 살면서 한 번도 보지 못한 광경이었다. 나와 집사람은 큰 아이 가는 길을 저 구름들로 깔아놓았구나 하는 생각을 내내 하며 갔다.

죽을 것 같은 그리움도 세월 앞에는 먹빛처럼 희미해지기 마련이지만 아주 드물게는 그렇지 않은 것들도 있다는 것을 알았다. 스물일곱 해를 조금 더 살다 영영 돌아오지 못할 곳으로 가버린 큰 아이는 지금도 씩 웃으며 어디선가 불쑥 나타날 것 같아 주위를 둘러보곤 한다. 어린이날을 생일로 둬서 봄철 좋은 계절이 오면 더욱 그렇다. 옆에서 많이들 그런다. 시간이 지나야 해결될 것이라고. 일에 몰두해 잊어보라고. 고마운 위로의 말이긴 하지만 겪어보지 않은 사람은 모른다. 그럴 수 없다는 것을. 자식 대신 나를 가게 해달라고 울부짖어보지 않은 사람, 자식 따라 나도 가고 싶다는 생각을 해보지 않은 사람은 이해하지 못할 아픔이란 것을.

떠나보낸 뒤에도 그 아픔을 매일 '똑같이' 느끼는 것이 힘들었다. 아픔을 잘 견디고 있는 '척'을 해야 할 때는 더욱 그랬다. 특히 집사람 앞에서는 더 그랬다. 집안 청소를 하다 큰 아이 물건만 봐도 우는 집사람 앞에서는 강인한 척해야 했다. 때로는 나도 울고 싶을 때가 있다. 그럴 때면

서재 책상에 앉아 문을 닫고 혼자 눈물을 흘렸다.

언제부턴가 '생각의 서랍장'을 만들려 해봤다. 그 장(欌)의 끝 칸을 막아 그리움, 사랑, 분노, 안타까움, 미안함, 애틋함과 같은 감정의 끝단을 보관할 서랍을 따로 만드는 것이다. 그리고 너무 아파 견디기 힘들 때 그 끝을 잘라 서랍에 두는 것이다. 견딜 수 없는 애절함이기에 도저히 가슴에 담아둘 수 없어 따로 보관할 수밖에 없었다. 해결이 안 되는 그런 아픔들, 서랍에 꼭꼭 넣어 두었던 그런 감정의 모서리들은 언젠가 모두 꺼내 훌훌 털어 풀어야겠다고 생각했다. 훗날 어디에선가 그리운 사람을 다시 만나는 소망이 이루어졌을 때다. 그런 해원(解寃)이 있을 때야 서로 부르는 소리가 비껴가지 않을 것이다.

큰 아이가 세상을 뜨고 얼마 안 돼서 대학동창 친구들이 큰 아이를 기념하는 기념벤치를 설치하는 모금운동을 시작했다. 너무 고마운 일이었다. 친구들과 별도로 우리 가족도 설치하고 싶다고 했다. 학교에서도 취지를 듣고는 흔쾌히 교정에 설치하는 것을 허락해주었다. 첫 번째 벤치는 워싱턴 대학(University of Washington) 교정에서도 가장 아름다운 정원인 쿼드(Quad)에 설치되었다. 봄철 벚꽃이 아름답기로 미국에서도 유명한 곳이다. 두 번째 벤치는 큰 아이가 다녔던 단과대학 건물 입구에 설치되었다. 두 개의 벤치는 큰 아이 일주기에 맞춰 설치되었다. 큰 아이를 아는 많은 사람들이 그 애의 성격대로 멀리 떠나가서도 남들이 편하게 앉아 쉬는 벤치를 통해 다른 사람에게 편안함을 준다고들 했다.

두 개 벤치를 설치하고 2년 반 뒤에 세 번째 벤치를 설치하게 되었다.

워싱턴 대학 쿼드(Quad) 광장 첫 번째 벤치. (사진_정우영)

워싱턴 대학 실내체육관 앞 세 번째 벤치. (사진_정우영)

큰 아이가 늘 농구를 하던 대학 실내체육관 정문 바로 앞 화단 옆이었다. 워낙에 농구를 좋아했다. 대학에 가서도 시간이 날 때마다 실내체육관 농구장에서 운동을 하고 아르바이트로 농구심판을 보곤 했다. 큰 아이가 세상을 뜨고 얼마 안 돼서, 다니던 존스홉킨스(Johns Hopkins) 국제대학원에서 추도식을 해준 적이 있다. 교수들과 친구 여러 명이 추도사를 했다. 그중 한 친구가 이야기를 했다. "대학원 입학하고 얼마 안 돼서 덕환이와 농구를 하게 됐습니다. 드리블하는 것을 앞에서 막았는데 덕환이가 씩 웃더니 제 가랑이 사이로 공을 빼고는 제 뒤로 돌아 다시 공을 잡은 뒤 골을 넣는 것이었습니다. 덕환아, 나중 천국에서 만나면 한 게임 다시 하자꾸나."

그런 큰 아이에게 늘 가던 대학 체육관 앞은 최고의 자리였다. 학교에서 특별한 배려를 해준 것이었다. 친구들 말에 의하면 농구를 마치고 체육관에서 나와서 늘 입구에서 함께 운동한 친구들과 음료수를 마시며 얘기를 나눴던 장소라는 것이었다. 벤치 중앙에는 작은 동판 팻말(plaque)을 붙이는데 문구를 뭐라고 할까 고민했다. 마침 군 복무 중인 작은 아이가 휴가를 나와 의논했다. 큰 아이를 소개하는 네 줄은 첫 번째와 두 번째 벤치와 똑같이 했고 마지막 다섯, 여섯째 줄만 농구에 대한 것으로 바꿔 만들어 붙였다.

세 번째 벤치가 설치되면서 학교에서는 간단한 기념식(installment ceremony)을 해주겠다고 했다. 고마운 일이었다. 큰 아이가 다니던 대학의 학장과 교수, 실내체육관 관리책임자, 그리고 큰 아이가 농구심판을 볼 때 담당 직원 등이 참석했다. 대부분이 큰 아이를 기억하는 사람들이었다. 참석자들이 돌아가면서 큰 아이에 대한 기억과 벤치를 기증하는 것에 대한 감사의 말을 했다. 식에 참석했던 학장의 친구 중 한 명은 우연히 지나가다 보고는 페이스북에 글을 올렸다. 체육관 앞에서 세상을 뜬 젊은 자식의 사진을 안고 부모가 벤치 앞에서 추도식을 하는 것을 보았는데, 농구를 좋아하던 우리 학교 졸업생이었다며 이곳을 지날 때마다 잊지 않고 생각날 것 같다는 내용이었다. 그저 감사할 따름이다.

대학 총장으로 온 뒤 만든 애프터 유 프로그램은 미국 세 개 대학, 중국 두 개 대학해서 모두 다섯 개 대학에 학생들을 보낸다. 그중 한 대학이 큰 아이가 다닌 학교였다. 첫해 프로그램을 마치고 돌아온 학생 중한 명이 사무실로 찾아왔다. 어떻게 알았는지 워싱턴 대학에 연수를 다녀온 30명의 학생들이 큰 아이 기념벤치에서 찍은 사진을 작은 액자에넣어 선물로 가져왔다. 학생들이 활짝 웃는 얼굴로 하트를 그리면서 벤치를 둘러싸고 찍은 사진이었다. 너무 고마웠다. 큰 아이와 다하지 못한 대화, 더 하고 싶었던 대화를 이 책을 통해 청년들과 하려는 의도를행동으로 옮기고 있다는 기분이 들었다. "저와 책 함께 쓰기로 한 약속을 지키고 있군요." 하는 것 같았다. "제게 해주실 말씀을 책뿐 아니라이런 프로그램을 통해서, 그리고 벤치를 방문한 친구들을 통해서 행동으로 하고 계시는군요." 하는 것 같았다. 고마울 따름이었다. 어디에선가 큰 아이가 보고 기뻐할 것이라고 믿었다.

혜화역 3번 출구는 아직도 다시 갈 엄두를 내지 못하고 있다. "가족 중에 누군가 아파야 한다면 엄마, 아빠나 동생이 아니라 자기인 것이 다행"이라고 했던 큰 아이 때문이다. 대학으로 온 뒤 학생들과 함께 대학로에서 공연을 보는 기회를 몇 차례 만들었다. 공연이 끝나고는 생맥주도 한 잔씩 했다. 학생들은 총장과 함께하는 문화행사가 처음이라며 아주 좋아했다. 나도 덩달아 흥겹고 좋았다. 그러나 이곳이 내게 얼마나 힘든 곳인지는 아무도 알아채지 못했다.

새 버킷리스트

내 나이 서른셋 되던 해, 많은 생각이 들었다. 아버지가 젊은 아내와 어린 자식들을 두고 떠나신 나이. 그 나이에 돌아가시면서 아버지는 어떤 생각을 하셨을까? 그 후로 서른 해 가까이 더 살고 있는 내 삶의 길이 때문에 아버지께 미안한 마음이 늘 들곤 했다.

25년간 가졌던 돌아가신 아버지와 대화의 꿈은 이루어졌다. 단 하루만이라도 대화를 할 수 있다면 내 수명을 일 년 단축해도 좋겠다던 꿈이었다. 그 꿈의 실현은 내 노력과는 아무 상관이 없는 일이었다. 간절한 염원(念願)이 조금은 기여했으리라. 그리고는 버킷리스트 첫 줄 소망이 바뀌었다. 두 아들과의 대화였다.

그래서 아버지가 돌아가신 나이와 같은 나이 때, 큰 아이에게 편지를 쓰기 시작했다. 큰 아이는 그때 네 살이었고, 작은 애는 태어나기 전이었다. 젊은 아버지로 자식과 대화를 나누고 싶었다. 나중 대화를 나눌 수 있을 정도로 큰 아이가 컸을 때의 나이든 내 생각보다는 '삼십대 초반의 내 생각으로' 대화를 나누고 싶었다. 나이가 들어가면서 '매(每) 나이 때의 내 생각'으로 큰 아이와 대화를 나누고 싶었다. 네 살이었던 큰 아이가 나중 커서 철이 든 뒤 편지를 읽으면 좋겠다고 생각했다. 어떤 내용은 내가 편지를 썼던 나이가 돼서야 이해할지도 모르겠다는 생각도 들었다. 그렇지만 미래의 장성한 큰 아이를 미리 생각하며 편지를 쓰는 것은 참으로 즐거운 일이었다.

첫 편지에서는 큰 아이와 10년, 또는 20년의 시간과 공간을 뛰어넘어 인생을 이야기하고 싶다고 썼다. 큰 아이가 한 번도 본 적이 없는 할아버지에 대한 이야기를 하면서 그분과 한 번도 나누지 못했던 '대화'에 맺힌 아쉬움을 말했다. 두 번째 편지에서는 나의 독서편력을 소개하며 책 읽기에 관한 생각을 이야기했고, 세 번째 편지에서는 인생을 살면서 느꼈던 내 나름대로의 행복과 가치에 대한 내용을 담았다. 여러 해 그렇게 편지를 쓴 뒤에 작은 아들이 태어났다.

그 후로도 큰 아이와 대화를 하려고 애를 썼다. 초등학교 고학년이나 중학교 때 함께 여행이나 등산을 하면서 대화를 나누기도 했고, 편지도 꾸준히 썼다. 큰 아들과 거의 일곱 해 차이가 나는 작은 아들과도 같은 시도를 했다. 큰 아이가 철든 성인이 되어가는 모습을 보며 나는 앞으로 큰 아이와 나눌 대화를 생각하며 늘 가슴 설렜다. 아버지와 하지 못한 대화의 꿈을 거꾸로 이룬다는 희열이 늘 마음에 차 있었다. 생각만 해도 기쁜 일이었다.

큰 아이가 세상을 뜨면서 편지도, 대화도 중단되었다. 그러나 나는 아직도 두 아들과의 대화는 새 꿈으로 연결되고 있다고 생각한다. 대학을 마치고 군에 입대한 작은 아이와는 그 어느 때보다 많은 대화를 나누고 있다. 나중 완전한 성인이 돼서 독립을 하게 되면 또 거기에 맞춰 보다 성숙한 대화를 나눌 것이다. 돌아오지 못할 곳으로 떠난 큰 아이와도 매일 대화를 나누는 심정이다. 매일 생각하고 나름 기도하며 마음속으로 독백을 한다. 고맙게도 가끔 꿈에도 나온다. 함께 쓰자고 약속했던 이 책을 통해서도 큰 아이와 많은 대화를 나눴다. 이 책 때문에 큰 아이뿐 아니라 많은 청년들과 대화도 하는 행운을 누리게 됐다. 큰 아이와의 약속 덕분이다.

큰 아이가 세상을 떠난 뒤에는 그 전과 같이 많은 꿈을 갖지 않게 됐다. 그저 소박하고 단출한 꿈 몇 개 갖고 있을 뿐이다. 가장 큰 소망은 새로 생겼다. 매일 빠지지 않고 하는 기도의 내용이다. 언젠가는 다시 만나기를. 꼭 만나기를. 그 아이는 좋은 곳에 조금 먼저 갔을 뿐이고, 그 뒤를 따라 언젠가 가슴 벅찬 해후(邂逅)를 꼭 하기를. 그래서 우리가 알지 못했던 세상 이치에 대한 비밀을 알게 돼서 어리둥절해하면서도 함께 기뻐하기를. 그 소망으로 남은 생 살기를.

이것이 나의 새 버킷리스트 맨 윗 줄에 있는 소망이다. 그 희망이 있기에 나는 아직도 세상이 아름다운 곳이라 믿는다. 선물처럼 이곳에서의 생이 주어진 것이라 믿는다. 풍광 좋은 곳 '소풍' 나오듯 이곳에 와 있는 것이라 생각한다. 어쩌면 그 아이는 어디에선가 나와 우리 가족을 보고 있을 것이라는 생각이 든다. 훗날 다시 만나면 그 아이는 지난 이야기들을 다 알고 있다고 하면 좋겠고, 나는 그저 미안하고 사랑한다고 말하며 안아줄 수 있으면 좋겠다. 돌아가신 아버지와의 대화가 내 노력과는 상관없이 간절한 바람으로 이루어졌듯이, 큰 아이를 다시 만나는 버킷리스트도 그렇게 이루어질 것으로 믿는다.

작은 소망을 하나 덧붙여본다. 조금 더 자주 꿈에 나오기를. 언젠가는 이틀에 걸쳐 연속으로 나왔다. 긴 꿈들이었다. 첫 꿈에서는 너무나도 낯익은 장면이 나왔다. 미국에서 공부할 때 어린 큰 아이가 잔디에서 뛰노는 귀여운 모습이었다. 큰 아이는 한참을 재미있게 놀고 있었다. 그 모습을 보며 꿈속에서 '생각'했다. 결국은 큰 아이가 하늘나라로 갈 것이라는 것, 그래서 가슴 찢어지게 아프다는 것, 그렇지만 놀고 있는 아이에게 내색하지 말아야겠다는 생각이 들었다. 얼른 큰 아이의 머리를 쓰다듬고는 뺨에 입술을 대면서 가볍게 뽀뽀해주었다. 큰 아이는 웃으면서 "아빠 돈 많아? 아빠 돈 많아?" 하는 농담을 하는 것이었다. 연이어 다음 날 꿈에는 건강할 때의 늠름한 청년으로 나왔다. 많은 이야기를 나눴다. 꿈속에서 역시 '생각'을 했다. 큰 아이가 결국은 세상을 뜰 텐데 그러면 나는 어떻게 살지 하는 것이었다. 큰 아이를 끌어안으면서 "네가 더 살 수 있다면 아빠가 그만큼의 내 수명을 주고 싶어. 아니, 바로 내일 내가 대신 죽어도 좋으니 네가 더 살았으면 좋겠어." 하면서 큰소리로 울다 깨었다. 우는 바람에 큰 아이의 표정을 보지 못한 것이 영 아쉬웠다. 언젠가 다시 만나기 전에는 가끔 그렇게 꿈에라도 나와주길 소망한다.

10월에는 아내를 아주 바쁘게 만들고 싶다. 다른 일에 신경 쓸 여유를 만들어주지 않고 싶다. 큰 아이가 세상을 뜬 달이어서다. 그 달에는 여행을 함께 가기도 하고, 아내의 취미인 사진 찍기나 그림 그리기를 더 열심히 권하곤 한다. 정신 못 차리게 해서 큰 아이 생각을 덜 하게 하고 싶다. 그러는 내 의도를 알면서도 아내는 짐짓 모른 체하며 내 '계획'에 따라주기를 소망한다. 아내 앞에서는 큰 아이 때문에 내가 힘들어하는 모습을 절대 보이고 싶지 않다. 죽을 때까지 그러고 싶다. 너무 힘들거나 울고 싶을 때는 그저 아무도 없는 시간과 곳에서 혼자 감당하고 싶다. 나와 큰 아이와의 관계를 알기 때문에 내가 얼마나 힘들 것이란 것도 알면서도, 아내는 그냥 겉으로 보이는 것만 보고 내가 잘 감당하고 있구나 하는 생각을 하게 했으면 좋겠다.

형에 대한 우애가 남달랐던 작은 아이가 늘 꿋꿋하면 좋겠다. 형이 해야 할 역할까지 감당해야 한다는 부담을 덜 느꼈으면 좋겠다. 그러면서도 작은 애가 자랑스러워했던 형 보기에 떳떳한 자기 삶을 개척하면 좋겠다. 대학을 마치고 늦게 군에 입대한 작은 아이가 얼마 전 휴가 나와 함께 큰 아이 산소엘 갔다. 작은 아이는 어린아이들을 무척 귀여워한다. 나중에 결혼하면 애를 많이 낳고 싶다고 늘 말하곤 했다. 큰 아이 산소 앞에서 나지막하게 부탁을 하나 했다. 언제까지고 형을 잊지 말라고. 나중 결혼하면 아내에게는 '아주버니'에 대해, 애들에게는 '큰 아빠'에 대한 이야기를 해주라고. 작은 아이는 그러겠다고 약속했다. 그렇게 작은 아이와 작은 아이의 가족들에게 큰 아이가 잊히지 않고 기억됐으면 좋겠다. 혹 작은 아들 아이 중에 그 애의 큰아빠를 조금 닮은 애가 하나 있으면 더욱 좋겠다.

내게는 큰 아이가 준 자랑스러운 훈장이 하나 있다. 워싱턴에 있는 세계은행에 근무할 때 큰 아이는 고등학생이었다. 일은 많이 바빴고 해외 출장도 자주 다녔지만 서울에서 생활할 때보다는 비교적 많은 시간을 가족과 보낼 수 있었다. 큰 아이와도 대화할 기회가 많았다. 그러던 중 큰 아이 방학을 이용해 나중에 지원할 가능성이 있는 대학을 미리 가보는 '캠퍼스 투어(campus tour)'를 가족들과 간 적이 있었다. 워싱턴에서 애팔래치아 산맥을 가로질러 중부 쪽 주(州)까지 운전하면서 여러 대학을 방문했다. 가끔 방문하는 대학의 입학사정관과 미리 약속을 하고 인터뷰를 하기도 했기 때문에 준비를 하곤 했다. 운전하는 차 안에서 내가 묻고, 큰 아이는 답을 하는 연습이었다. 대학 인터뷰에서 주로 물어보는 전형적인 질문들을 중심으로 대화를 나눴다. 가장 감명 깊게 읽었던 책은? 그 이유는? 이제껏 살면서 가장 힘들었던 때는 언제였는지? 어떻게 극복했는지? 그러다가 "가장 존경하는 사람은 누구며, 왜 그런지?"라는 질문을 큰 아이에게 던졌다. 큰 아이는 주저하지 않고 "아빠."라고 하면서, 어려운 환경을 극복하고 오늘의 아버지 모습으로 있는 것이 존경스럽다고 했다. 입학사정관 역할을 하던 나는 애써 태연한 척하고 다음 질문으로 넘어갔지만 가슴이 벅차올랐다. 큰 아이가 늘 내게 "아버지가 저에 대해서 제일 많이 아는 분이에요."라고 이야기한 것도 고마운 말이었지만, 이때의 질문에 대한 답이야말로 큰 아이에게 받은 가장 자랑스러운 훈장이었다.

  그렇게 큰 아이가 자랑스럽게 생각했던 길을 계속 가고 싶다. 큰 아이
는 내가 하는 일을 자랑스러워했지만, 공직에 있는 동안 내가 어떤 자리
에 있는지를 다른 사람에게 먼저 이야기한 적이 없었다. 돌이켜보면 자
리의 높음, 명예나 명성의 크기가 아니라 내가 즐겁게 일할 때, 소신껏
일할 때, 힘든 일에 좌절하지 않고 헤쳐 나갈 때, 떳떳하고 부끄럼 없이
당당할 때, 주위와 사회를 위해 뭔가 의미 있는 일을 할 때 큰 아이는 자
랑스러워했던 것 같다. 이 땅의 젊은이들에게 할 수 있는 의미 있는 일
도 그중 하나일 것이다. 그런 길을 계속 가고 싶다. 큰 아이가 있었더라
면 박수치며 응원할 길을 가고 싶다. 이 책도 그중 하나이기를 바란다.
여기 있었더라면 함께 길동무하며 갔을 길을 가고 싶다. 큰 아이와 무언
(無言) 중에 한 수많은 약속을 지키는 길을 가고 싶다.

  속삭이듯 "맞아요. 이 길이에요, 아빠." 하는 길을, 다시 그 아이를
만날 때까지 가고 싶다.

• 이 책에 도움 주신 분들: 정우영, 박시형, 김현곤, 남경호, 박새아

있는 자리 흩트리기

2017년 5월 5일 초판 1쇄 | 2024년 4월 18일 35쇄 발행

지은이 김동연
펴낸이 박시형, 최세현

책임편집 조아라
마케팅 양근모, 권금숙, 양봉호, 이도경 **온라인홍보팀** 신하은, 현나래, 최혜빈
디지털콘텐츠 최은정 **해외기획** 우정민, 배혜림
경영지원 홍성택, 강신우, 이윤재 **제작** 이진영
펴낸곳 (주)쌤앤파커스 **출판신고** 2006년 9월 25일 제406-2006-000210호
주소 서울시 마포구 월드컵북로 396 누리꿈스퀘어 비즈니스타워 18층
전화 02-6712-9800 **팩스** 02-6712-9810 **이메일** info@smpk.kr

ⓒ 김동연 (저작권자와 맺은 특약에 따라 검인을 생략합니다)
ISBN 978-89-6570-460-7 (03190)

쌤앤파커스(Sam&Parkers)는 독자 여러분의 책에 관한 아이디어와 원고 투고를 설레는 마음으로 기다리
고 있습니다. 책으로 엮기를 원하는 아이디어가 있으신 분은 이메일 book@smpk.kr로 간단한 개요와 취
지, 연락처 등을 보내주세요. 머뭇거리지 말고 문을 두드리세요. 길이 열립니다.